国际贸易"单一窗口"：
许可证件篇

"国际贸易'单一窗口'系列"编委会 ◎ 编著

中国海关出版社有限公司
中国·北京

图书在版编目（CIP）数据

国际贸易"单一窗口". 许可证件篇/"国际贸易'单一窗口'系列"编委会编著. —北京：中国海关出版社有限公司，2020.9
　ISBN 978-7-5175-0456-6

　Ⅰ.①国… Ⅱ.①国… Ⅲ.①国际贸易—进出口许可证 Ⅳ.①F740.44

中国版本图书馆 CIP 数据核字（2020）第 165158 号

国际贸易"单一窗口"：许可证件篇
GUOJI MAOYI "DANYI CHUANGKOU"：XUKE ZHENGJIAN PIAN

编　　者："国际贸易'单一窗口'系列"编委会	
策划编辑：史　娜	
责任编辑：刘白雪	
出版发行：中国海关出版社有限公司	
社　　址：北京市朝阳区东四环南路甲 1 号	邮政编码：100023
网　　址：www.hgcbs.com.cn	
编 辑 部：01065194242-7521（电话）	01065194231（传真）
发 行 部：01065194221/27/38/46（电话）	01065194233（传真）
社办书店：01065195616（电话）	01065195127（传真）
http://www.customskb.com/book（网址）	
印　　刷：北京圣艺佳彩色印刷有限责任公司	经　销：新华书店
开　　本：710mm×1000mm　1/16	
印　　张：18	字　数：362 千字
版　　次：2020 年 9 月第 1 版	
印　　次：2020 年 9 月第 1 次印刷	
书　　号：ISBN 978-7-5175-0456-6	
定　　价：48.00 元	

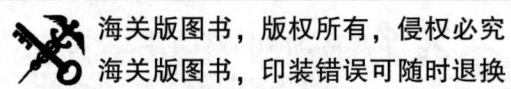

海关版图书，版权所有，侵权必究
海关版图书，印装错误可随时退换

"国际贸易'单一窗口'系列"丛书编委会

黄冠胜　白建军　高正太　白　石　党英杰　王　可
赵　静　石云峰

《国际贸易"单一窗口"：许可证件篇》统审组

仲伟玲　马克鹏　甄宝龙　刘　倩　张　勇　方晓丽
于　洋　赵京波

《国际贸易"单一窗口"：许可证件篇》编写组

胡　伟　翟传伟　陈庆庆　杨　柳　李荔页　曾　娜
许博文

前　言

目前，国际贸易通关过程中所涉及的大多数部门均开发了业务信息化系统，实现了各部门业务申请、办理、回复的电子化和网络化。但是在各部门系统间缺乏协同互动，未实现充分的数据共享，因此企业在口岸通关过程中需要登录不同的系统填报数据，严重影响了口岸通关效率。

近年来，部分沿海地区的口岸管理部门已经尝试在地方层面建立"单一窗口"，实现企业一次录入数据后向多个管理部门系统进行申报，并取得了良好的应用效果。为贯彻落实党中央、国务院关于我国国际贸易单一窗口（以下简称"单一窗口"）建设的一系列决策部署，统筹推进"单一窗口"建设，在总结沿海地区"单一窗口"建设试点成果的基础上，结合我国口岸管理实际，并充分借鉴国际上"单一窗口"的成熟经验，建设"单一窗口"标准版。

"单一窗口"标准版依托中国电子口岸平台，申报人可以通过"单一窗口"标准版一点接入，一次性提交满足口岸管理和国际贸易相关部门要求的标准化单证和电子信息，口岸管理部门和国际贸易相关管理部门实现共享数据信息，实施职能管理，优化通关业务流程。通过"单一窗口"标准版可以提高申报效率，缩短通关时间，降低企业成本，促进贸易便利化，以推动国际贸易合作对接。

企业从"单一窗口"进入系统，并根据实际情况进行申报。书中内容如无特殊说明，均以"单一窗口"的相关界面进行讲解。本书主要对许可证申请系统（目前"单一窗口"含15个许可证申请子系统）的企业端相关功能、操作流程及常见问题进行讲解，以便企业更好地使用系统,帮助企业解决在使用系统过程中遇到的实操问题。

由于编写时间有限,书中内容难免存在疏漏、不足之处,望读者不吝指正,以便在后续版本中得以改进和完善。

编者

2020 年 7 月

目 录

第一章 许可证申请系统总体概述 ……………………………………………… 1
   一、许可证申请功能亮点 ……………………………………………………… 1
   二、业务办理 …………………………………………………………………… 3

第二章 农药进出口登记管理放行通知单 …………………………………… 5
   第一节 业务简介 ……………………………………………………………… 5
      一、适用范围 ………………………………………………………………… 5
      二、名词解释 ………………………………………………………………… 6
      三、功能简介 ………………………………………………………………… 6
   第二节 基本操作 ……………………………………………………………… 7
      一、备案管理 ………………………………………………………………… 7
      二、委托书管理 ……………………………………………………………… 12
      三、通知单管理 ……………………………………………………………… 17
      四、非农药产品备案管理 …………………………………………………… 22
      五、许可证管理 ……………………………………………………………… 23
      六、外国委托企业备案 ……………………………………………………… 32
      七、农药检定所联系信息 …………………………………………………… 34
      八、海关状态查询 …………………………………………………………… 34
      九、许可证状态查询 ………………………………………………………… 35
      十、许可证状态信息订阅 …………………………………………………… 37
   第三节 常见问题 ……………………………………………………………… 41

第三章 野生动植物进出口证书申请 ………………………………………… 43
   第一节 业务简介 ……………………………………………………………… 43
      一、公约证书 ………………………………………………………………… 43
      二、非公约证书 ……………………………………………………………… 43
      三、海峡两岸证书 …………………………………………………………… 43

四、物种证明 ………………………………………………… 44
第二节　基本操作 …………………………………………… 44
一、首页提醒 ………………………………………………… 44
二、用户备案 ………………………………………………… 46
三、证书申请 ………………………………………………… 49
四、撤回申请 ………………………………………………… 73
五、变更申请 ………………………………………………… 74
六、延期申请 ………………………………………………… 75
七、注销申请 ………………………………………………… 76
八、打印证书和细项 ………………………………………… 76
九、查询 ……………………………………………………… 78
十、许可证状态查询 ………………………………………… 82
十一、许可证状态信息订阅 ………………………………… 82
第三节　常见问题 …………………………………………… 83

第四章　出口许可证 …………………………………………… 87
第一节　业务简介 …………………………………………… 87
一、管理规定 ………………………………………………… 87
二、功能简介 ………………………………………………… 87
第二节　基本操作 …………………………………………… 88
一、商务部电子钥匙绑定 …………………………………… 88
二、单证申请 ………………………………………………… 90
三、单证查询 ………………………………………………… 95
四、历史数据查询 …………………………………………… 97
五、核销数据查询 …………………………………………… 98
六、海关状态查询 …………………………………………… 99
七、业务统计 ………………………………………………… 100
八、状态推送 ………………………………………………… 101

第五章　机电产品自动进口许可证 …………………………… 103
第一节　业务简介 …………………………………………… 103
一、适用范围 ………………………………………………… 103
二、管理规定 ………………………………………………… 104
三、功能简介 ………………………………………………… 104
第二节　基本操作 …………………………………………… 105

一、商务部电子钥匙绑定 …… 106
二、首页 …… 106
三、企业信息备案 …… 106
四、单证申请 …… 109
五、单证列表 …… 117
六、商品列表 …… 118
七、海关状态查询 …… 119
八、报关余量查询 …… 119
九、结关数据查询 …… 120
十、历史数据查询 …… 121
十一、状态推送 …… 121
十二、业务统计 …… 121
十三、许可证状态查询 …… 122
十四、客户端导入 …… 122

第六章 非机电产品自动进口许可证 …… 123
第一节 业务简介 …… 123
一、管理规定 …… 123
二、功能简介 …… 123
第二节 基本操作 …… 124
一、商务部电子钥匙绑定 …… 124
二、单证申请 …… 124
三、重农信息备案 …… 131
四、单证查询 …… 131
五、统计查询 …… 133
六、海关状态查询 …… 133
七、结关数据查询 …… 134
八、历史数据查询 …… 135
九、状态推送 …… 135
十、客户端导入 …… 135
第三节 常见问题 …… 136

第七章 有毒化学品进出口环境管理放行通知单 …… 137
第一节 业务简介 …… 137
一、适用范围 …… 137

二、管理规定 ……………………………………………………… 137
　第二节　基本操作 …………………………………………………… 137
　　一、进口通知单申请 ……………………………………………… 138
　　二、出口通知单申请 ……………………………………………… 143
　　三、查询 …………………………………………………………… 144
　　四、电子放行单查询 ……………………………………………… 145

第八章　进口广播电影电视节目带（片）提取单申请 ……………… 146
　第一节　业务简介 …………………………………………………… 146
　　一、管理规定 ……………………………………………………… 146
　　二、业务简介 ……………………………………………………… 146
　第二节　基本操作 …………………………………………………… 147
　　一、提取单申请 …………………………………………………… 147
　　二、查询 …………………………………………………………… 149
　　三、监管证件联网状态查询 ……………………………………… 151
　第三节　常见问题 …………………………………………………… 152

第九章　援外项目任务通知单申请 …………………………………… 154
　第一节　业务简介 …………………………………………………… 154
　　一、管理规定 ……………………………………………………… 154
　　二、功能简介 ……………………………………………………… 154
　第二节　基本操作 …………………………………………………… 155
　　一、通知单申请 …………………………………………………… 155
　　二、查询 …………………………………………………………… 159
　　三、监管证件联网状态查询 ……………………………………… 160
　第三节　常见问题 …………………………………………………… 160

第十章　音像制品（成品）进口批准单申请 ………………………… 164
　第一节　业务简介 …………………………………………………… 164
　　一、批准单申请 …………………………………………………… 164
　　二、查询 …………………………………………………………… 164
　第二节　基本操作 …………………………………………………… 164
　　一、批准单申请 …………………………………………………… 165
　　二、查询 …………………………………………………………… 167

三、监管证件联网状态查询 ································ 168
　　第三节　常见问题 ·· 168

第十一章　民用爆炸物品进出口审批单申请 ············ 170
　第一节　业务简介 ·· 170
　第二节　基本操作 ·· 170
　　一、进口审批单申请 ······································ 171
　　二、出口审批单申请 ······································ 175
　　三、查询 ·· 177
　　四、监管证件联网状态查询 ································ 180
　第三节　常见问题 ·· 180

第十二章　合法捕捞产品通关证明申请 ················ 183
　第一节　业务简介 ·· 183
　第二节　基本操作 ·· 183
　　一、企业备案 ·· 183
　　二、通关证明申请 ··· 186
　　三、变更申请 ·· 221
　　四、注销申请 ·· 222
　　五、通关证明查询 ··· 223
　　六、通关证明打印 ··· 226

第十三章　药品进出口准许证申请 ····················· 228
　第一节　业务简介 ·· 228
　　一、管理要求 ·· 228
　　二、适用范围 ·· 228
　　三、监管要求 ·· 228
　第二节　基本操作 ·· 229
　　一、进口准许证申请 ······································ 229
　　二、出口准许证申请 ······································ 234
　　三、查询 ·· 235
　第三节　常见问题 ·· 238

第十四章　进口药品通关单申请 …… 240
第一节　业务简介 …… 240
一、适用范围 …… 240
二、管理规定 …… 241
第二节　基本操作 …… 241
一、报验单申请 …… 241
二、综合查询 …… 251
第三节　常见问题 …… 258

第十五章　黄金及黄金制品进出口准许证申请 …… 260
第一节　业务简介 …… 260
一、管理要求 …… 260
二、监管要求 …… 260
第二节　基本操作 …… 261
一、用户备案 …… 261
二、进出口准许证申请 …… 263
三、被代理人 …… 264
四、黄金准许证核销查询 …… 266
五、黄金准许证信息查询 …… 266

第十六章　人民币现钞进出境证明管理系统 …… 267
第一节　业务简介 …… 267
第二节　基本操作 …… 267
一、进出口证明文件申请 …… 268
二、查询 …… 269
三、统计 …… 270

第十七章　监管证件联网核查 …… 271

第一章　许可证申请系统总体概述

根据国家限制进出口货物管理制度的要求，国家对外贸易主管部门应对我国进出口货物进行必要的限制管理，批准、签发有关许可证件。针对国际贸易进出口环节涉及许可证件管理的进出口货物，贸易企业在进出口前，应取得相应主管部门签发的许可证件，如农药进出口登记管理放行通知单、野生动植物进出口证书、出口许可证、自动进口许可证、进口药品通关单等。

"单一窗口"标准版许可证申请系统（以下简称"许可证申请系统"），为申请人提供进出口环节所需许可证件的在线申请、查询功能，申请人可通过"单一窗口"一点接入，提交满足主管部门要求的申请信息的功能；主管部门按照确定的规则进行审核，并将审核结果统一反馈到许可证申请系统，便于申请人查询或接收审核结果的微信及短信推送。

许可证申请系统涵盖商务部、农业农村部、国家林业和草原局、国家广播电视总局、国家电影局、中宣部、生态环境部、工业和信息化部、国家药监局、中国人民银行10个部委18种证件，根据证件类型分为15个子系统，分别为农药进出口登记管理放行通知单、野生动植物进出口证书申请、出口许可证、机电产品自动进口许可证、非机电产品自动进口许可证、有毒化学品进出口环境管理放行通知单、进口广播电影电视节目带（片）提取单申请、援外项目任务通知单申请、音像制品（成品）进口批准单申请、民用爆炸物品进出口审批单申请、合法捕捞产品通关证明申请、药品进出口准许证申请、进口药品通关单申请、黄金及黄金制品进出口准许证申请和人民币现钞进出境证明管理系统，申请人可根据需要进入相应的子系统申请证件。根据"单一窗口"建设规划，后续还可以通过"单一窗口"申请更多的许可证，为进一步优化营商环境创造条件。目前这18种证件已全部实现联网核查，在报关审单环节无须向海关提交纸质单证，只需在报关单相应栏目填报监管证件代码和编号，海关系统调取证件的电子数据，进行自动对比验核，关于证件联网比对详情参考本书"监管证件联网核查"章节。

一、许可证申请功能亮点

（一）"一点接入"

用户"一点接入"，登录"单一窗口"，即可申请不同的许可证件，也可在申请证件完成后进行其他相关操作。

（二）线上提交证明文件

用户可在机电产品自动进口许可证、非机电产品自动进口许可证、野生动植物进出口证书申请、有毒化学品环境管理放行通知单、援外项目任务通知单申请系统中按照监管部门要求上传电子版证明文件（支持PDF、JPG格式），节省成本，同时加快申请审批进度。

（三）录入便捷

单证申请界面中，多项信息为默认返填，部分信息根据用户常用习惯返填，减少录入工作量。

（四）导入商品表格

援外项目任务通知单申请系统支持用户导入商品信息表格，避免商品信息的逐条录入，减轻用户负担。

（五）复制

用户可选择一条现有单证进行复制，直接生成新的申请信息，无须再次录入。

（六）预览

用户录入申请信息并保存成功后，可以点击"预览"按钮查看单证样式。

（七）许可证状态查询

用户可进入"单一窗口"标准版应用的查询统计系统，在许可证状态查询菜单中，查询许可证状态。目前可查询农药进出口登记管理放行通知单、野生动植物进出口证书、机电产品自动进口许可证3个许可证件的状态。

（八）短信或微信订阅许可证件状态推送

用户可进入查询统计系统，在通关状态订阅菜单内订阅许可证件状态推送，用户还可以在中国国际贸易单一窗口微信公众号的"信息订阅"中进行订阅。

目前可订阅的有以下证件：农药进出口登记管理放行通知单、野生动植物进出口证书、机电产品自动进口许可证、非机电产品自动进口许可证、出口许可证。

订阅成功后，"单一窗口"将通过短信或微信方式第一时间将审批结果告知用户。

（九）微信小程序查询许可证状态和许可证联网状态

用户可在微信小程序中添加"掌上单一窗口"，无须登录单一窗口即可查询许可证状态和许可证联网状态。

微信小程序许可证状态查询功能目前支持查询农药进出口登记管理放行通知单、野生动植物进出口证书、机电产品自动进口许可证3个许可证件的状态。

微信小程序许可证联网状态查询功能目前支持查询机电产品自动进口许可证、非机电产品自动进口许可证、进口广播电影电视节目带（片）提取单、援外项目任务通知单、音像制品（成品）进口批准单，可查看证件数据是否已成功发往海关，以便企业顺利报关。

（十）证书余量查询

在机电产品自动进口许可证和野生动植物进出口证书申请系统中可查询机电产品自动进口许可证和物种证明的证书余量。

（十一）批量申报

机电产品自动进口许可证、非机电产品自动进口许可证、野生动植物进出口证书系统实现了批量申报，提高了申报效率。

（十二）批量打印

机电产品自动进口许可证和非机电产品自动进口许可证系统实现了批量打印，用户可选中多个单证，点击"批量打印"按钮，一次展示多个单证申请表，实现批量打印。

（十三）支持导入

机电产品自动进口许可证、非机电产品自动进口许可证子系统支持与企业ERP系统进行对接，企业可通过"单一窗口"导入客户端将数据自动导入证件申请系统中，避免重复录入，提高了申请效率，节省了人力成本，同时企业ERP系统可接收"单一窗口"转发的监管部门的审批结果。

二、业务办理

企业可登录"单一窗口"标准版门户，进入"标准版应用"页签，点击"许可证件"图标（见图1-1），选择相应许可证件申请子系统办理业务。

图1-1 许可证件界面

若地方"单一窗口"有许可证申请系统，企业也可以进入地方"单一窗口"办理业务，企业登录"单一窗口"标准版门户，点击"我要办事"页签

国际贸易"单一窗口":许可证件篇

(见图1-2),在地图上点击某个省份,即可进入地方"单一窗口"(示例见图1-3),在地方"单一窗口"中选择许可证件图标进入各子系统。

图1-2 选择地方"单一窗口"

图1-3 中国(陕西)国际贸易单一窗口

第二章　农药进出口登记管理放行通知单

第一节　业务简介

农药进出口登记管理放行通知单（监管证件代码为"S"），是指农业农村部（以下简称"农业部"）及其授权发证机关依法对纳入《中华人民共和国进出口农药登记证明管理名录》范围的进出口农药实施登记管理签发的证明文件，有效期为3个月，实行"一批一证"制，每份证明在有效期内只能使用一次，只用于一批次报关。农药进出口登记管理放行通知单已实现联网核查，企业使用通知单报关时应在报关单"随附单证"代码栏填报监管证件代码"S"，在编号栏填报通知单编号。

"单一窗口"标准版农药进出口登记管理放行通知单申请系统，涵盖备案管理、委托书管理、通知单管理、非农药产品备案管理、外国委托企业备案、农药检定所委托信息、海关状态查询模块，实现企业通过"单一窗口"一点接入、提交满足农业部要求的农药进出口放行通知单申请信息，农业部按照确定的规则进行审核，并将审核结果通过"单一窗口"统一反馈，便于企业查询。

一、适用范围

"单一窗口"标准版农药进出口登记管理放行通知单申请系统提供3种通知单的申请，按照进出口农药不同用途，分为农药进出口登记管理放行单、非农药用途产品进出口放行通知单和非农药用途样品进出口放行通知单，适用范围如下。

（一）**农药进出口登记管理放行通知单**

对纳入《中华人民共和国进出口农药登记证明管理名录》的进出口农药（如原药、制剂等）进行农药进出口登记管理放行通知单管理。

（二）**非农药用途产品进出口放行通知单**

非农药用途产品是指收录在《中华人民共和国进出口农药管理名录》的商品，用于《中华人民共和国农药管理条例》第二条规定的农药用途之外的领域，如医药、兽药、饲料、染料等用途的产品。

（三）**非农药用途样品进出口放行通知单**

进出口样品是指用于境内外的少量科研或试验用农药产品，不能用于生产、加工、销售、广告等商业用途。

二、名词解释

（一）金农系统

金农系统指的是农业部建设的农业综合管理和信息传输系统。

（二）企业类型

进出口企业：有进出口资质的贸易企业，与生产企业存在委托关系。在本系统备案后使用生产企业出具的委托书编号申请农药放行通知单。

自营企业：有进出口资质的农药生产企业。在本系统备案后可直接申请农药放行通知单。

生产企业：没有进出口资质的农药生产企业（境外生产企业不能在此处备案）。在本系统备案后，只能向有资质的进出口企业出具委托书，不能直接申请农药放行通知单。

质保委托企业：境外生产企业在国内全权的代理机构（只能有一家）。在本系统备案后，可以向有资质的进出口企业出具农药进口质量保证书。

（三）农药登记证

企业申请农药进出口放行通知单前，需要先获得农药登记证，农药登记证需在农业部系统申请。

三、功能简介

（一）企业备案

企业登录"单一窗口"标准版农药进出口登记管理放行通知单申请系统后，必须先进行企业备案，备案通过后才能进行办证员备案、申请放行通知单。企业备案已实现无纸化申请，无须提交纸质材料。

（二）非农药产品备案管理

企业申请非农药进/出口放行通知单前，需要先在本系统进行非农药产品（样品）备案，备案审批通过后，可获得非农药产品（样品）备案号。

（三）许可证管理

申请通知单前，农药生产企业和经营企业应先在系统录入农药生产许可证或农药经营许可证的电子信息并申报。

（四）委托书管理

企业可在本系统进行农药出口委托书、农药进口质保书、农药复进口委托书、农药复出口委托书、非农药出口委托书、仅境外出口委托书申请，获得委托书编号后申请放行通知单。

（五）通知单管理

企业可在"单一窗口"申请农药出口通知单、农药进口通知单、非农药出口通知单、非农药进口通知单、非农药（样品）出口通知单、非农药（样品）进口通知单。

（六）外国委托企业备案

质保委托企业备案通过后，可进行外国委托企业备案，备案完成后，可申请质保委托书。

（七）海关状态查询

企业可查询农药进出口通知单电子数据发往海关的情况，状态是"海关接收成功"，企业才可使用该通知单申报报关单。

第二节　基本操作

因相关业务数据有严格的填制规范，如在系统录入数据的过程中，字段右侧弹出红色提示，代表用户当前录入的数据有误，需根据要求重新录入。

灰色字段表示不允许录入，系统自动返填，或根据企业备案的相关信息进行返填。

界面中黄色底色的录入框字段为必填项，务必填写。

界面中的❓图标，鼠标放上去，系统会提示录入说明。

界面中部分字段右侧带有三角形图标，表示该类字段需要在参数中进行调取，不允许用户随意录入。直接点击三角形图标，调出下拉菜单并在其中进行选择，也可将光标置于字段中，系统自动显示下拉菜单。如果用户已经知道相关参数的代码，也可直接输入相应数字、字母或汉字，迅速调出参数，使用上下箭头选择后，点击回车键确认录入。

一、备案管理

备案管理包括企业备案、企业备案变更与办证员备案。用户在成功进行企业备案后，才能进行办证员备案、申请放行通知单。

（一）企业备案

点击菜单"备案管理"—"企业备案"，展示详细信息界面。

已在金农系统中备案成功的企业，进入该页面时字段均为灰，不允许编辑，系统将自动调取并显示备案信息（见图2-1），企业无须再次备案，可直接使用本系统的其他功能模块。如未在金农系统备案，则需在系统中录入并提交备案信息。

国际贸易"单一窗口":许可证件篇

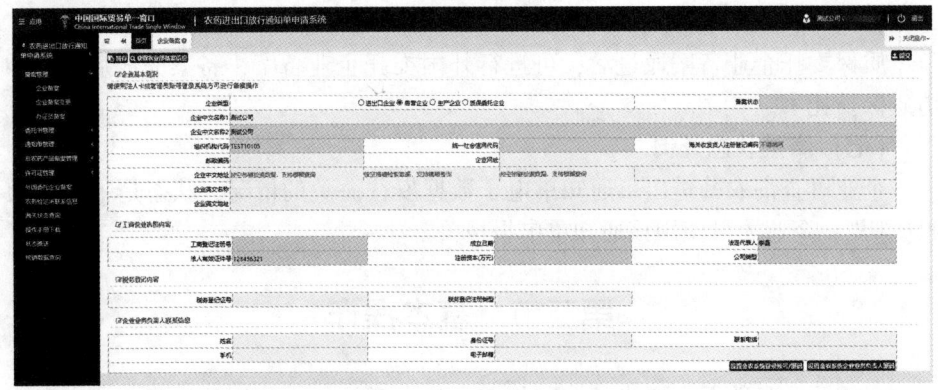

图 2-1　企业备案界面

1. 录入与暂存

（1）企业基本情况

请根据真实情况勾选企业类型，企业类型包括进出口企业、自营企业、生产企业、质保委托企业。

灰色字段（如备案状态、组织机构代码、统一社会信用代码等）表示不允许录入，系统自动获取企业在"单一窗口"注册的用户信息或根据当前数据状态进行返填。

部分字段（如企业中文名称、企业英文名称、姓名、身份证号等）需手工录入，请根据业务主管部门的要求，如实填写相关内容。

（2）进出口资质与海关备案信息验核

当用户选择企业类型为自营企业或进出口企业时，系统会根据该企业的"单一窗口"注册信息自动判断是否已在海关备案，是否具有进出口资质，若没有，系统会提示"海关备案信息验核不通过！"或"进出口资质验核不通过！"并将"暂存""提交"按钮置灰，不允许进行企业备案；验核通过的自动返填海关收发货人注册登记编码。

（3）工商营业执照内容

工商登记注册号、成立日期等字段的内容，系统将自动调取企业在"单一窗口"注册的用户信息和工商信息进行返填。

（4）税务登记内容

税务登记证号：系统自动调取信息并返填。

税务登记注册类型：请根据真实情况手工录入。

（5）企业业务负责人联系信息

如实填写联系人姓名、身份证号、联系电话、手机和电子邮箱等信息。

2. 设置金农系统登录账号/密码

如登录用户所属企业未在金农系统中进行过备案或注册，则可在"单一窗口"标准版中，使用该按钮功能设置金农系统的账号密码，以便登录金农系统。点击蓝色按钮"设置金农系统登录账户/密码"即可进入设置界面（见图2-2）。

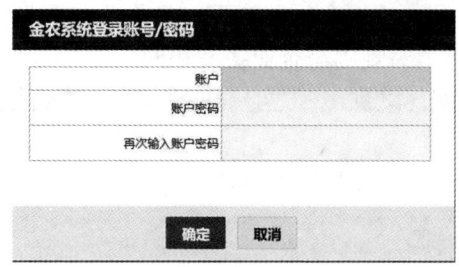

图2-2　设置金农系统登录账号/密码界面

3. 设置金农系统企业业务负责人密码

"设置金农系统企业业务负责人密码"按钮位于企业备案页面右下角，点击该按钮，系统弹出编辑框（见图2-3），用户可根据实际业务情况填写信息。如当前用户所属企业未在金农系统中进行过备案或注册，可在"单一窗口"标准版中，按图2-3界面设置金农系统的企业业务负责人密码，用于在金农系统中管理企业相关信息。

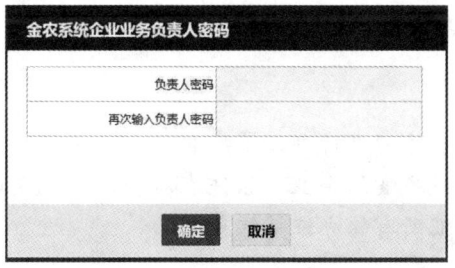

图2-3　设置金农系统企业业务负责人密码界面

💡 **小提示**

请谨慎操作，并于修改密码成功后，妥善保管或牢记新密码。

4. 提交

将录入完毕并确认无误的数据，通过点击界面右上方的"提交"蓝色按钮，向农业部发送该企业备案的数据。

5. 获取农业部备案信息

当企业变更了金农系统中的企业备案信息，但"单一窗口"未同时变更时，可点击界面上方的蓝色"获取农业部备案信息"按钮，将金农系统的企业信息更新到"单一窗口"中，系统在更新企业备案信息的同时，会自动将金农系统的办证员信息同步更新。

（二）企业备案变更

企业备案成功后，可点击"企业变更"菜单进入企业信息修改界面（见图2-4）修改备案内容，填写规则与企业备案相同。

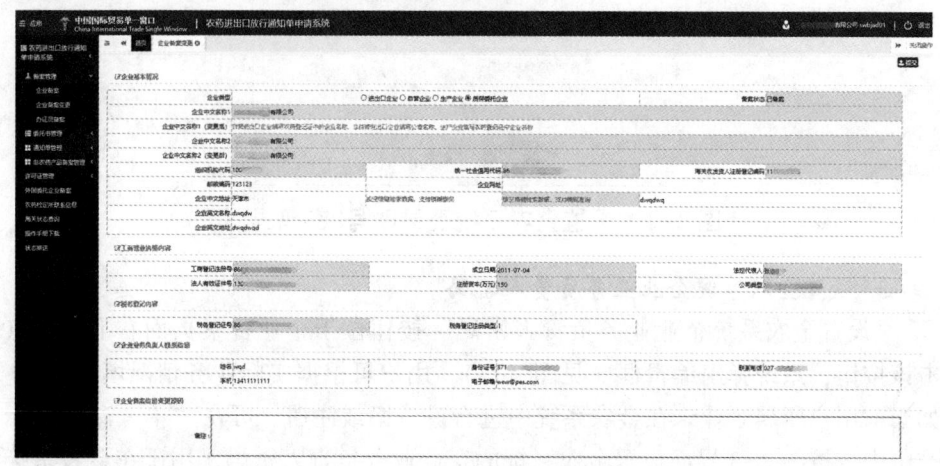

图 2-4　企业备案变更界面

（三）办证员备案

💡 **小提示**

企业备案成功后，才能进行办证员备案。

对于已在金农系统备案的企业，系统在从金农系统获取企业备案信息的同时，会自动获取该企业所有的办证员信息。

点击菜单"备案管理"—"办证员备案"，展示录入界面（见图2-5）。如当前企业已有备案成功的办证员，办证员信息将会显示在办证员备案界面的表格中。

第二章　农药进出口登记管理放行通知单

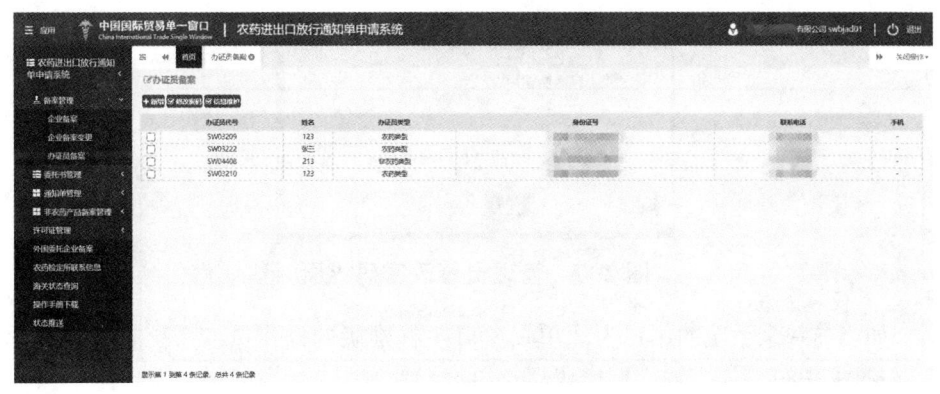

图 2-5　办证员备案界面

1. 新增办证员

点击蓝色"新增"按钮，系统弹出界面（见图 2-6），录入必填项信息，点击"提交"按钮，系统将办证员信息发送至农业部。

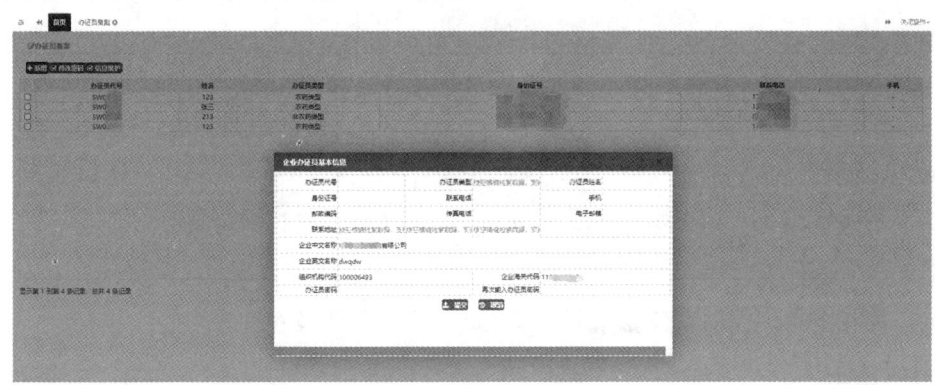

图 2-6　新增办证员

💡**小提示**

办证员密码用于在"单一窗口"标准版中查询农药通知单，请于设置后妥善保管或牢记。

2. 修改密码

在办证员备案界面中，勾选任意一条已备案的办证员信息，点击蓝色"修改密码"按钮。

如当前登录系统的用户为"单一窗口"标准版的管理员，系统将弹出对话框（见图 2-7），可直接对当前办证员查询农药通知单的密码进行修改。

11

国际贸易"单一窗口"：许可证件篇

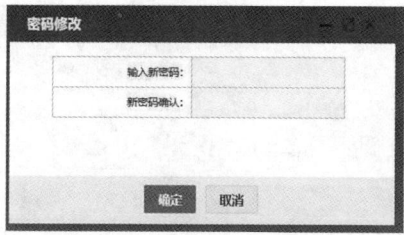

图 2-7　管理员修改密码界面

如当前登录系统的用户为"单一窗口"标准版的操作员，系统将弹出对话框（见图 2-8），需先输入旧密码后，再设置新密码。

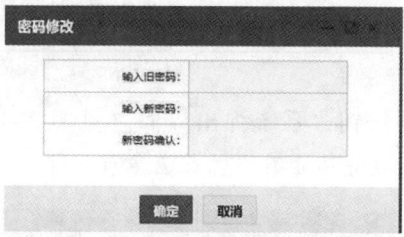

图 2-8　操作员修改密码界面

💡小提示

请谨慎操作，并于修改密码成功后，妥善保管或牢记新密码。

二、委托书管理

委托书管理提供农药委托书的录入、提交、打印及查询等功能。

💡小提示

企业备案成功后，才能进行委托书管理的相关操作，否则系统将给出提示。

农药出口委托书由农药生产企业（农药登记证持有者）填写。外贸企业在申请农药出口登记管理放行通知单之前，首先应取得生产企业的委托书。

当生产企业成功完成委托书的填写后，系统会自动生成委托书编号，生产企业须将此号告知被委托的进出口贸易企业，以便填写农药进出口登记管理放行通知单申请时调出使用。

（一）农药出口委托书

生产企业可在"单一窗口"标准版中进行农药出口委托书的相关操作，以便委托有进出口经营资质的进出口贸易企业为其办理农药进出口登记管理放行通知单等业务。

点击菜单"委托书管理"—"农药出口委托书"，展示详细信息界面（见

图2-9)。

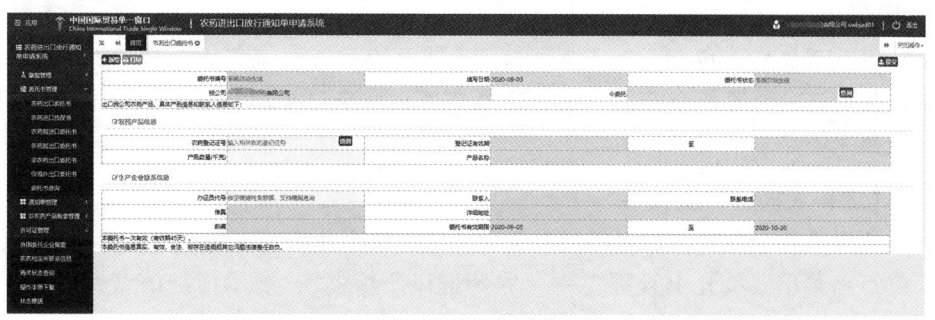

图 2-9　农药出口委托书

点击农药出口委托书界面中"今委托"字段后的蓝色"查询"按钮，系统弹出如下对话框（见图 2-10），用户可通过输入被委托企业名称，查找相应企业，进行选择后点击"确定"按钮，相关信息自动返填至农药出口委托书中。

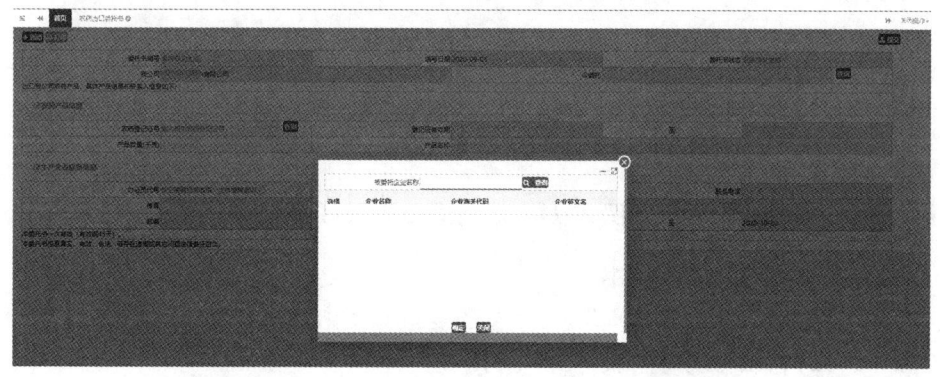

图 2-10　农药出口委托书受委托企业查询

1. 农药产品信息

输入农药登记证号后，点击蓝色"查询"按钮，系统自动查找登记证的数据并将相关信息进行返填，手工录入产品数量（千克）即可。

2. 生产企业联系信息

点击"办证员代号"字段后的下拉箭头，系统自动显示已备案的办证员信息。选择对应办证员记录后，联系人、联系电话、传真等办证员信息由系统自动返填。

信息填写完毕并确认无误后，点击页面右上角的蓝色"提交"按钮，系统自动将委托书信息发送至农业部。

国际贸易"单一窗口":许可证件篇

💡 小提示

委托书提交成功后,系统会自动生成委托书编号,生产企业须将此号告知被委托的进出口贸易企业,以便填写农药进出口登记管理放行通知单申请时调出使用。

(二)农药进口质保书

质保委托企业备案后可以向有资质的进出口企业出具农药进口质量保证书。

点击菜单"委托书管理"—"农药进口质保书",展示详细信息界面(见图2-11),填写规则同农药出口委托书。

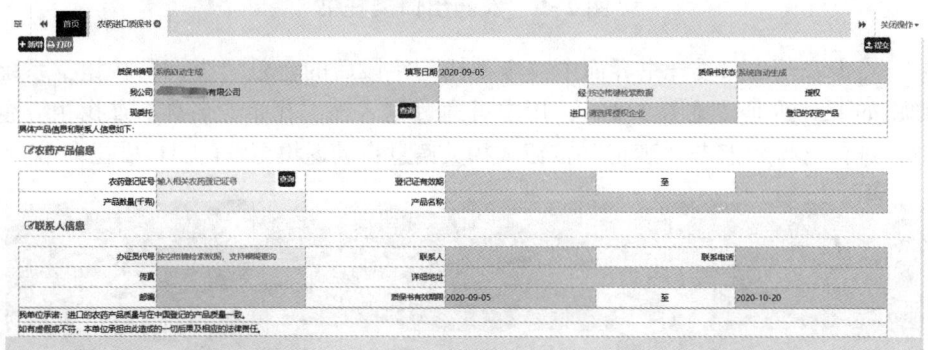

图 2-11　农药进口质保书

(三)农药复进口委托书

点击菜单"委托书管理"—"农药复进口委托书",展示详细信息界面(见图2-12),填写规则同农药出口委托书。

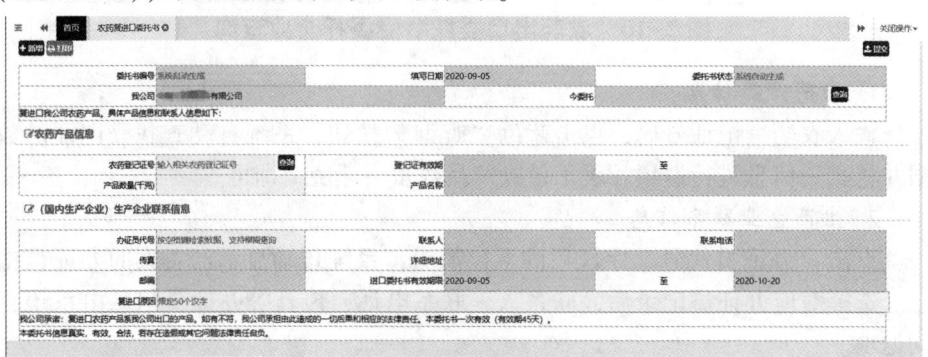

图 2-12　农药复进口委托书

(四)农药复出口委托书

点击菜单"委托书管理"—"农药复出口委托书",展示详细信息界面

（见图2-13），填写规则同农药出口委托书。

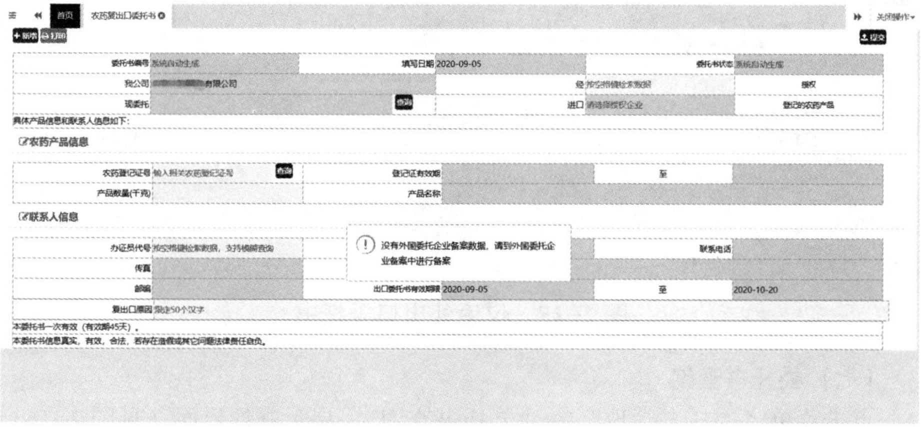

图 2-13　农药复出口委托书

（五）非农药出口委托书

点击菜单"委托书管理"—"非农药出口委托书"，展示详细信息界面（见图2-14），填写规则同农药出口委托书。

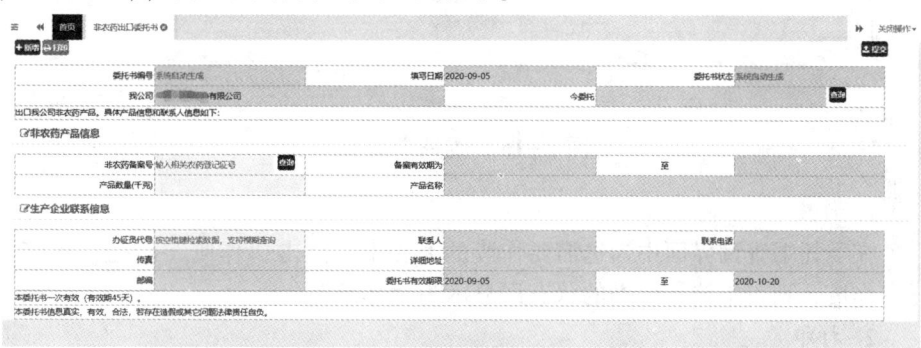

图 2-14　非农药出口委托书

（六）仅境外出口委托书

点击菜单"委托书管理"—"仅境外出口委托书"，展示详细信息界面（见图2-15），填写规则同农药出口委托书。

国际贸易"单一窗口":许可证件篇

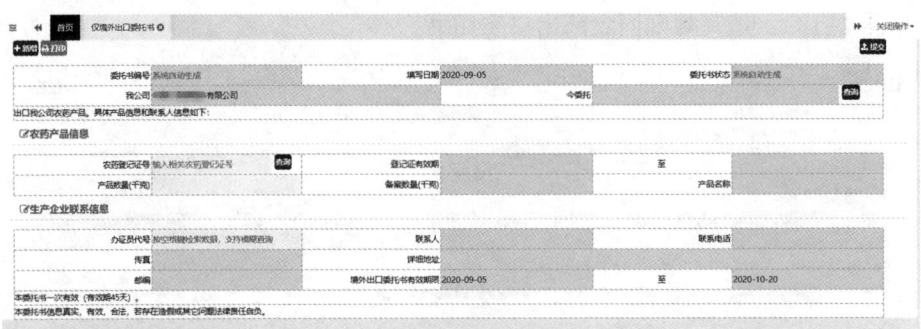

图 2-15　仅境外出口委托书

（七）委托书查询

点击菜单"委托书管理"—"委托书查询",展示查询界面（见图 2-16）。

可通过输入委托书编号、农药登记证号、产品名称、填写起止日期或选择委托书类型等方式,查询相应委托书信息。

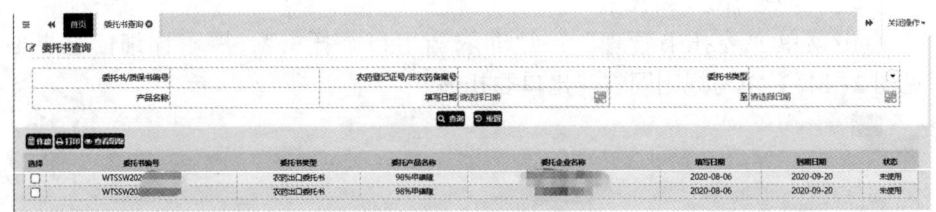

图 2-16　委托书查询

1. 作废

在委托书查询界面中勾选需要作废的委托书,点击"作废"按钮,可将委托书作废,列表中该条数据的状态即显示为"作废"。

2. 打印

在委托书查询界面中,勾选需要打印的委托书后,点击"打印"按钮,页面跳转至打印界面预览（见图 2-17）。点击右上角 图标,根据用户当前的浏览器设置或打印机实际情况进行打印即可。如未录入或保存任何数据,系统不提供打印空白委托书的功能。

第二章　农药进出口登记管理放行通知单

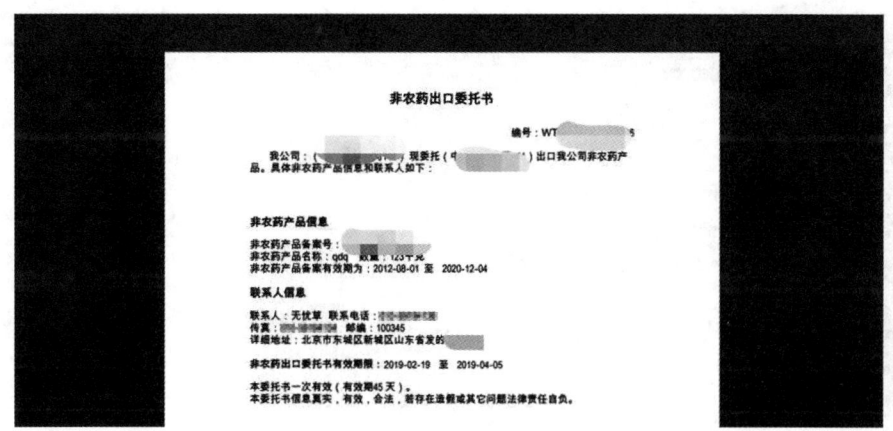

图 2-17　打印界面预览

3. 查看明细

在委托书查询界面中，勾选任意一条委托书记录后，点击"查看明细"按钮，系统跳转至委托书界面，可查看相应的明细数据，如查看委托书明细（见图 2-18）。

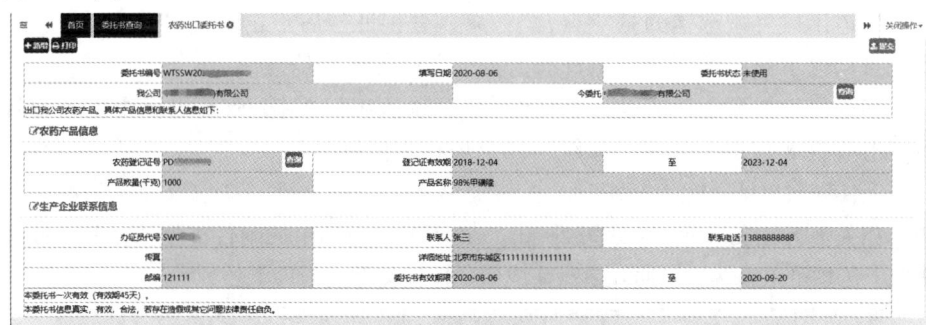

图 2-18　查看委托书明细

三、通知单管理

提供农药进出口通知单的录入、附件上传、暂存、打印、提交及查询等功能。

企业备案成功后，才能进行通知单管理的相关操作，否则系统将给出提示。

（一）农药出口通知单

点击菜单"通知单管理"—"农药出口通知单"，展示详细信息（见图 2-19）。

国际贸易"单一窗口"：许可证件篇

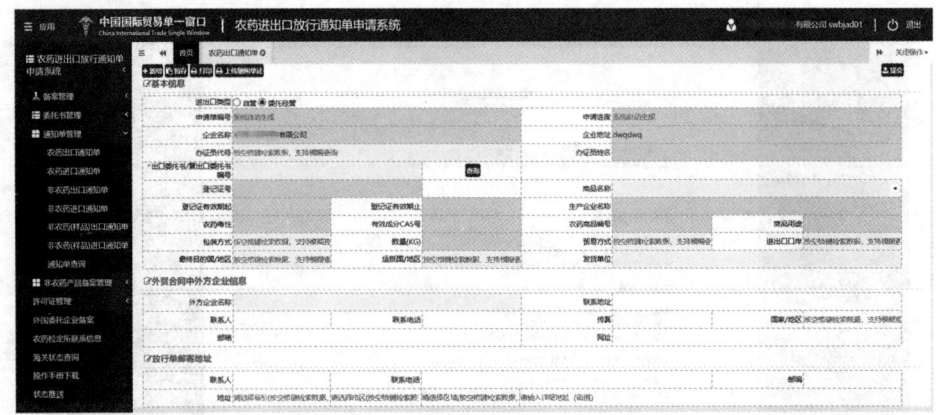

图 2-19 农药出口通知单界面

1. 基本信息

灰色字段（如申请单编号、申请进度、企业名称、办证员姓名、登记证有效期等）表示不允许录入，系统自动返填状态，或根据办证员代号、委托书或登记证的相关信息进行返填。

如进出口类型选择的是"自营"，录入登记证号后点击蓝色"查询"按钮，系统自动返填登记证有效起止日期、生产企业名称等信息。

如进出口类型选择的是"委托经营"，录入出口委托书/复出口委托书编号后点击蓝色"查询"按钮，系统自动返填相关信息。

上传随附单证功能为必填项，上传类型分为原产地证、其他以及《鹿特丹公约》相关资料（word 版）（见图 2-20）。农药出口通知单的附件类型选择其一或者全部上均可。农药进口通知单需完成原产地证类型的附件上传。

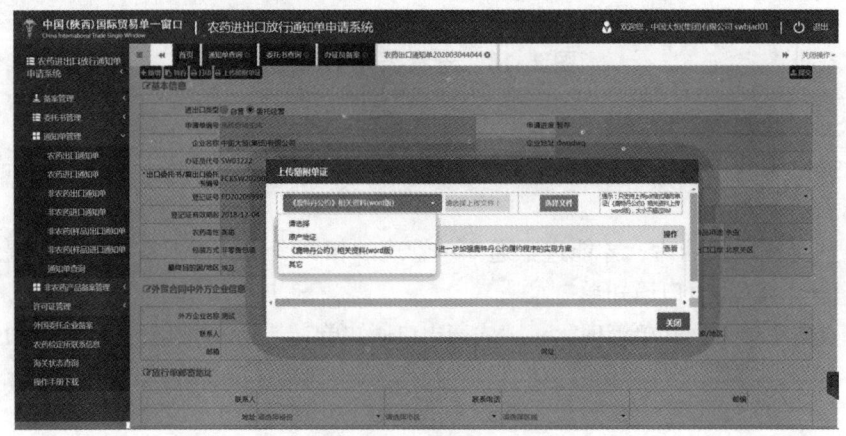

图 2-20 附件类型

2. 外贸合同中外方企业信息

外方企业名称为必填，其他例如联系地址、联系人、联系电话等字段为非必填项。该段内容需用户手工录入，请如实填写。

3. 放行单邮寄地址

该部分内容为非必填项，如有需要，请如实填写相关信息。

4. 提交纸质材料要求

在系统中提交申请表数据后，打印出纸质表格，连同其他纸质材料一并提交到农业部相应的农药检定所。

💡 **小提示**

属于山东、河北、天津、浙江、江苏、上海六省（市）的企业，提交到省农药检定所。不属于上述六省（市），或使用复出口委托书和仅境外使用产品出口委托书申请的，或使用了 JW 开头的农药登记证的，均提交到农业部农药检定所。

农药检定所对电子数据和纸质材料进行审核后，将出具纸质放行通知单，并将通知单号信息反馈到"单一窗口"，企业在"单一窗口"查询到通知单号后，可到农药检定所现场领取或申请邮寄放行通知单。

申请农药出口放行通知单需提交的纸质资料要求、联系地址及联系方式可在本系统查询。

（二）农药进口通知单

点击菜单"通知单管理"—"农药进口通知单"，展示详细信息（见图2-21），填写规则可参考农药出口通知单。

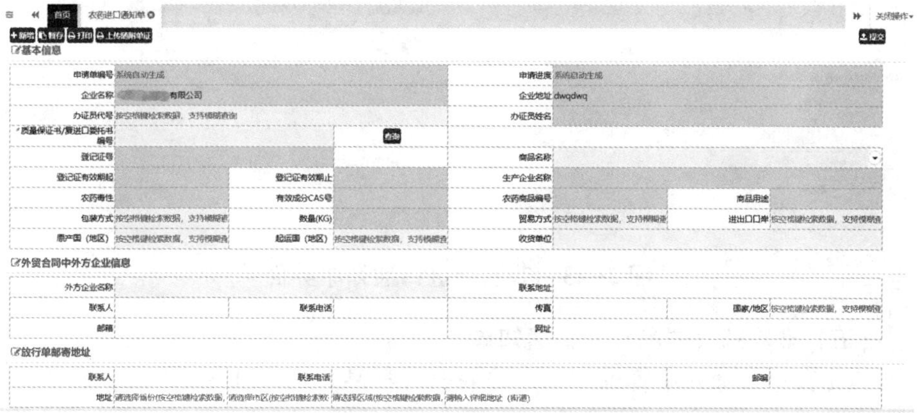

图2-21 农药进口通知单界面

(三) 非农药出口通知单

点击菜单"通知单管理"—"非农药出口通知单",展示详细信息(见图2-22),填写规则可参考农药出口通知单。

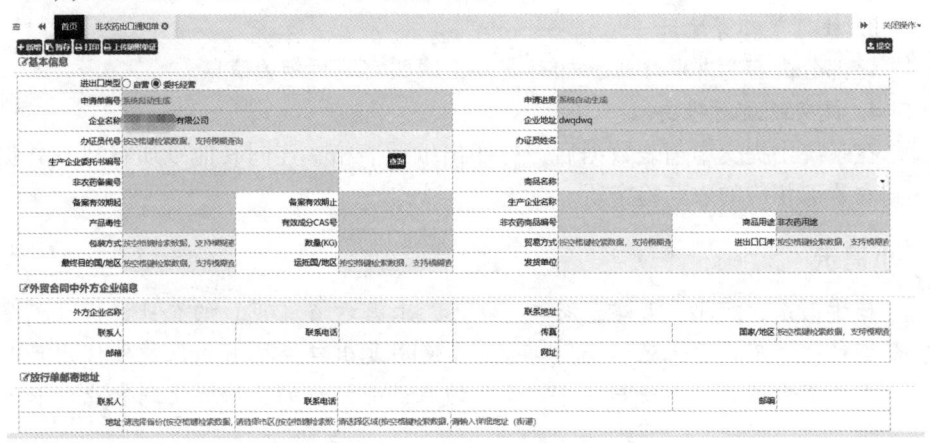

图 2-22　非农药出口通知单界面

(四) 非农药进口通知单

点击菜单"通知单管理"—"非农药进口通知单",展示详细信息(见图2-23),填写规则可参考农药出口通知单。

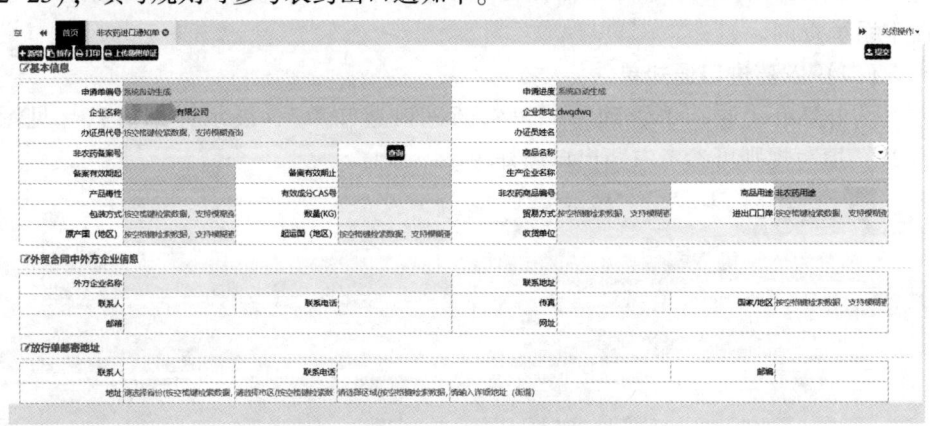

图 2-23　非农药进口通知单界面

(五) 非农药(样品)出口通知单

点击菜单"通知单管理"—"非农药(样品)出口通知单",展示详细信息(见图2-24),填写规则可参考农药出口通知单。

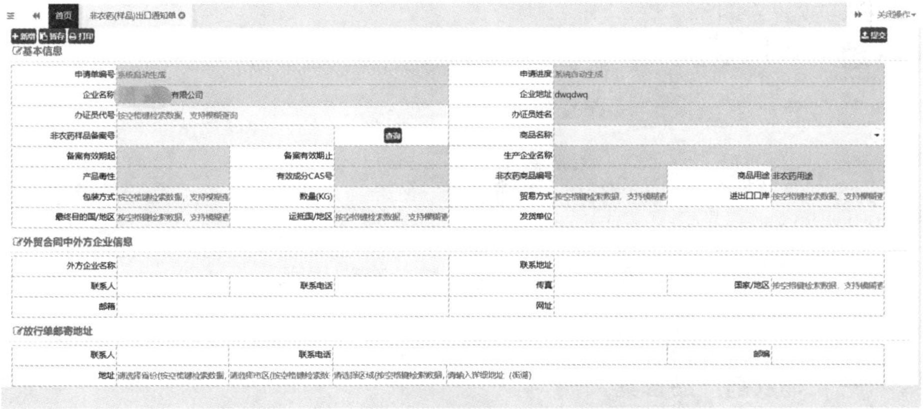

图 2-24　非农药（样品）出口通知单界面

（六）非农药（样品）进口通知单

点击菜单中"通知单管理"—"非农药（样品）进口通知单"，展示详细信息（见图 2-25），填写规则可参考农药出口通知单。

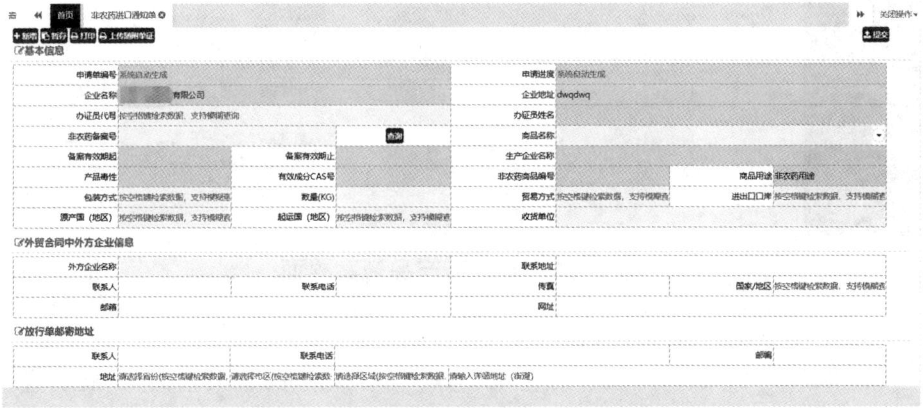

图 2-25　非农药（样品）进口通知单界面

（七）通知单查询

点击菜单"通知单管理"—"通知单查询"，展示查询界面（见图 2-26）。

可通过输入或选择办证员代号、办证员密码、申请号、申请类别、申请起止日期、申请进度等条件，查询相应通知单信息。其中办证员代号、办证员密码必须选择、填写。

点击办证员代号后的三角下拉标志，下拉弹框中将会显示出该企业的办证员代号。选择对应的办证员代号后，在办证员密码栏中输入密码。点击蓝色"查询"按钮，符合条件的数据将会显示到农药通知单查询界面的表格中，供企业打印或查看明细。

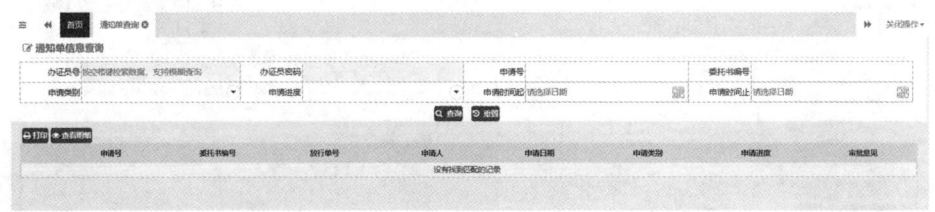

图 2-26　农药通知单查询界面

四、非农药产品备案管理

（一）非农药产品备案

点击菜单中"非农药产品备案管理"—"非农药产品备案"，展示详细信息界面（见图 2-27），信息填写完毕并确认无误后，点击页面右上角的蓝色"提交"按钮，系统自动将备案信息发送至农业部。

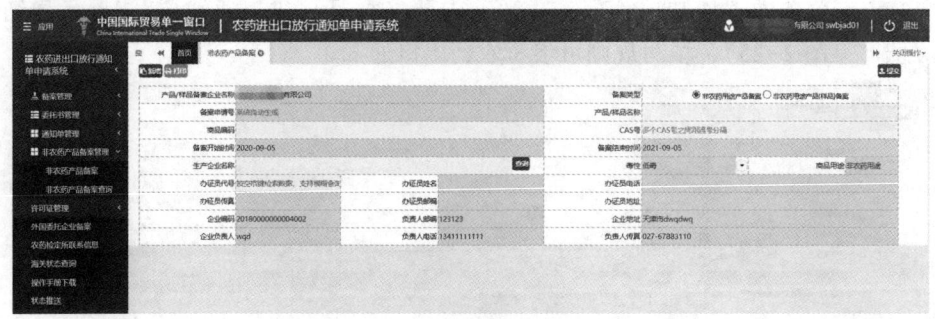

图 2-27　非农药产品备案界面

（二）非农药产品备案查询

点击菜单"非农药产品备案管理"—"非农药产品备案查询"，展示查询界面（见图 2-28），操作同通知单查询。

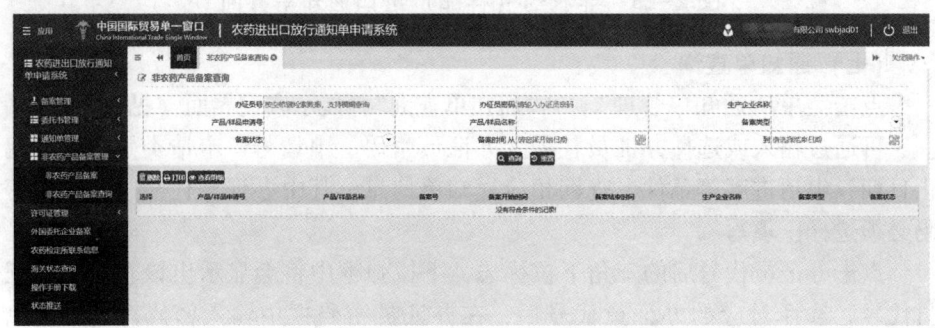

图 2-28　非农药产品备案查询界面

五、许可证管理

农药生产企业和经营企业在"单一窗口"录入农药生产许可证或农药经营许可证的电子信息，并上传相关的扫描件后申报，审核通过后，申请通知单。

（一）经营许可证录入

点击左侧菜单中"许可证管理"—"经营许可证录入"，右侧区域展示详细信息界面（见图2-29）。

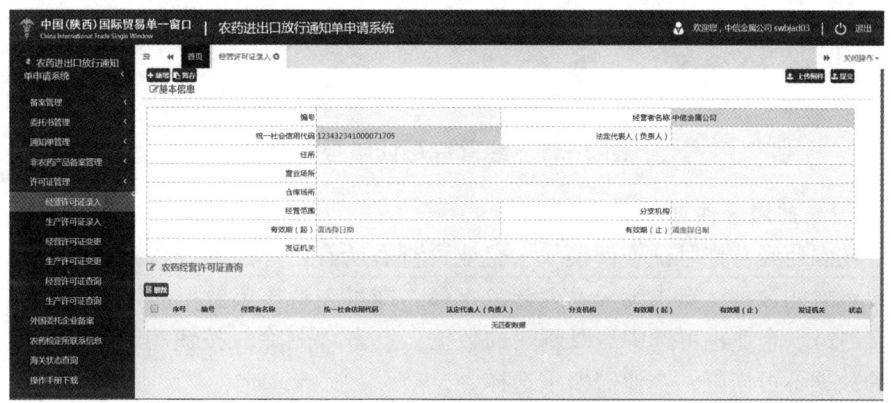

图2-29　经营许可证录入界面

1. 基本信息

经营者名称和统一社会信用代码为系统返填信息。编号、经营范围、发证机关等为黄色底色的字段为必填项，用户需按照实际情况进行填写。点击蓝色"上传附件"按钮，上传经营许可证扫描件，上传的附件为PDF格式，总大小不超过2M（见图2-30）。用户填写完毕后，点击蓝色"提交"按钮，数据即可申报审批，申报成功后下方列表中将新增一条数据，状态为"待核验"（见图2-31）。

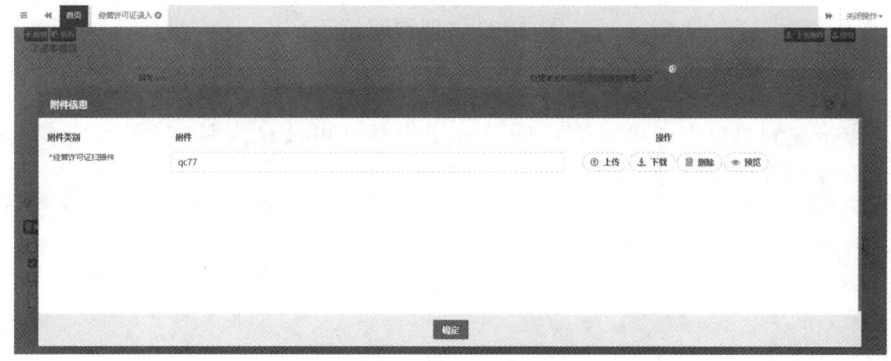

图2-30　经营许可证扫描件

国际贸易"单一窗口": 许可证件篇

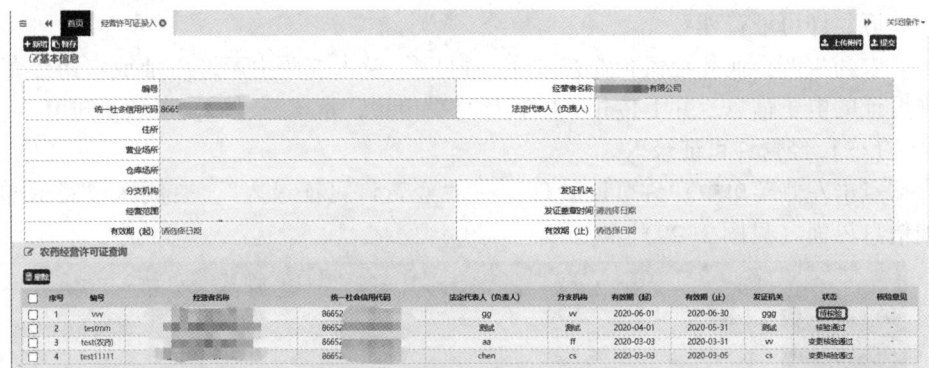

图 2-31 经营许可证申报界面

2. 农药经营许可证查询

在农药经营许可证查询模块，企业可查看所有已添加的经营许可证，选中需要查看的数据，点击编号一列蓝色字体，即可查看该票数据的详细内容（见图 2-32）。企业也可选中需要删除的数据，点击"删除"按钮删除数据，被删除的数据不可恢复，企业需慎重选择。

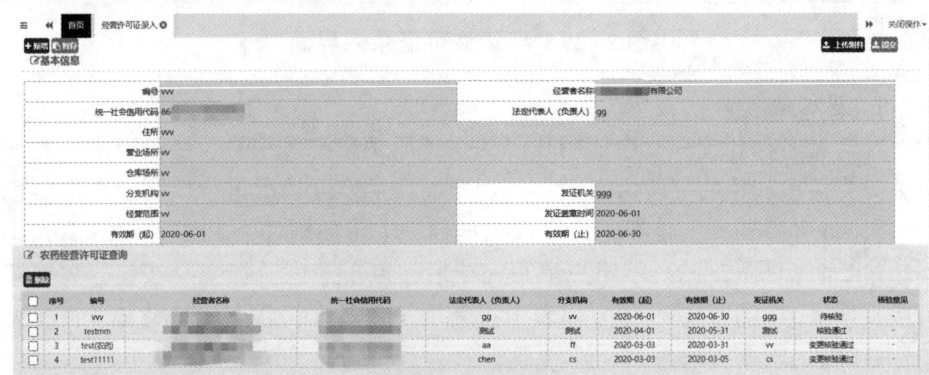

图 2-32 查看明细

（二）生产许可证录入

点击左侧菜单中"许可证管理"—"生产许可证录入"，右侧区域展示详细信息界面（见图 2-33）。

第二章 农药进出口登记管理放行通知单

图 2-33 生产许可证录入界面

💡 小提示

录入变更生产许可证时，生产范围以"，"结尾。

1. 基本信息

企业选择许可证类型，并依次录入许可证信息后，点击蓝色"上传附件"按钮，上传生产许可证扫描件，上传的附件为 PDF 格式，总大小不超过 2M（见图 2-34）。填写完毕后，点击蓝色"提交"按钮，数据即可申报审批，申报成功后下方列表中将新增一条数据，状态为"待核验"（见图 2-35）。

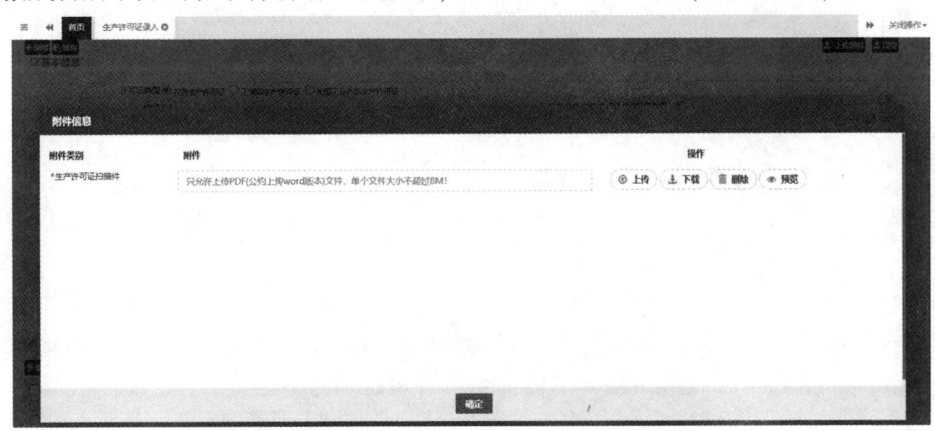

图 2-34 生产许可证扫描件

25

国际贸易"单一窗口":许可证件篇

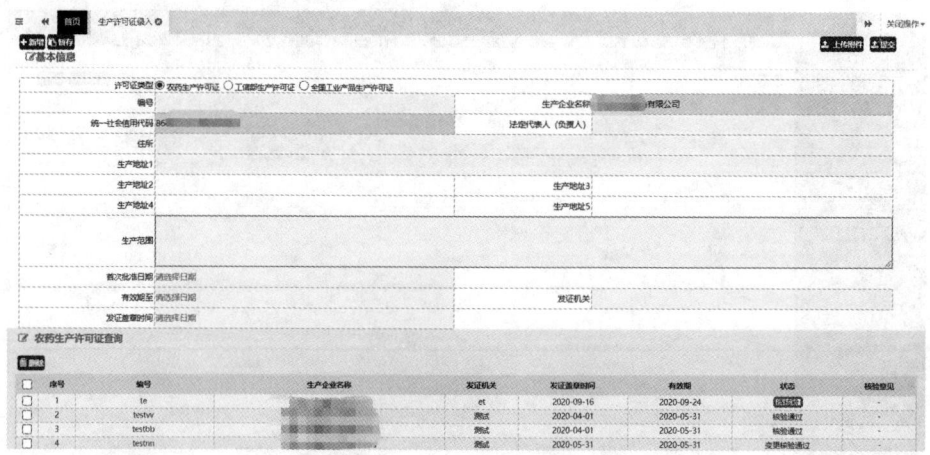

图 2-35 生产许可证申报

许可证类型的字段录入规则:

(1) 许可证类型选择"农药生产许可证",生产企业名称、统一社会信用代码为系统返填信息。编号、生产范围、发证机关等为黄色底色的字段为必填项,用户需按照实际情况进行填写。

(2) 许可证类型选择"工信部生产许可证"(见图 2-36),生产企业字段为系统返填信息。证书编号、生产类型、发证机关等为黄色底色的字段为必填项,用户需按照实际情况进行填写。

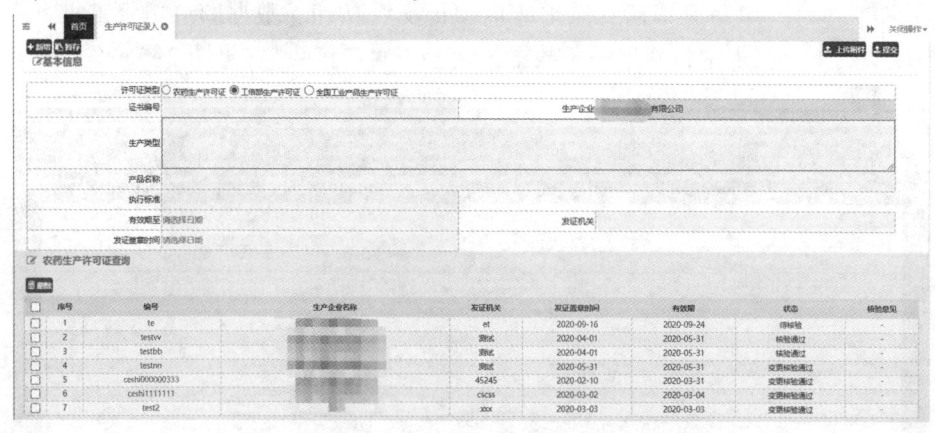

图 2-36 工信部生产许可证申报界面

(3) 许可证类型选择"全国工业产品生产许可证"(见图 2-37),企业名称字段为系统返填信息。证书编号、生产范围、发证机关等为黄色底色的字段为必填项,用户需按照实际情况进行填写。

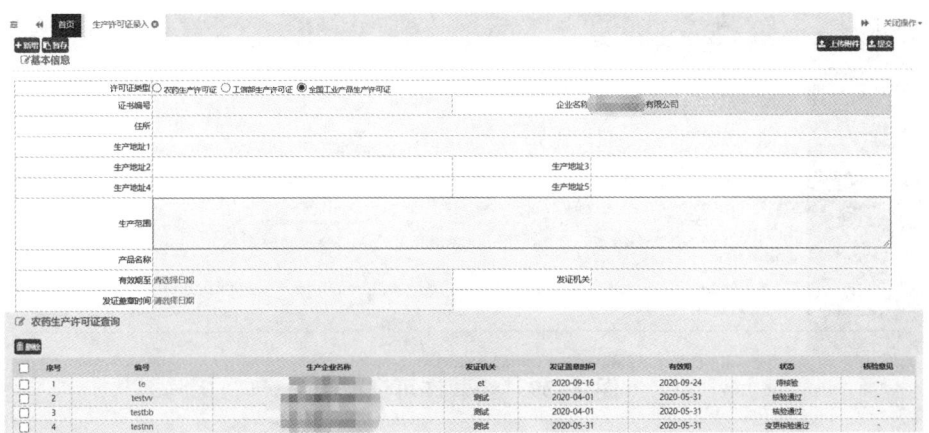

图 2-37　全国工业产品生产许可证申报界面

2. 农药生产许可证查询

在农药生产许可证查询模块，企业可查看所有已添加的生产许可证，选中需要查看的数据，点击编号一列蓝色字体，即可查看该票数据的详细内容（见图 2-38）。企业也可选中需要删除的数据，点击"删除"按钮删除数据，被删除的数据不可恢复，企业需慎重选择。

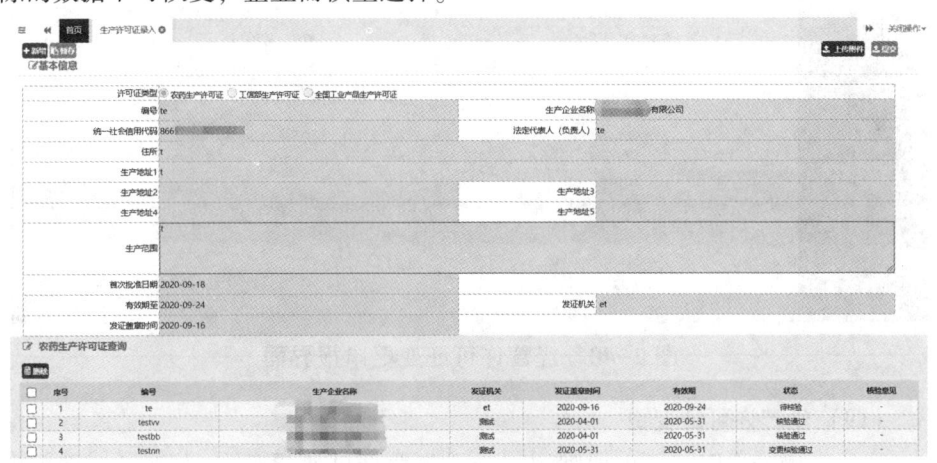

图 2-38　查看明细

（三）经营许可证变更

点击左侧菜单中"许可证管理"—"经营许可证变更"，右侧区域展示详细信息界面（见图 2-39）。

国际贸易"单一窗口"：许可证件篇

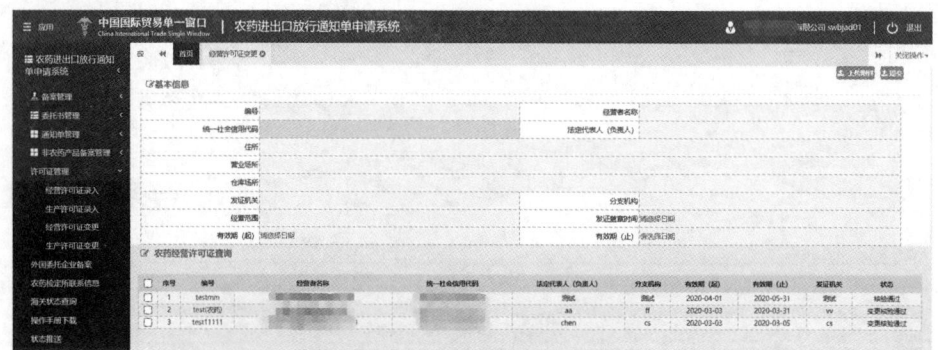

图 2-39　经营许可证变更

在农药经营许可证查询模块，选择一条数据，点击编号一列蓝色字体，详细信息返填至基本信息模块（见图 2-40），统一社会信用代码为系统返填信息，不能修改变更。编号、经营范围、发证机关等为黄色底色的字段为必填项，用户需按照实际情况进行修改变更。点击蓝色"上传附件"按钮，上传经营许可证扫描件。填写完毕后，点击蓝色"提交"按钮，数据即可申报审批。

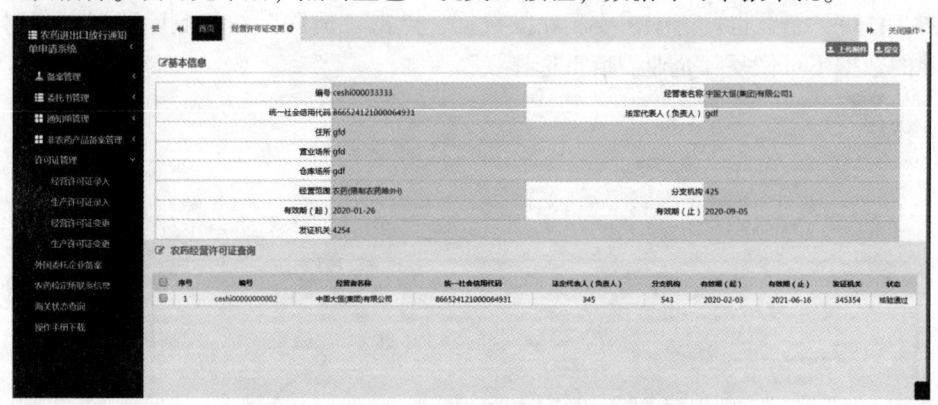

图 2-40　经营许可证变更申报界面

（四）生产许可证变更

点击左侧菜单中"许可证管理"—"生产许可证变更"，右侧区域展示详细信息界面（见图 2-41）。

第二章　农药进出口登记管理放行通知单

图 2-41　生产许可证变更

在农药生产许可证查询模块，选择一条数据，点击编号一列蓝色字体，详细信息返填至基本信息模块（见图 2-42），统一社会信用代码为系统返填信息，不能修改变更。编号、经营范围、发证机关等为黄色底色的字段为必填项，用户需按照实际情况进行修改变更。点击蓝色"上传附件"按钮，上传生产许可证扫描件。填写完毕后，点击蓝色"提交"按钮，数据即可申报审批。

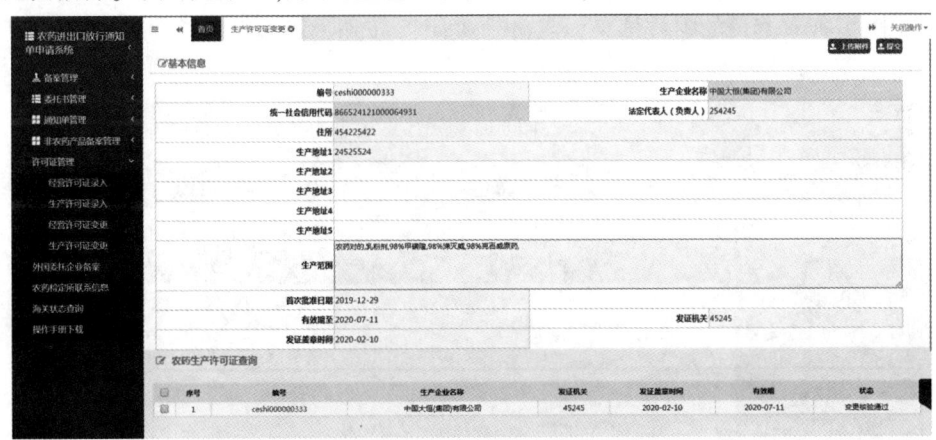

图 2-42　生产许可证变更申报界面

(五) 经营许可证查询

点击左侧菜单中"许可证管理"—"经营许可证查询"，右侧区域展示详细信息界面（见图 2-43）。

国际贸易"单一窗口":许可证件篇

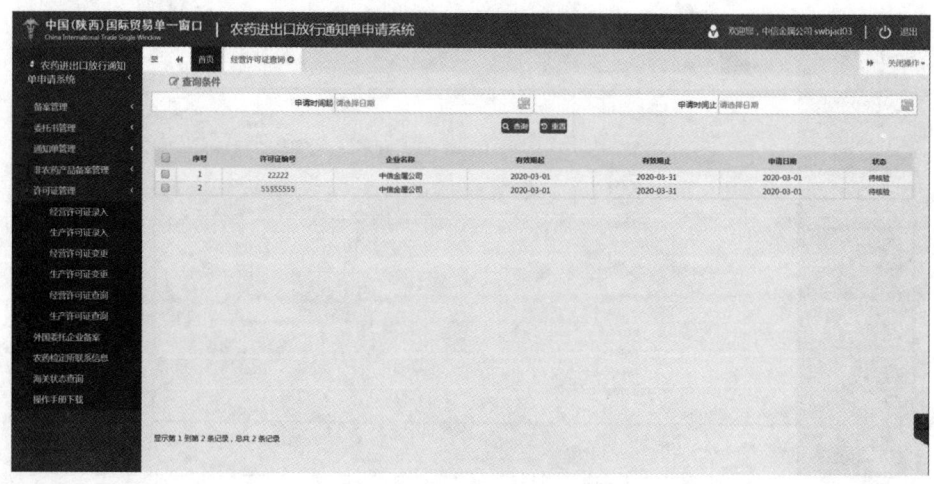

图 2-43　经营许可证查询

💡小提示

企业备案成功后,才能进行经营许可证的查询操作。

可通过选择起止日期方式,查询相应经营许可证信息。点击许可证编号字段值,可以查看经营许可证详细数据(见图 2-44)。点击蓝色"查看附件"按钮,可以查看上传的附件信息,点击"关闭"按钮,可以关闭农药经营许可证详情页面。

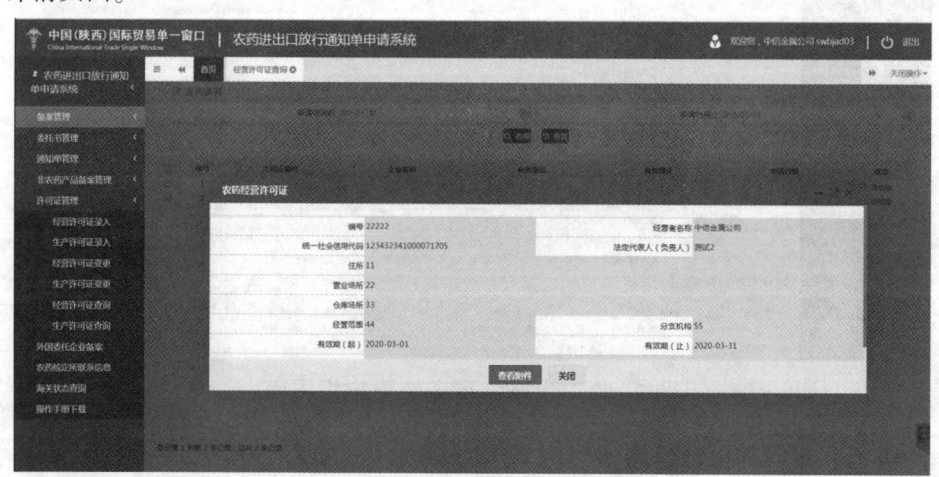

图 2-44　经营许可证详情页面

（六）生产许可证查询

点击左侧菜单中"许可证管理"—"生产许可证查询",右侧区域展示详细信息界面（见图2-45）。

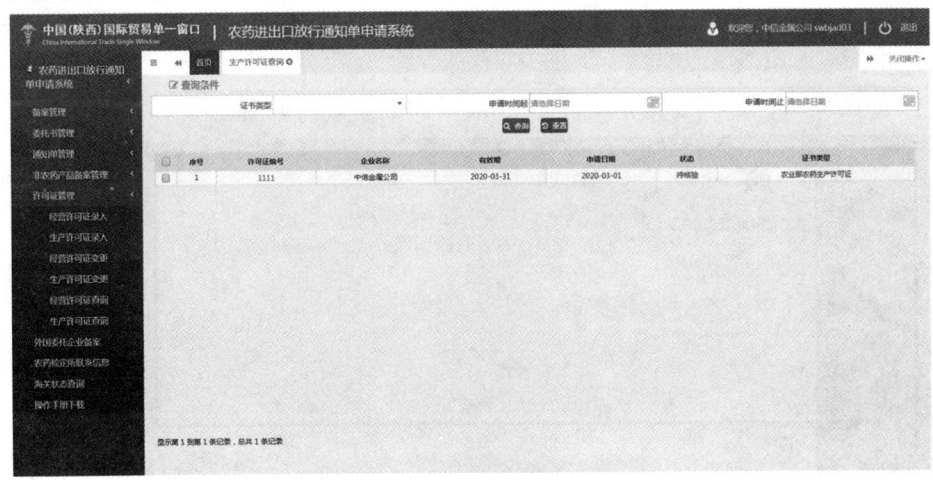

图2-45　生产许可证查询

小提示

企业备案成功后，才能进行生产许可证的查询操作。

可通过选择证书类型，起止日期方式，查询相应生产许可证信息。点击许可证编号字段值，可以查看生产许可证详细数据（见图2-46）。点击蓝色"查看附件"按钮，可以查看上传的附件信息，点击"关闭"按钮，可以关闭农药生产许可证详情页面。

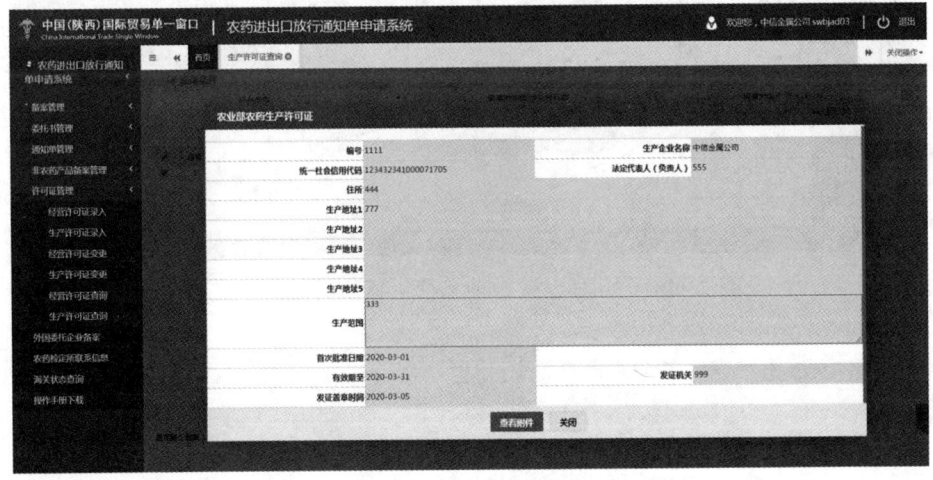

图2-46　生产许可证详情页面

六、外国委托企业备案

企业备案成功后,才能进行外国委托企业备案的相关操作,否则系统将给出提示。

点击菜单"外国委托企业备案",展示详细信息(见图2-47)。

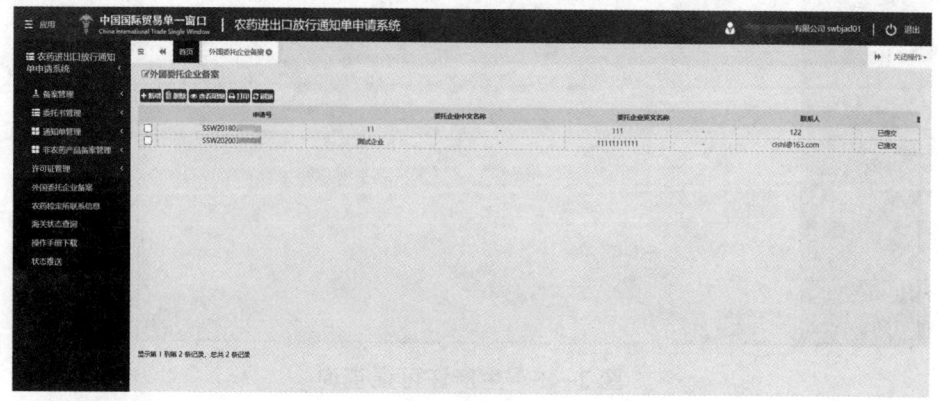

图2-47 外国委托企业备案界面

(一)新增

点击"新增"按钮,界面显示弹框(见图2-48),必填项填写完毕后,点击蓝色"提交"按钮,数据即可申报审批,提示页显示如图2-49所示。

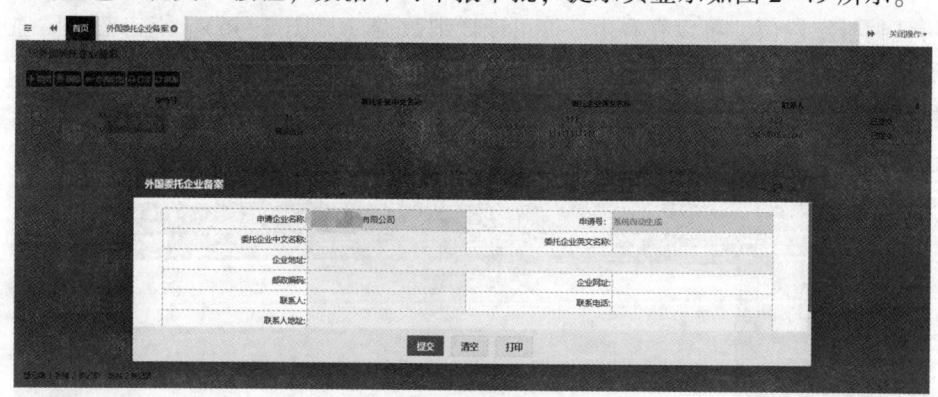

图2-48 外国委托企业备案—新增界面(一)

第二章 农药进出口登记管理放行通知单

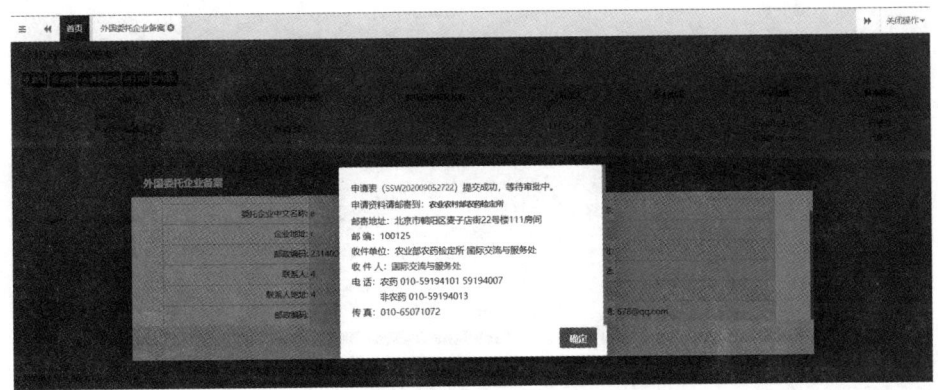

图 2-49 外国委托企业备案—新增界面（二）

点击弹出界面上的"打印"按钮，系统跳转到打印界面（见图 2-50），用户可根据需要进行打印。

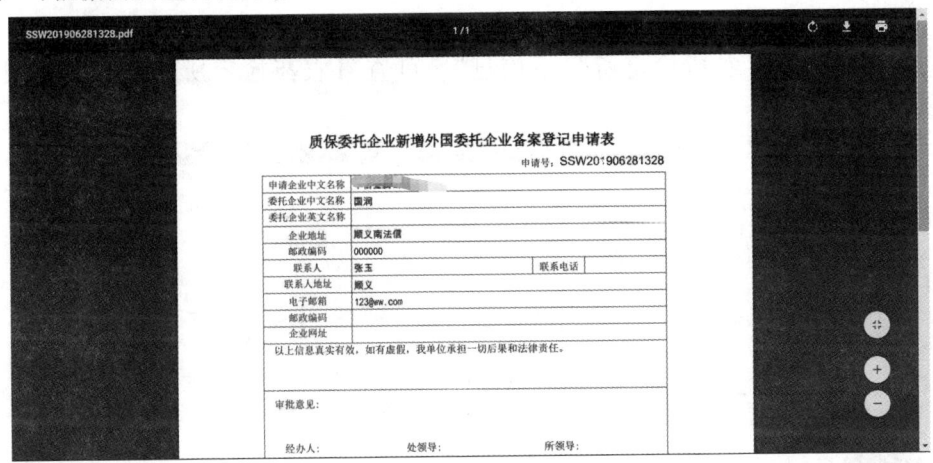

图 2-50 打印界面

（二）删除

在外国委托企业备案界面中，选中需要删除的数据，点击"删除"按钮，即可删除数据，被删除的数据不可恢复，请企业慎重选择。

（三）查看明细

在外国委托企业备案界面中，选中需要查看的数据，点击"查看明细"按钮，即可查看该票数据的详细内容（见图 2-51）。

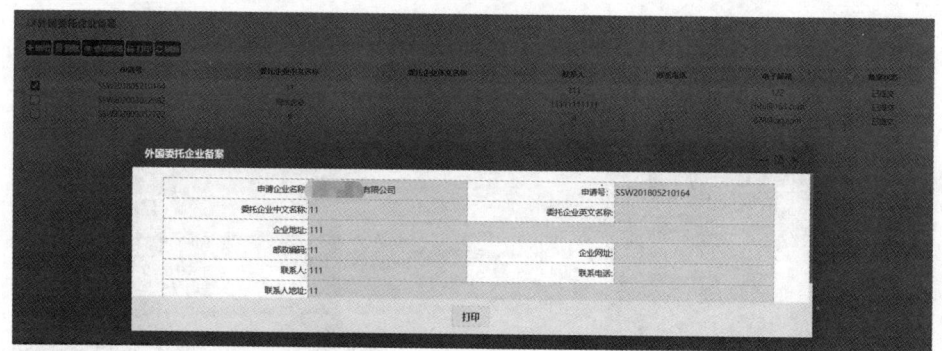

图 2-51　查看明细

七、农药检定所联系信息

该功能为用户提供地方农药检定所的详细联系信息,用户可根据申报要求与对应检定所联系或提交送检材料。

企业备案成功后,才能查看农药检定所联系信息,否则系统将给出提示。

点击菜单"农药检定所联系信息",可查看农药检定所联系信息(见图2-52)。

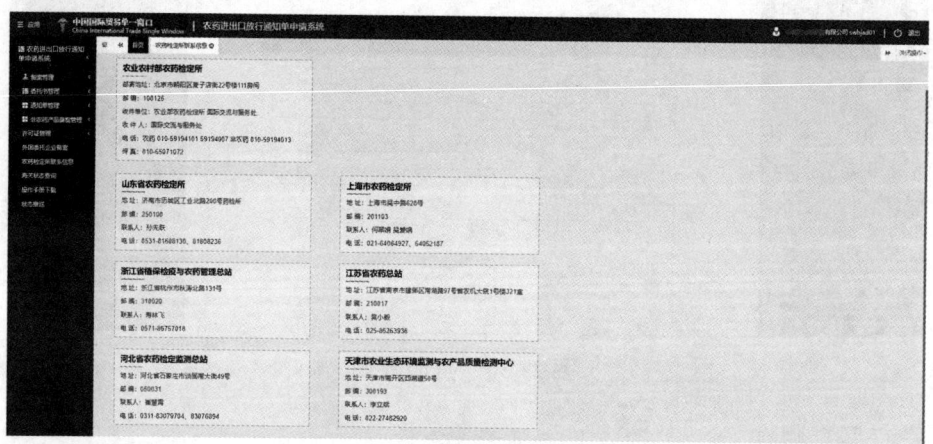

图 2-52　农药检定所联系信息

八、海关状态查询

点击菜单"海关状态查询",展示查询界面(见图 2-53)。可通过选择申请时间或录入放行单号等条件,查询海关状态。

第二章 农药进出口登记管理放行通知单

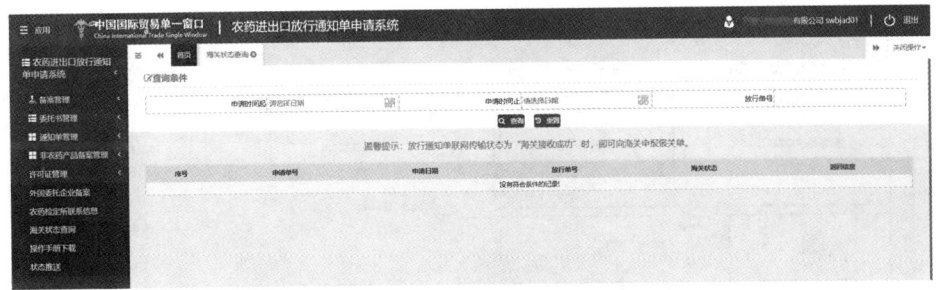

图 2-53　海关状态查询

九、许可证状态查询

企业无须登录系统也可查询农药进出口放行通知单审核状态。"单一窗口"提供两种查询方式：网页端公共查询服务和微信小程序公共查询服务。

（一）网页端公共查询服务

企业可在"单一窗口"门户网站的右下角点击"查询统计"功能链接（见图 2-54），进入查询统计界面。

图 2-54　"单一窗口"门户

在选择查询统计类型界面（见图 2-55）中选择"许可证/原产地状态"查询功能，进入选择证书类型（见图 2-56），选择"农药进出口许可证"，输入单据编号和验证码，点击"查询"按钮，可查询该申请的审核状态。

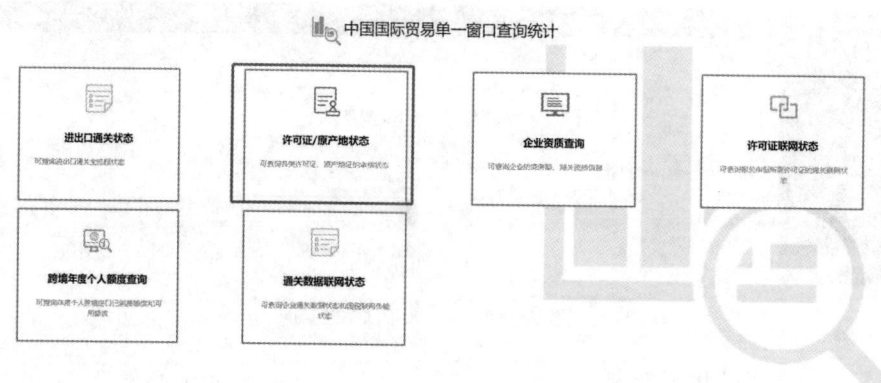

图 2-55　选择查询统计类型

图 2-56　选择证书类型

（二）微信小程序公共查询服务

企业可在微信小程序中搜索"掌上单一窗口"，点击"许可证申请状态查询"功能，输入申请单号，点击"查询"按钮，可查询该申请单的审核状态（见图 2-57 和图 2-58）。

企业也可通过公众号"中国国际贸易单一窗口"的"业务查询"—"通关状态"，进入通关状态查询界面，选择"许可证申请状态"查询功能。

第二章　农药进出口登记管理放行通知单

图 2-57　掌上单一窗口主界面

图 2-58　掌上单一窗口许可证申请状态查询

十、许可证状态信息订阅

企业可订阅农药放行通知单审核状态，系统一旦接收到农业部审核回执，将审核回执信息通过短信或微信消息推送至订阅用户，便于企业及时掌握农业部审核情况。

"单一窗口"提供两种订阅渠道，分别为网页端查询统计系统和微信小程序信息订阅。

（一）网页端查询统计系统

用户登录"单一窗口"的查询统计系统（见图 2-59），进入"通关状态订阅"功能（见图 2-60）。

国际贸易"单一窗口":许可证件篇

图 2-59　"单一窗口"的"查询统计"系统

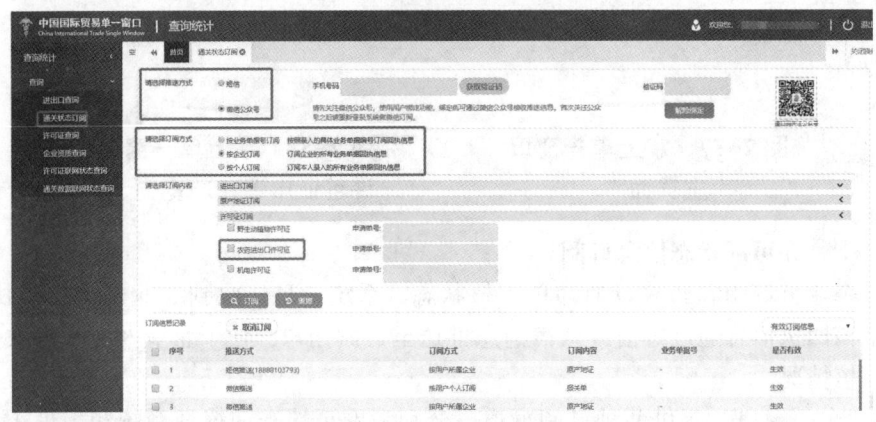

图 2-60　通关状态订阅

用户可选择短信或微信公众号的信息推送方式。

• 短信:通过手机短信接收系统推送的信息。用户需填写手机号和输入验证码。

• 微信公众号:通过微信公众号接收系统推送的信息。用户首次使用时,需要首先关注中国国际贸易单一窗口微信公众号,使用"业务查询"—"用户绑定"功能,绑定单一窗口账号和用户的微信号后,再登录系统做微信订阅(见图 2-61)。

第二章 农药进出口登记管理放行通知单

图 2-61 "业务查询"—"用户绑定"功能

用户可选择多种订阅方式。
- 按业务单据编号订阅：仅订阅指定编号的农药进出口放行通知单回执信息。
- 按企业订阅：订阅本企业的所有农药进出口放行通知单回执信息。
- 按个人订阅：只订阅本人录入的所有农药进出口放行通知单回执信息。

用户可勾选"农药进出口许可证"选项来选择订阅内容。
- 用户点击"订阅"按钮，生成订阅记录。系统接收到农业部的回执后，即向用户推送农业部审核回执信息。
- 用户如不想再接收订阅信息，可取消订阅记录，系统将不再推送农药进出口许可证状态信息（见图 2-62）。

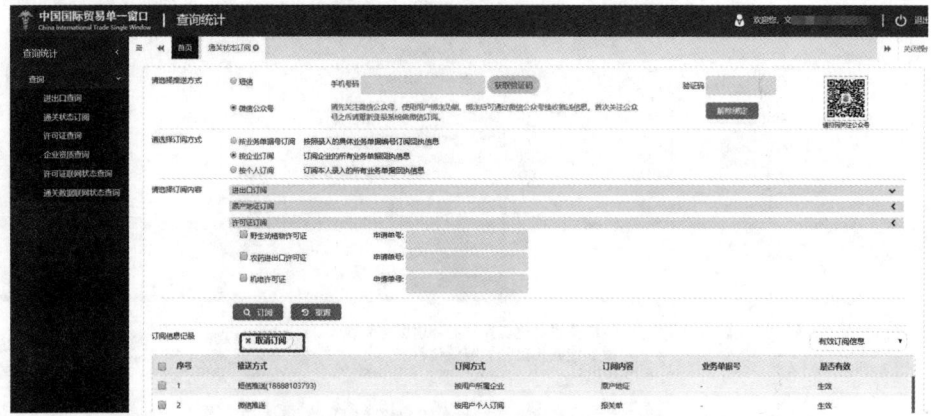

图 2-62　通关状态订阅—取消订阅

(二) 微信小程序信息订阅

用户登录中国国际贸易单一窗口微信公众号，进入"业务查询"—"信息订阅"功能（见图 2-63）。

图 2-63　"业务查询"—"信息订阅"功能

信息订阅功能操作同网页版。

第三节　常见问题

问题1　查询登记证号时，提示"此登记证号不在此生产企业下"，怎么办？

答　登记证中的企业名称与"单一窗口"企业备案中的企业中文名称1需一致，或者"单一窗口"备案中的企业中文名称1与登记证中的一致。若提示"此登记证号不在此生产企业下"，可联系农业部修改。

问题2　用户已经在"单一窗口"备案成功，但是申请通知单时提示"请先进行企业备案再使用本功能"，怎么办？

答　使用"单一窗口"标准版系统，在企业备案变更菜单中填写省份，然后重新登录系统或刷新页面。

问题3　进行企业备案时，提示"进出口资质验核不通过"，怎么办？

答　使用法人卡或管理员账号登录，点击右上角用户名，进入管理员账号信息管理界面，点击"同步更新"按钮，如果缺少统一社会信用代码，先添加统一社会信用代码后点击"同步更新"按钮，之后退出系统，重新登录。

问题4　输入登记证号，没有带出商品编码和用途怎么办？

答　先选择包装方式，如果还是没有带出，请联系药检所添加。

问题5　办理"委托书管理"—"非农药出口委托书"业务时，输入非农药备案号后，备案有效期可以自动调出，但是产品名称调不出来，怎么办？

答　联系药检所添加产品名称。

问题6　农药放行通知单暂存成功，申报时提示"此登记证的有效成分在限制名单中，不能申请放行通知单"，怎么办？

答　首先查看经营许可证的经营范围是否可以经营限制农药，如果可以，联系药检所变更经营许可证的经营范围。

问题7　企业备案界面中缺少统一社会信用代码怎么办？

答　使用法人卡或管理员账号登录，点击右上角用户名进入管理员账号信息管理界面，补充统一社会信用代码。

问题8 企业备案中海关注册编码不正确怎么修改？

答 使用法人卡或管理员账号登录，点击右上角用户名，进入管理员账号信息管理界面，进入我的资质菜单，更新海关注册编码，保存后退出，重新登录系统。

问题9 申请委托书时，为什么输入被委托企业名称查询不到信息？

答 如果输入的企业名称近一天在农业部变更过备案信息，请过1~2天重新搜索，如果没有变更过，请联系农业部。

第三章 野生动植物进出口证书申请

第一节 业务简介

根据《野生动植物进出口证书管理办法》（国家林业局、海关总署令第34号），野生动植物进出口证书包括允许进出口证明书和物种证明。进出口列入《进出口野生动植物种商品目录》中公约限制进出口的濒危野生动植物及其产品、出口列入商品目录中国家重点保护的野生动植物及其产品的，实行允许进出口证明书管理；进出口列入前款商品目录中的其他野生动植物及其产品的，实行物种证明管理。国家濒危物种进出口管理办公室（以下简称"国家濒管办"）及其授权机构负责签发野生动植物进出口证明书，该证书已实现联网核查，企业使用证书报关时应在报关单"随附单证"代码栏填报监管证件代码"E"或"F"（E为濒危物种允许出口证明书，F为濒危物种允许进口证明书），在编号栏填报通知单编号。

"单一窗口"标准版野生动植物进出口证书系统，涵盖国家林业和草原局的公约证书、非公约证书、海峡两岸证书、物种证明4类证书的证书申请、查询、变更和延期等功能，实现国际贸易企业通过"单一窗口"一点接入，提交满足管理部门要求的许可证信息，管理部门按照确定的规则进行审批，并将审批结果通过"单一窗口"统一反馈，便于企业查询。

"单一窗口"标准版野生动植物进出口证书申请系统可申请的公约证书、非公约证书、海峡两岸证书、物种证明，适用范围如下。

一、公约证书

办理《濒危野生动植物种国际贸易公约》（以下称CITES）规定的野生动植物及其产品的进出口、海上引进、乐器多次跨境转移、标本巡回展览、个人所有的活体动物多次跨境转移。

该类证书实行"一批一证"管理。

二、非公约证书

出口国家重点保护的野生动植物及其产品。

该类证书实行"非一批一证"管理。

三、海峡两岸证书

办理CITES规定的野生动植物及其产品向台湾地区的进出口、乐器多次跨境转移、标本巡回展览、个人所有的活体动物多次跨境转移。

该类证书实行"一批一证"管理。

四、物种证明

（1）进出口属于 CITES 规定免管或者豁免的野生动植物及其产品。

（2）出口人工培植来源的非 CITES 附录所列、但与国家重点保护同名的野生植物及其产品。

（3）进口和再出口非 CITES 附录所列、但与国家重点保护同名的野生动植物及其产品。

（4）进出口属于未拆分出非濒危物种且带有监管条件的海关商品编号管理的非 CITES 附录所列、非国家重点保护的野生动植物及其产品。

该类证书实行"非一批一证"管理。

第二节　基本操作

因相关业务数据有严格的填制规范，如在系统录入数据的过程中，字段右侧弹出红色提示，代表用户当前录入的数据有误，需根据要求重新录入。

灰色字段表示不允许录入，系统自动返填，或根据企业备案的相关信息进行返填。

界面中黄色底色的录入框字段为必填项，务必填写。

界面中的 ❓ 图标，鼠标放上去，系统会提示录入说明。

界面中部分字段右侧带有三角形图标，表示该类字段需要在参数中进行调取，不允许用户随意录入。直接点击三角形图标，调出下拉菜单并在其中进行选择，也可将光标置于字段中，系统自动显示下拉菜单。如果用户已经知道相关参数的代码，也可直接输入相应数字、字母或汉字，迅速调出参数，使用上下箭头选择后，点击回车键确认录入。

一、首页提醒

申报成功的数据，用户登录后可在首页查看行政许可通知书（包括行政许可受理通知书、不予受理通知书）、补正通知书和监督检查通知书，界面如图 3-1 所示，点击蓝色字段通知书编号，用户可将通知书下载至电脑端留存或查看，示例如图 3-2 所示。

点击蓝色字段补正材料申请单编号，可进入申请单修改界面，可补正后重新提交申请。

第三章 野生动植物进出口证书申请

图 3-1 首页提醒

中华人民共和国 濒危物种进出口管理办公室

濒办穗许受理[2017]12号

受理行政许可申请通知书

单一窗口联调测试企业3:

2017年07月14日收悉你（单位）提出的1120171S000903的申请。经审查，该申请符合受理条件，我办依法予以受理。

如该申请需要征询国家濒危物种科学委员会的意见，或需要对所提供境外许可证或证明书进行确认的，或需要与境外相关国家（地区）管理机构或秘书处核实相关情况的，所需时间不计算在实施行政许可所规定的期限内。

特此通知。

图 3-2 受理行政许可申请通知书

国际贸易"单一窗口":许可证件篇

> 💡 **小提示**
>
> 点击行政许可通知书和监督检查通知书"查看"后,不论用户是否下载数据至电脑端,该通知书均不会再次显示在首页。该通知书仅为濒管办受理申请的通知,不会对用户申报数据造成影响。

二、用户备案

用户备案包括单位用户和个人用户备案,用户需先提交备案申请并通过审核后,才可申请证书。

(一) 单位备案

1. 录入与保存

(1) 备案单位基本信息

提供备案单位基本信息的录入。在备案单位基本信息界面中,部分字段(例如,注册资金、通信地址等)需要用户手工录入,需根据业务主管部门要求,如实填写相关内容(见图3-3)。

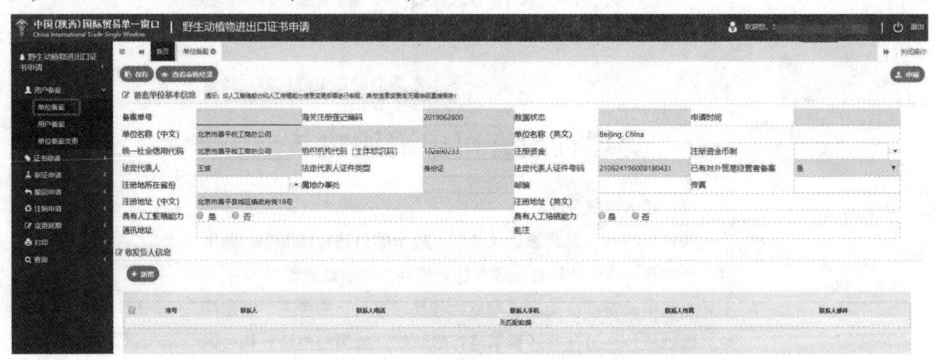

图3-3 备案单位基本信息

部分字段右侧带有三角形图标(例如,注册资金币制、法定代表人等)表示该类字段需要在参数中进行调取,不允许用户随意录入。直接点击三角形图标,调出下拉菜单并在其中进行选择。如果用户想使用键盘进行快捷操作,可将光标置于字段中,系统自动显示下拉菜单。如果用户已经知道相关参数的代码,也可直接输入相应数字、字母或汉字,迅速调出参数,使用上下箭头选择后,点击回车键确认录入。

- 海关注册编码、企业组织机构代码等:无须企业填写,从用户管理系统中自动返填。
- 备案单号字段:无须企业填写,备案成功后自动生成。
- 具有人工繁殖能力:根据实际情况勾选。如勾选"是",该字段会展开"具有人工繁殖能力"相关字段,展开内容均为必填项,用户需根据要求填写。

- 具有人工培植能力：根据实际情况勾选。如勾选"是"，该字段会展开"具有人工培植能力"相关字段，展开内容均为必填项，用户需根据要求填写。

点击"暂存"蓝色按钮后，用户之前填写的数据将被系统保存。备案单位基本信息填写完毕并暂存后，界面左上角将会显示蓝色"删除"按钮，右上角将会显示蓝色"申报"按钮，以便用户操作数据。

（2）联系人信息

将备案单位基本信息填写完毕并暂存后，点击联系人信息下方"+新增"按钮，新增联系人信息（见图3-4）。

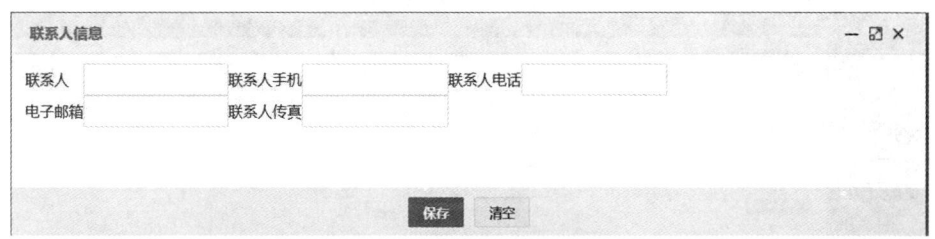

图3-4　添加联系人信息

2. 查看审核结果

数据申报成功后，页面将会显示为灰色不可变更的状态。此时页面上方的"暂存""删除"和"申报"按钮将不会显示，左上角出现一个蓝色"查看审核结果"按钮，点击后界面弹框如图3-5所示，用户可查看审核结果。

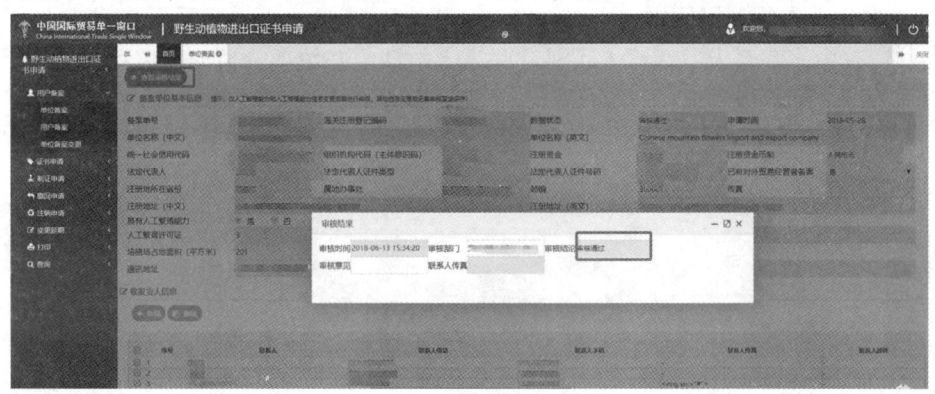

图3-5　查看审核结果

国际贸易"单一窗口"：许可证件篇

（二）个人备案

1. 个人备案基本信息

如果申请人是个人用户，则需点击左侧"用户备案"—"用户备案"菜单，进入个人用户备案界面（见图3-6）。灰色字段为用户管理系统返填数据，用户无法直接填写，如需修改，可以登录企业管理系统进行修改，修改成功后数据会直接返填至该字段。其中，属地办事处、通信地址等字段后带红色＊号的为必填项，填写完毕后点击左上角蓝色"暂存"按钮，备案单号自动生成并返填到该字段中。

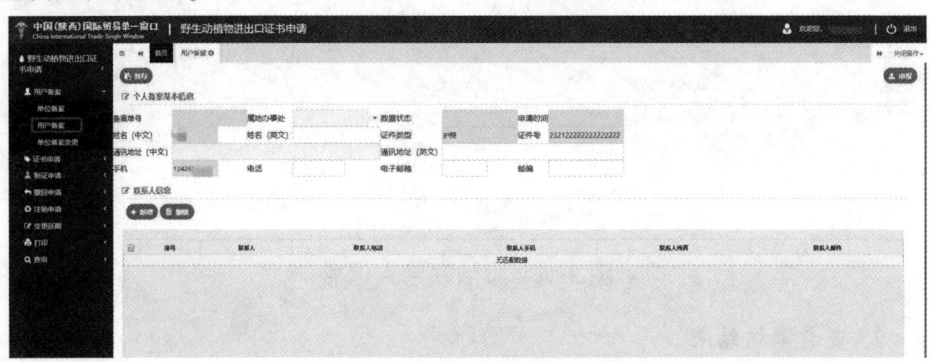

图3-6 个人用户备案

2. 联系人信息

在联系人信息界面中，点击白色"+新增"按钮，新增联系人信息（见图3-7）。其中，联系人、联系人手机和联系人电话为必填项，请如实填写。

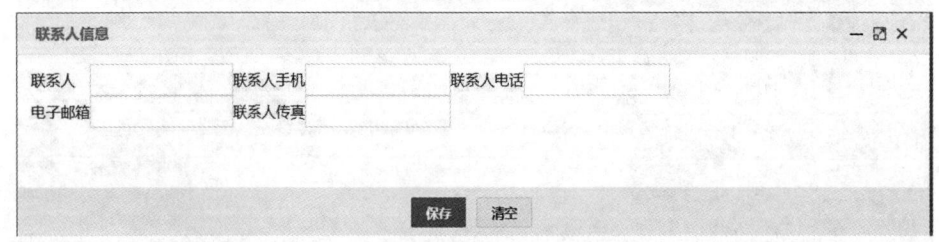

图3-7 联系人信息

3. 查看审核结果

同单位备案。

4. 修改备案信息

个人备案审核通过后，申请人如需修改备案信息，可在界面中点击"修改"按钮，修改完成后点击"保存"按钮即可完成修改，无须申报审批。

(三) 单位备案变更

1. 基本信息

注册资金、注册资金币制、注册地所在省份等显示为可修改的白色字段，将光标点击到字段中，删除原有信息后输入需要修改的信息，点击"保存"，修改即成功。显示为灰色的字段不能修改，为系统返填，如用户需要修改，进入用户管理系统，修改完成后数据将被返填至对应字段。

2. 人工繁殖能力和人工培植能力

人工繁殖能力和人工培植能力部分信息变更后需进行申报，其他基本信息变更后无须申报直接保存。填写规则参考"用户备案"章节。

三、证书申请

(一) 公约证书

对公约证书申请数据进行录入、暂存、删除、复制、上传随附单据、申报等操作。

1. 录入与暂存

（1）基本信息

企业录入进出口类型、审批部门、目的、用途等基本信息后（见图3-8），可以再进行证书和物种信息的录入。

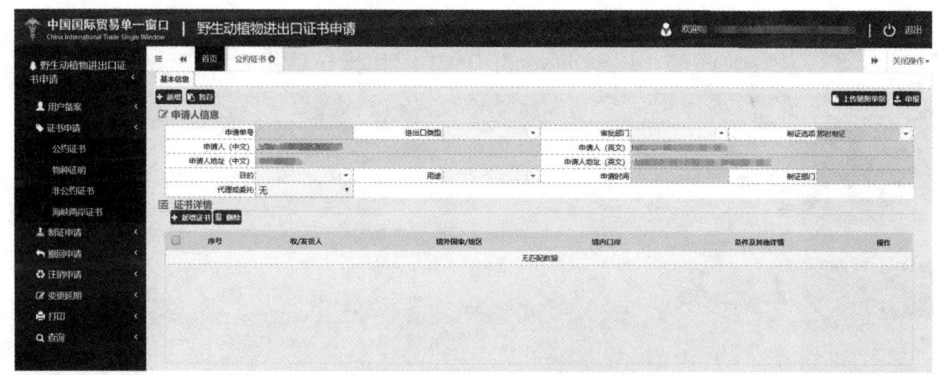

图3-8 公约证书—基本信息

💡**小提示**

申请人基本信息暂存成功后，进出口类型和制证选项不可修改。

录入字段说明如下。

- 进出口类型：进口、出口、再出口，其他——海上引进、其他——巡回展览、其他——个人所有活体动物、其他——乐器，用户根据实际情况选择。
- 制证选项：默认即时制证。

国际贸易"单一窗口":许可证件篇

● 审批部门:国家濒管办未授权办事处直接发证的公约附录物种标本,审批部门必须选择国家濒管办。国家濒管办授权办事处直接发证的公约附录物种标本,审批部门选择单位注册所在地的国家濒管办授权办事处。

● 制证部门:指制发证书正本的部门,申报时无须填写。

● 代理或委托:该项填报申请人的代理或委托身份。其中,申请人为自理申报的,填报"无";申请人为代理委托人申报的,填报"代理",并填报委托人信息。申请人为委托代理人申报的,填报"委托",并填报代理人信息。

(2)收发货人信息

💡 小提示

填写好申请人基本信息后,才可以新增证书。

申请人信息填写完成后,可点击证书详情的"新增证书"按钮添加证书,申请人信息校验成功后,系统显示证书信息页签,用户可录入证书信息(见图3-9)。

● 境外国家/地区:支持按空格键或输入字符代码自动搜索参数值,应填写境外收发货人所在的国家或地区。

● 境内口岸:支持按空格键或输入字符代码自动搜索参数值,应根据货物实际进出境的口岸填写。

● 条件及其他详情:根据审批部门的要求和指导填报。

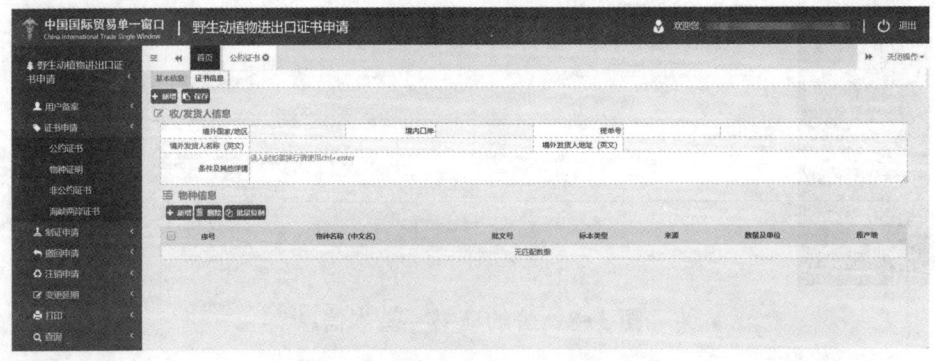

图3-9 公约证书—证书信息

(3)物种信息

收发货人信息填写完成后,可点击物种信息的"+新增"按钮为该证书添加物种,收发货人信息校验成功后,系统显示一个弹框(见图3-10)。

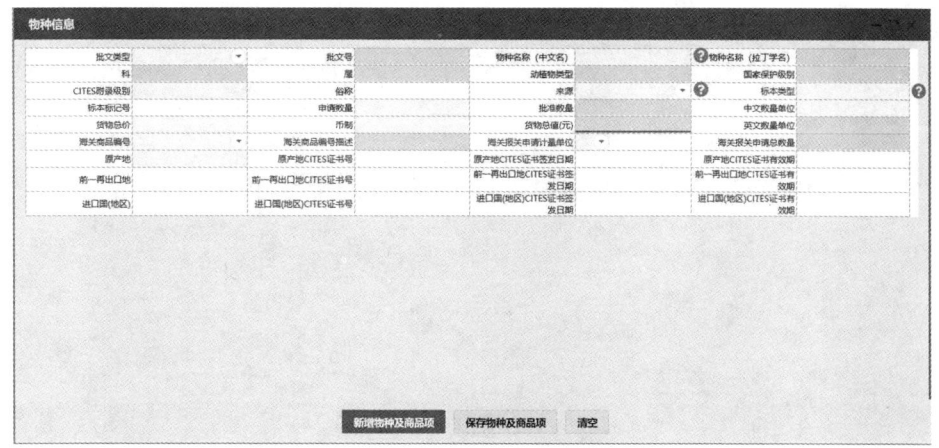

图 3-10 新增物种信息

系统根据申请单的申请类型和进出口类型显示不同的物种信息录入字段，用户需要如实填写。

物种信息界面的按钮及部分字段录入说明如下。

- 新增物种及商品项按钮：实现复制物种功能。点击该按钮，保存已录入物种信息，并复制一条物种信息返填在界面中，用户可修改。
- 保存物种及商品项：点击该按钮，保存当前页面物种信息后关闭界面。
- 清空：清空页面内容重新录入。

（4）批文类型

- 录入批文类型操作步骤：

第一步：选择批文类型

单击该字段，下拉弹框显示：A 国家林业主管部门批文，B 国家农业渔业主管部门批文，C 专用标识类批文，D 再出口批文标识卡（仅公约再出口显示）。用户选中前两者时，系统弹出批文信息界面（见图 3-11），如已有可用批文，用户可以直接选择，如没有可用批文，用户需先新增批文，转第二步。如果用户选择的是专用标识类批文和再出口标识卡，系统不会弹出批文信息界面，申请人可直接在物种信息界面填写相关信息。

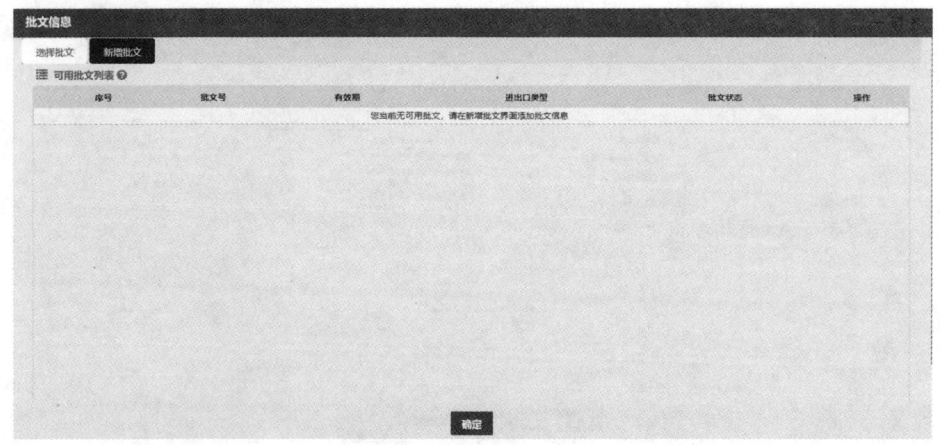

图 3-11　批文信息

第二步：新增批文基本信息

申请人点击批文信息界面中的"新增批文"页签，显示新增批文基本信息界面（见图 3-12），填写批文基本信息。

系统默认批文为一次申请使用，用户按规范输入批文号（点击批文号字段后的问号图标可查看字段录入规范），点击"保存"，校验通过后则一次申请使用的批文新增成功，显示在可用批文列表中，转第四步。

在多次申请使用字段中，点击"是"，界面将自动展开（见图 3-13），用户填写批文有效期和批文进出口类型，点击"保存"，校验通过后，多次申请使用的批文基本信息新增成功，用户需根据系统提示录入批文中的物种信息，转第三步。

录入字段说明如下。

● 批文号：根据所选批文类型填写相对应的主管部门批准文件编号全称。

● 多次申请使用：指批文是否需要在多个申请单中反复使用，如需多次使用，选择"是"。

● 有效期：填报批准文件的有效期截止日。

● 进出口类型：根据批准文件中限定的进出口类型填写，批文中出口和再出口类型在界面中均选择出口。

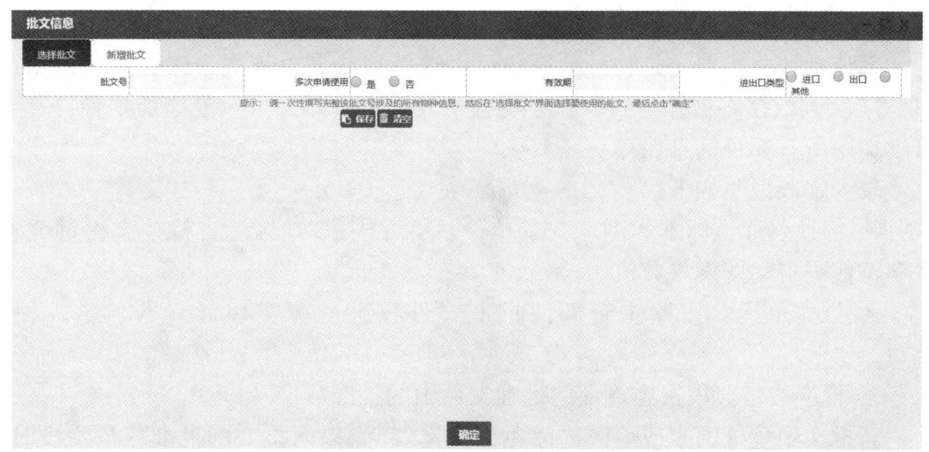

图 3-12　新增批文—基本信息 1

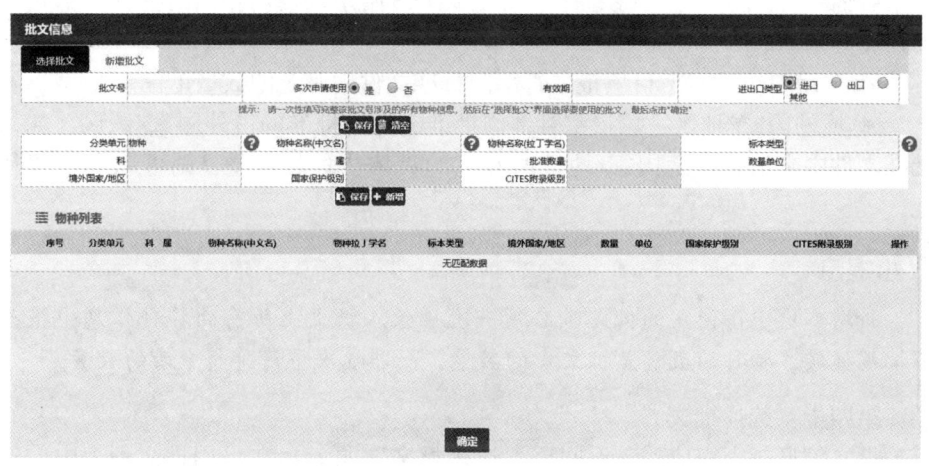

图 3-13　新增批文—基本信息 2

💡小提示

1. 一次申请使用的批文只可以在一个申请单中使用，申请单提交之后，下次申请时不可以再使用该批文号，请谨慎选择。

2. 首次新增的多次申请使用的批文随当前申请单一起提交至审批端，需国家濒管办或其办事处核实通过后才可以在下个申请单中使用，请注意如实、完整填写批文中的所有信息。

3. 对于国家林业主管部门和国家农业渔业主管部门类型的批文，相同批文号在同一家企业只能保存一次。

第三步：新增批文物种

系统默认分类单元是物种，用户可以选择科或属，依次录入各字段，点击"保存"，则数据将被保存到下方"物种列表"中，用户可重复添加物种，直至将批文中所有物种信息保存。

录入字段说明如下。

- 物种名称、标本类型、数量单位、境外国家/地区：支持按空格键或输入字符代码自动搜索参数值。
- 分类单元：按照主管部门批准文件核准的分类单元（科、属或种）填写。
- 批准数量：填报主管部门批准文件中的批准数量。

若批文中境外国家或地区选择为"待定"，则录入批文的批准数量字段时，企业需将批准文件中几个完全相同的物种（即批文表体中分类单元、物种名称/属名/科名、标本类型、国家保护级别、CITES附录级别均相同的物种）数量累加在一起录入。

- 数量单位：本栏目填报主管部门批准文件中确定的数量单位。
- 境外国家/地区：填报主管部门批准文件中批准的境外国家/地区，如果批准文件中未指定特定国家/地区所对应的具体物种与数量，则可以选择"待定"。

💡 **小提示**

新增多次申请使用的批文时必须一次性录入批文上所有的物种信息申报至审批端核实。物种的数量是批文中的数量，而非本次申请单想申请的数量。

第四步：选择批文

批文信息录入完成后，返回至"选择批文"页签，在可用批文列表中勾选需使用的批文，点击"确定"，则批文信息界面关闭，返回新增物种信息界面，批文号自动返填至新增物种信息界面中。

💡 **小提示**

1. 选择一个可使用的批文，点击界面下方的"确定"按钮。
2. 只能选择使用当前申请单新增的批文和审批端核实通过的批文。
3. 只能选择与申请单进出口类型相同的批文。
4. 批文状态是核实通过的批文，鼠标移至该批文号上，系统显示批文详情。
5. 一次申请使用的批文和批文状态是未核实或核实不通过的批文，可以修改或删除。

- 物种名称（中文名）：

如果用户选择的是 A 国家林业主管部门批文或 B 国家农业渔业主管部门批文，则物种名称（中文名）下拉框中只显示批文表体中的物种，物种名称（中文名）可选范围如下：物种名称（中文名）为批文中境外国家/地区和当前证书收发货人的境外国家/地区一致以及批文中境外国家/地区是"待定"的分类单元是"种"的物种和分类单元是"科"或"属"中的所有物种。

如果用户选择的是 C 专用标识类批文，则物种名称（中文名）显示参数库中所有的物种。

（5）报关对应商品项

用户录入海关商品编码后，系统弹出报关对应商品项按钮（见图 3-14），用户点击"报关对应商品项"按钮，显示界面如图 3-15 所示，录入商品规格型号和海关报关申请数量，点击"添加"，数据保存在报关商品项列表中，用户可录入多条商品项信息。

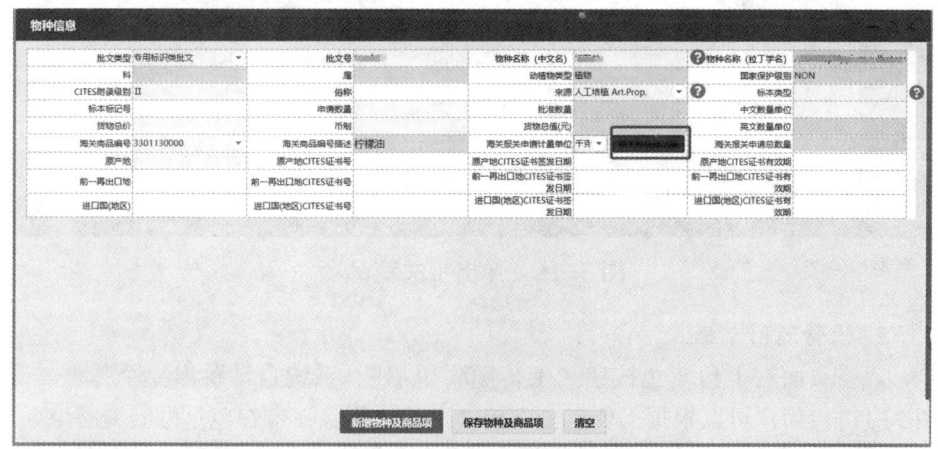

图 3-14　报关对应商品项

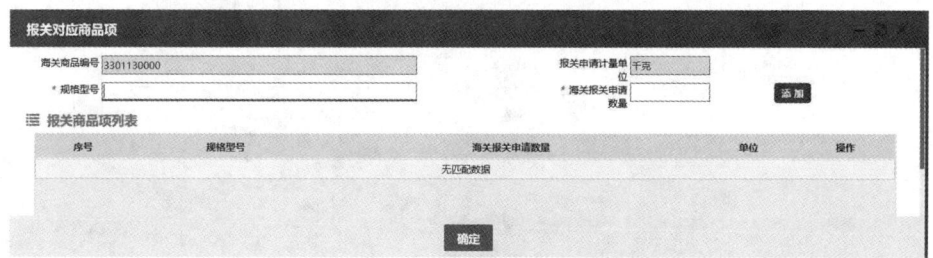

图 3-15　新增报关对应商品项

（6）其他字段
- 海关报关申请计量单位：系统根据海关商品编码返填，默认为海关法定申报数量单位，用户可修改，但一定要做到与海关报关系统中的成交数量单位一致，在录入细项前，先要确定海关报关申请单位。
- 来源、标本类型、货物单价、币值等字段后带红色＊号的为必填字段。
- 灰色字段为系统返填字段，不可修改。

💡 小提示

用户在物种信息列表中双击某行空白处，弹出该物种的报关商品项信息（见图3-16）。

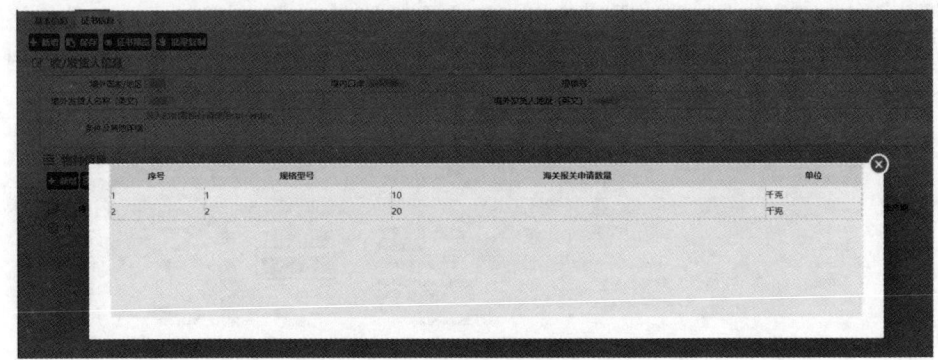

图3-16　弹出报关商品项

2. 上传随附单据

点击页面右上角蓝色按钮"上传随附单据"，系统自动跳出一个弹框（见图3-17）。用户可以根据需要点击上传、下载或删除，带红色星号的为必填项。

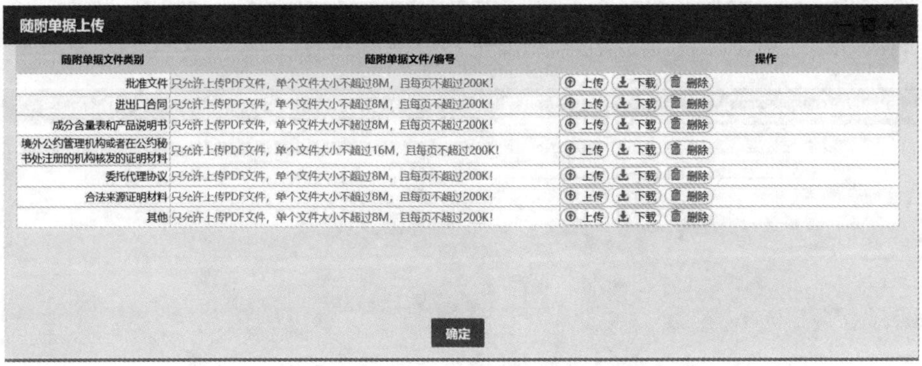

图3-17　上传随附单据

如果是退回补正的申请单，则之前提交的随附单据不可删除或修改，用户可将所有需上传的材料合成一个PDF，上传至"补正材料"的随附单据文件类别中，补正材料的申请单上传随附单据界面如图3-18所示。

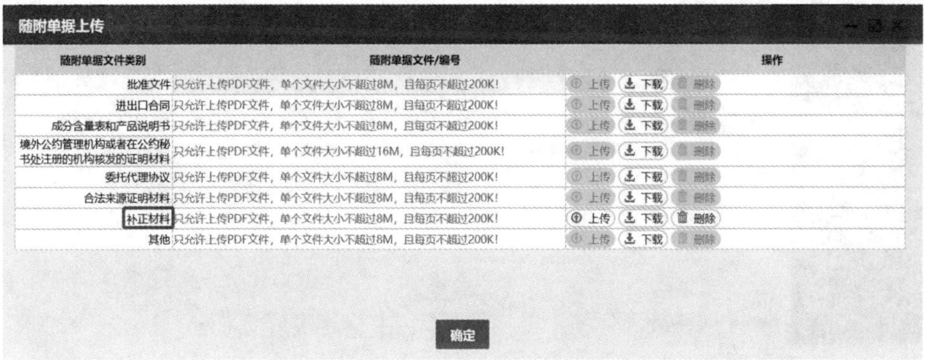

图3-18 补正材料—上传随附单据

💡 **小提示**

允许上传PDF文件，大小不超过4M，每页不超过200K。

3. 申报

用户录入完基本信息和证书信息，并上传随附单据后，点击"申报"按钮向审批部门提交审批。

4. 新增

点击公约证书申请—基本信息界面上方的"新增"蓝色按钮，将立即清空当前界面显示的数据，便于用户重新录入并保存一个申请单数据。如用户未将上次的录入内容进行过暂存（保存）操作，清空的数据将不可恢复，需重新录入，请谨慎操作。

5. 复制证书

（1）复制单个证书

💡 **小提示**

公约证书支持一个申请单可录入多个证书，可复制单个证书或批量复制证书。

添加完收发货人信息和物种信息后，可以点击基本信息页签证书信息列表中的"复制"链接（见图3-19），系统显示复制成功的证书信息界面（见图3-20），申请人可进行修改后保存。

国际贸易"单一窗口":许可证件篇

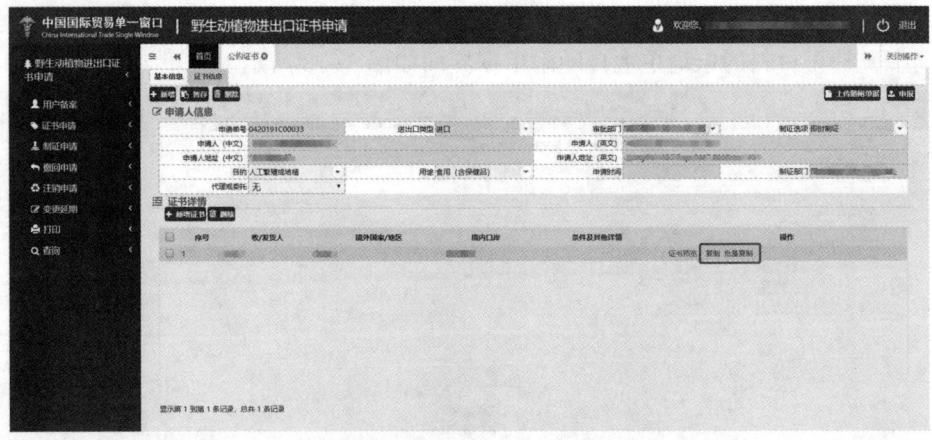

图 3-19 复制单个证书信息

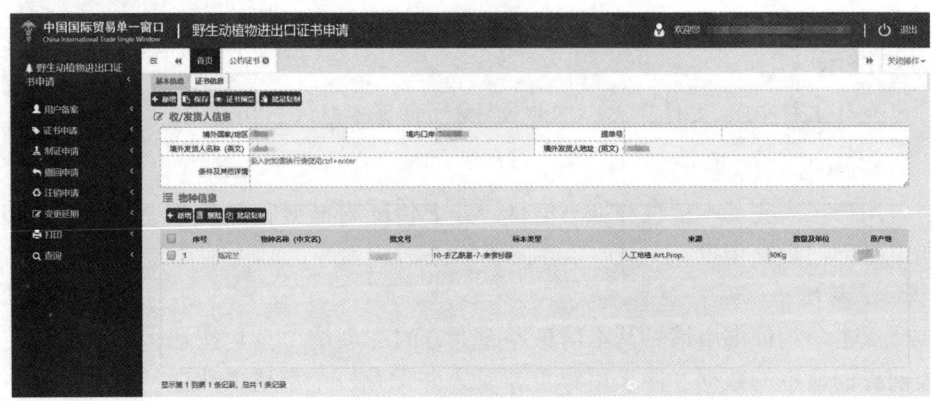

图 3-20 复制的证书信息

(2)批量复制证书信息

添加完收发货人信息和物种信息后,可以点击证书信息页签的"批量复制"按钮或基本信息页签证书信息列表中的"批量复制"链接(见图 3-21 和图 3-22),单击后提示申请人输入需复制证书信息的份数(见图 3-23)。

第三章　野生动植物进出口证书申请

图 3-21　批量复制证书信息 1

图 3-22　批量复制证书信息 2

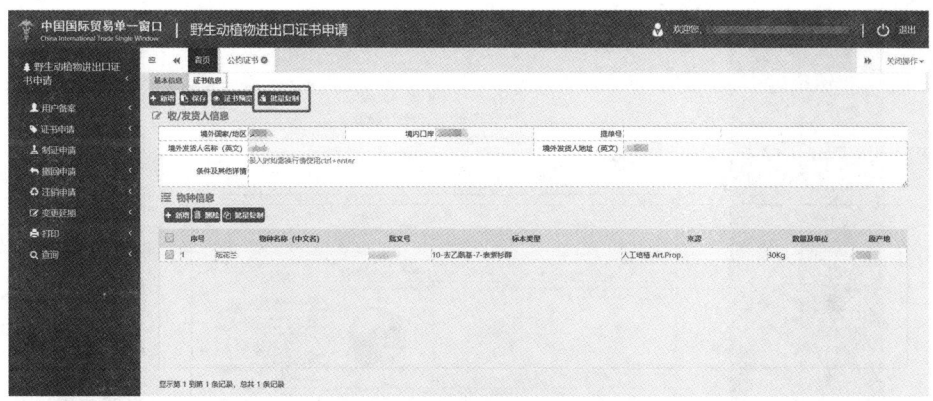

图 3-23　录入复制证书信息份数

6. 证书预览

收发货人信息保存成功后，点击证书信息页签蓝色"证书预览"按钮或基本信息页证书详情列表中的"证书预览"链接，页面跳转至证书预览界面（见图 3-24）。点击右上角 图标，根据用户当前的浏览器设置或打印机实际情况进行打印即可。如未录入或保存任何数据，系统不提供打印完全空白物种证明的功能。如用户有需要，也可点击右上角 图标下载数据。

59

国际贸易"单一窗口":许可证件篇

图3-24 公约证书—证书预览界面

7. 删除

点击基本信息页签的"删除"按钮,可删除数据,删除的数据将不可恢复,需重新录入,请谨慎操作。

(二)非公约证书

1. 录入与暂存

(1)申请人信息

用户依次录入申请人信息(见图3-25)。

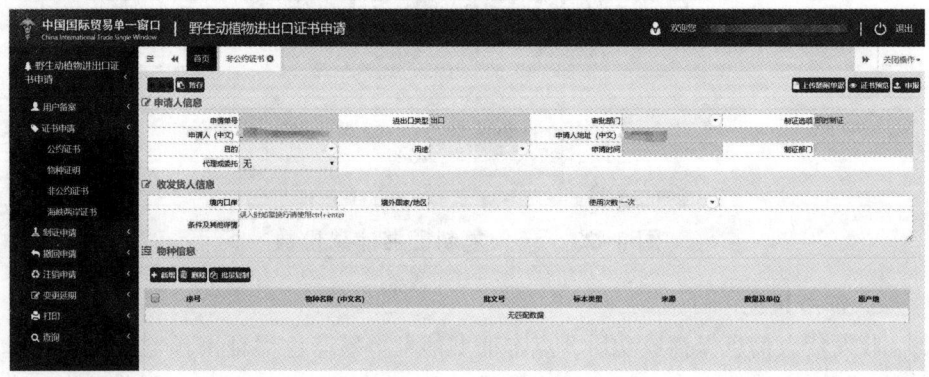

图3-25 非公约证书

录入字段说明如下。

- 进出口类型:默认只能选择出口。
- 制证选项:只能选择即时制证。

其他字段说明同公约证书。

(2)收发货人信息

用户依次录入收发货人信息各字段。

录入字段说明如下。

● 使用次数：可以选择一次使用和多次使用，应当根据国家濒管办相关规定填写。

(3)物种信息

💡 **小提示**

填写好申请人信息和收发货人信息后，才可以新增物种信息。

在非公约证书界面中，点击物种信息中的"新增"按钮，系统显示一个弹框（见图3-26），操作参考公约证书申请。

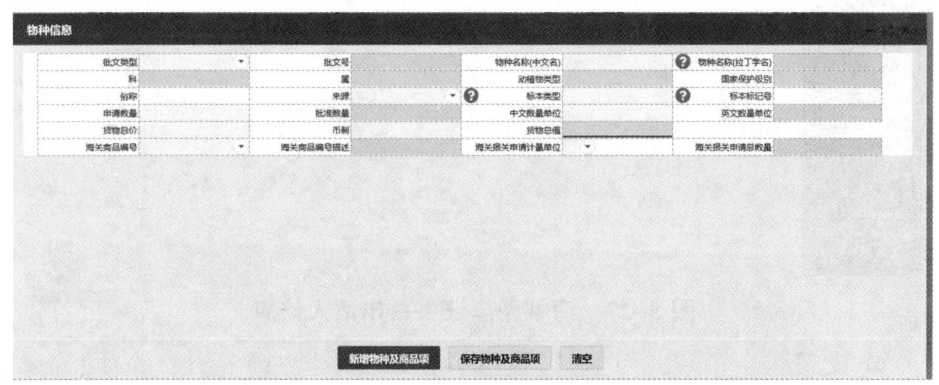

图3-26 新增物种信息

2. 上传随附单据

操作同公约证书申请随附单据上传。

3. 申报

用户录入完申请人信息、收发货人信息、物种信息，并上传随附单据后，点击"申报"按钮向审批部门提交审批。

4. 新增

点击非公约证书界面上方的"新增"蓝色按钮，将立即清空当前界面显示的数据，便于用户重新录入并保存一个申请单数据。如用户未将上次的录入内容进行过暂存（保存）操作，清空的数据将不可恢复，需重新录入，请谨慎操作。

5. 证书预览

收发货人信息保存成功后，点击非公约证书界面上方的蓝色"证书预览"按钮，可预览证书，操作同公约证书申请。

6. 删除

点击基本信息页签的蓝色"删除"按钮，可删除申请单，操作同公约证书——删除申请单。

（三）海峡两岸证书

对海峡两岸证书申请数据进行录入、暂存、删除、复制、上传随附单据、申报等操作。

（1）基本信息

企业在海峡两岸证书—申请人信息界面中录入进出口类型、审批部门、目的、用途等基本信息后，可以再进行证书和物种信息的录入（见图 3-27）。

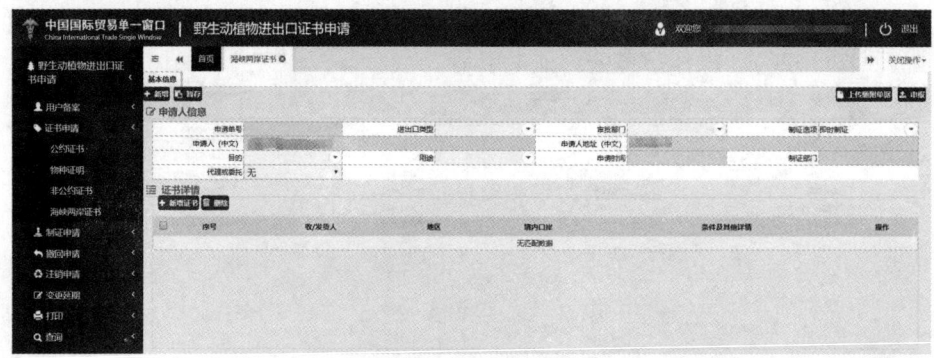

图 3-27　海峡两岸证书—申请人信息

> 💡 小提示
>
> 申请人基本信息暂存成功后，进出口类型和制证选项不可修改。

录入字段说明如下。

- 进出口类型：进口、出口、再出口，其他——巡回展览、其他——个人所有活体动物、其他——乐器，用户根据实际情况选择。
- 其他字段填写规则同公约证书。

（2）新增证书

> 💡 小提示
>
> 填写好申请人基本信息后，才可以新增证书。

申请人信息填写完成后，可点击证书详情的"+新增证书"按钮添加证书，申请人信息校验成功后，系统显示证书信息页签，用户可录入证书信息（见图 3-28）。

录入字段说明如下。

- 地区：默认为台湾地区。
- 其他字段填写规则同公约证书。

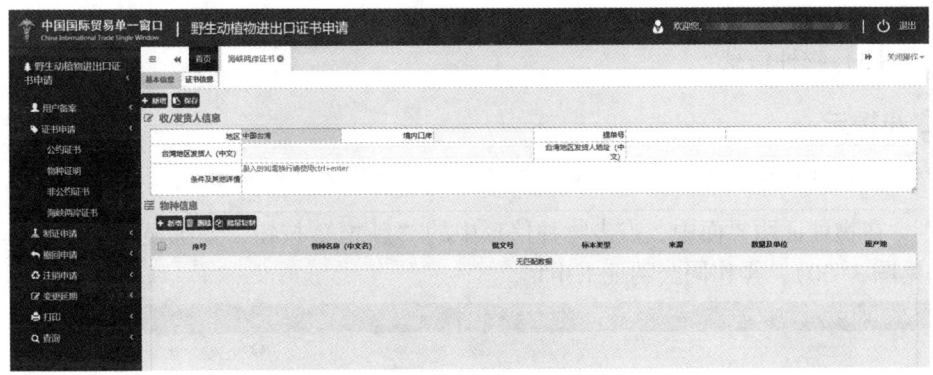

图 3-28　海峡两岸证书申请—证书信息

（3）物种信息

新增证书信息填写完成后，可点击物种信息的"+新增"按钮为该证书添加物种，操作同公约证书添加物种。

（四）物种证明

1. 录入与暂存

（1）基础信息

用户在物种证明界面中依次填写基础信息（见图 3-29）。

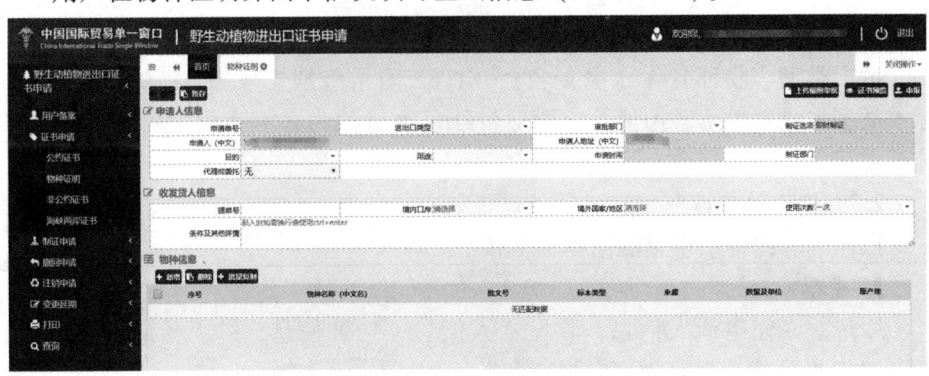

图 3-29　物种证明

录入字段说明如下。

- 进出口类型：进口、出口、再出口，用户根据实际情况选择。
- 制证选项：只能选择即时制证。

（2）收发货人信息

用户依次录入收发货人信息各字段。

录入字段说明如下。

使用次数：可以选择一次使用或多次使用，应当根据国家濒管办相关规定填写。

（3）物种信息

💡 **小提示**

填写好申请人信息和收发货人信息后，该字段才可以新增。

在物种证明界面中，点击物种信息中的"新增"按钮，系统显示一个弹框（见图3-30），操作同公约证书申请。

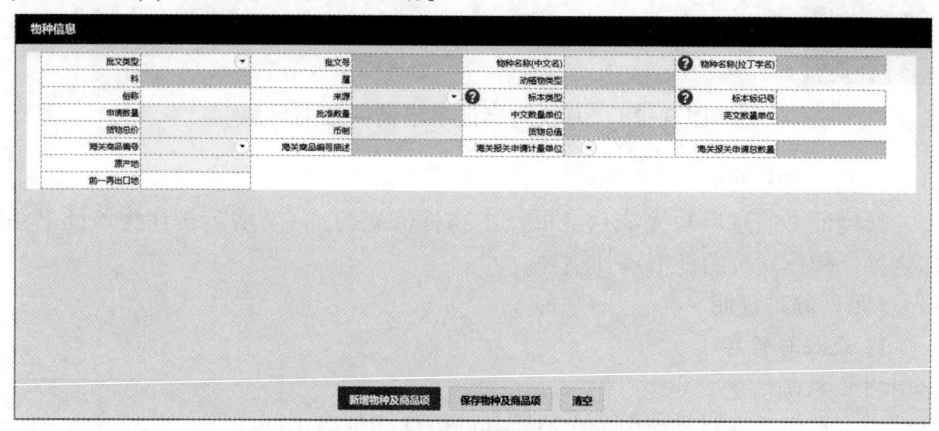

图3-30 新增物种信息

批文类型、物种名称（中文名）、CITES附录级别、来源、海关商品编码、标本类型、货物单价、币值等字段后带红色＊号的为必填字段。灰色字段为系统返填字段，不可修改。

2．上传随附单据

操作同公约证书申请随附单据上传。

3．申报

用户录入完申请人信息、收发货人信息、物种信息，并上传随附单据后，点击"申报"按钮向审批部门提交审批。

4．新增

点击物种证明界面上方的"新增"蓝色按钮，将立即清空当前界面显示的数据，便于用户重新录入并保存一个申请单数据。如用户未将上次的录入内容进行过暂存（保存）操作，清空的数据将不可恢复，需重新录入，请谨慎操作。

5. 证书预览

收发货人信息保存成功后，点击物种证明界面上方的蓝色"证书预览"按钮，可预览证书，操作同公约证书申请。

6. 删除

点击基本信息页签的蓝色"删除"按钮，可删除申请单，操作同公约证书—删除申请单。

（五）系统填报指南

1. 申请单号

证书申请单编号在提交申请时由系统自动生成，一份申请对应一个申请单号。

2. 出口类型

本栏目填报进出口类型："1"为进口，"2"为出口，"3"为再出口，"4"为其他——海上引进，"5"为其他——巡回展览，"6"为其他——个人所有活体动物，"7"为其他——乐器。

3. 审批部门

本栏目填报审批主管部门包括国家濒管办及其办事处共19个（见表3-1）。

表3-1　野生动植物进出口证书审批部门

单位	代码	监管辖区	地点	联系方式
国家濒管办	01	全国	北京	010-84238896
国家濒管办内蒙古自治区办事处	02	内蒙古自治区	呼和浩特	0471-4309273
国家濒管办长春办事处	03	辽宁省、吉林省	长春	0431-88626660
国家濒管办黑龙江省办事处	04	黑龙江省	哈尔滨	0451-82337347
国家濒管办成都办事处	05	四川省、重庆市、西藏自治区	成都	028-83335146
国家濒管办云南省办事处	06	云南省	昆明	0871-63106257
国家濒管办福州办事处	07	福建省、江西省	福州	0591-87854975
国家濒管办西安办事处	08	陕西省、青海省、宁夏回族自治区、甘肃省	西安	029-88652041
国家濒管办武汉办事处	21	湖北省	武汉	027-51796760
国家濒管办武汉办事处（郑州办证点）	09	河南省	郑州	0371-65908251

表3-1 续

单位	代码	监管辖区	地点	联系方式
国家濒管办广州办事处（南宁办证点）	10	广西壮族自治区	南宁	0771-6783610
国家濒管办广州办事处（海口办证点）	16	海南省	海口	0898-66166055
国家濒管办合肥办事处（济南办证点）	12	安徽省、山东省	济南	0531-88557710
国家濒管办乌鲁木齐办事处	13	新疆维吾尔自治区	乌鲁木齐	0991-5587246
国家濒管办上海办事处	14	上海市、浙江省、江苏省	上海	021-50477217
国家濒管办北京办事处	15	北京市、天津市、山西省、河北省	北京	010-84664925
国家濒管办贵阳办事处	19	贵州省	贵阳	0851-85559428
国家濒管办贵阳办事处（长沙办证点）	20	湖南省	长沙	0731-85550760

4. 制证选项

本栏目填报制发证书的方式，系统默认即时制证。

5. 申请人（中文）

本栏目填报申请人在办事处备案的中文单位名称或个人姓名，在申报时系统根据备案信息返填。

单位用户填写单位全称（中文），个人用户填写个人姓名（中文）。

6. 申请人（英文）

本栏目填报申请人在办事处备案的英文单位名称或个人姓名，只适用于公约证。

单位用户填写单位全称（英文），系统根据备案信息返填，无须填写，个人用户填写个人姓名（英文）。

7. 申请人地址（中文）

本栏目填报申请人在办事处备案的中文单位注册地址或个人通信地址，在申报时系统根据备案信息返填。

单位用户填写注册地址（中文），个人用户填写个人通信地址（中文）。

8. 申请人地址（英文）

本栏目填报申请人在办事处备案的英文单位注册地址或个人通信地址，只适用于公约证。

单位用户填写注册地址(英文),系统根据备案信息返填,无须填写,个人用户填写个人通信地址(英文)。

9. 目的

本栏目填报进出口野生动植物及产品的目的(见表3-2)。

表3-2 目的参数表

序号	缩写	贸易目的
1	T	商业
2	Z	动物园
3	G	植物园
4	Q	马戏团和巡回展出
5	S	科研
6	H	狩猎纪念物
7	P	个人
8	M	医药
9	E	教育
10	N	重引入或引入至野外
11	B	人工繁殖或人工培植
12	L	执法/司法/法医

10. 用途

本栏目填报进出口野生动植物及产品的最终用途(见表3-3)。

表3-3 用途参数表

序号	用途名称	备注
1	食用(含保健品)	
2	药用	包括制药原料、药材、中成药等
3	用材	
4	化妆品	
5	装饰品	
6	工艺品	

表3-3　续

序号	用途名称	备注
7	工业品	如动物油脂、松脂、紫胶等
8	毛皮/皮革	包括原皮、毛皮服装、皮革制品等
9	科研	
10	观赏	
11	育种	
12	动物园	
13	植物园	
14	马戏团	
15	展览	除动物园和植物园之外的其他展出
16	乐器	
17	其他	无法归入以上各类的用途

11. 申请时间

申请时间指申请人向国家濒管办或其办事处提交申报数据的时间，为计算机系统接受申报数据时记录的时间，申请时由系统自动生成。

12. 制证部门

制证部门指制发证书正本的部门，本栏目在申报时无须填报。

13. 代理或委托

本栏目填报申请人的代理或委托身份，其中英文名称及地址只适用于公约证书。

（1）申请人为自理申报的，填报"无"。

（2）申请人为代理委托人申报的，填报"代理"，并填报委托人信息。

①委托人为单位用户的，填报如下信息：

A. 委托人企业代码：委托单位的18位统一社会信用代码或9位组织机构代码。

B. 委托人（中文）：委托单位的中文名称。

C. 委托人（英文）：委托单位的英文名称。

D. 委托人中文地址：委托单位的中文地址。

E. 委托人英文地址：委托单位的英文地址。

②委托人是个人用户的，填报如下信息：

A. 委托人证件类型：委托人的身份证件类型。

B. 委托人证件号码：委托人的身份证件号码。

C. 委托人（中文）：委托人的中文姓名。

D. 委托人（英文）：委托人的英文姓名。

E. 委托人中文地址：委托人的中文通信地址。

F. 委托人英文地址：委托人的英文通信地址。

（3）申请人为委托代理人申报的，填报"委托"，并填报代理人信息。

①代理人为单位用户的，填报如下信息：

A. 代理人企业代码：代理单位的18位统一社会信用代码或9位组织机构代码。

B. 代理人（中文）：代理单位的中文名称。

C. 代理人（英文）：代理单位的英文名称。

D. 代理人中文地址：代理单位的中文地址。

E. 代理人英文地址：代理单位的英文地址。

②代理人为个人用户的，填报如下信息：

A. 代理人证件类型：代理人的身份证件类型。

B. 代理人证件号码：代理人的身份证件号码。

C. 代理人（中文）：代理人的中文姓名。

D. 代理人（英文）：代理人的英文姓名。

E. 代理人中文地址：代理人的中文通信地址。

F. 代理人英文地址：代理人的英文通信地址。

14. 提/运单号

本栏目填报货物承运方签发的提单或空运单、路运单编号，只适用于进口，非必填项。

15. 境内口岸

本栏目应当根据货物实际进出境口岸的海关，选择海关规定的关区代码表中相应口岸海关的名称及代码。

16. 境外国家或地区

本栏目填报境外收发货人所在的国家或地区。

本栏目应当按海关规定的国别（地区）代码表选择填报相应的境外国家（地区）中文名称及代码。

17. 使用次数

本栏目填报拟申请使用同一份证书的次数，包含一次使用和多次使用。一次使用指证书只能在一份报关单中使用；多次使用指证书可以在多份报关单中使用。

本栏目只适用于非公约证书和物种证明，应当根据国家濒管办相关规定填写。

18. 境外发货人/收货人（英文）

本栏目填报境外收发货人的英文名称，只适用于公约证书。

19. 境外发货人/收货人地址（英文）

本栏目填报境外收发货人的英文地址，只适用于公约证书。

20. 条件及其他详情

本栏目只有在审批部门的要求和指导下才需填报。

21. 批文类型

本栏目填报批准文件类型代码：A 为国家林业主管部门或其委托单位办理的批文；B 为国家农业渔业主管部门或其委托单位办理的批文；C 为多家企业或单位共同使用的专用标识类批文。

22. 批文详情

如果填报的批文类型为"国家林业主管部门批文"或"国家农业渔业主管部门批文"，需要录入批文信息，具体录入要求如下。

（1）批文号

本栏目按所选批文类型填写相对应的主管部门批准文件编号全称。

（2）多次申请使用

本栏目填报批文是否需要在多个申请单中反复使用，如填报"是"，则需填写以下内容：

①有效期

本栏目填报批准文件的有效期截止日期。

②进出口类型

本栏目填报批准文件中限定的进出口类型。

③分类单元

本栏目按照主管部门批准文件核准的分类单元（科、属或种）填写。

④物种名称（中文名）

本栏目填报物种名称的中文名，应当在物种参数表里选择。

⑤物种名称（拉丁名）

本栏目填报物种名称（拉丁名），由系统根据填报的物种名称（中文名）自动返填。

⑥标本类型

本栏目填报物种的标本类型，申报时可以在标本类型参数表里选择。

⑦批准数量

本栏目填报主管部门批准文件中的批准数量。

当批文中境外国家或地区选择为"待定"，则录入批准数量时，企业须将批准文件中相同内容（即分类单元、物种名称/属名/科名、标本类型、数量单位均相同）的数量累加在一起，录入在一条批文表体中。

⑧数量单位

本栏目填报主管部门批准文件中确定的数量单位。

⑨境外国家/地区

本栏目填报主管部门批准文件中批准的境外国家/地区，如果批准文件中未指定特定国家/地区所对应的具体物种与数量，则可以选择"待定"。

⑩国家保护级别

本栏目为系统自动默认，无须填写。

⑪CITES 附录级别

本栏目为系统自动默认，无须填写。

23. 批文号

本栏目填报批文号，如果 21 栏为 A 或 B 时，系统返填已选择的批准文件编号，无须填写。

24. 物种名称（中文名）

如果 21 栏为 A 或 B，本栏目选择已录入的批准文件中物种中文名称，如果为 C，选择物种参数表中的任意物种中文名称。

25. 物种名称（拉丁名）

本栏目由系统自动返填。

26. 动植物类型

本栏目由系统自动返填。

27. 国家保护级别

本栏目由系统自动返填。

28. CITES 附录级别

本栏目由系统自动返填。

29. 俗称

本栏目为非必填项。

30. 来源

本栏目选择所选物种的来源，申报时应当在来源参数表里选择（见表3-4）。

表 3-4 来源参数表

序号	来源编码	来源名称
1	A	人工培植所获的野生植物标本
2	C	人工繁殖所获的野生动物标本
3	D	在公约秘书处注册的人工繁殖所获的附录I野生动物标本或者人工培植所获的附录I野生植物标本
4	F	不满足人工繁殖定义的通过圈养出生的子一代或以后世代野生动物标本
5	I	没收或扣留的标本
6	O	公约前获得标本，包括： O/W：公约前所获/野外 O/C：公约前所获/人工繁殖 O/A：公约前所获/人工培植 O/F：公约前所获/子一代 O/U：公约前所获/未知来源
7	R	在卵或幼体时从野外捕获的并在控制环境中饲养的野生动物标本
8	U	未知来源
9	W	野外获得的标本
10	X	从不属于任何国家管辖的海域中取得的标本

31. 标本类型

本栏目填报所选物种的标本类型，申报时应当在标本类型参数表里选择。

32. 标本标记号

本栏目填报所选物种的标本标记号，无标记号可不填。

33. 申请数量

本栏目填报数量为申请人所选物种标本的拟进出口数量。

34. 批准数量

本栏目指审批部门最终批准的进出口数量。

35. 中文数量单位

本栏目填报与第34栏对应的数量单位。

36. 货物总值

本栏目填报物种标本的货物总值。

37. 币制

本栏目填报与第36栏对应的货币单位。

38. 货物总值（元）

本栏目由系统自动生成。

39. 英文数量单位

本栏目由系统自动生成。

40. 海关商品编号

本栏目填写所申请进出口的野生动植物或其产品对应的海关商品编号。

41. 海关商品编号描述

本栏目由系统自动返填。

42. 海关报关申请计量单位

本栏目根据填报的海关商品编号，系统自动默认海关法定的第一计量单位，如与报关系统填报的成交数量单位不一致，应当修改为成交数量的单位。

43. 规格型号

本栏目参照《中华人民共和国海关进出口商品规范申报目录》中对商品名称、规格型号的要求进行填报。

44. 海关报关申请数量

本栏目与报关系统的成交数量对应填写。

45. 原产地/进口国（地区）/前一再出口国（地区），证书号、签发日期及有效期

本栏目按实际情况填写。

四、撤回申请

企业或个人用户，可通过"撤回证书申请"操作对已提交但是未给出审批结果的证书申请进行撤回，点击左侧"撤回申请"—"撤回证书申请"菜单，显示所有可撤回的证书申请（见图3-31），申请人可点击某条记录后的蓝色"撤回"按钮（见图3-32），填写撤回原因后点击"提交"，可提交撤回申请。

图 3-31 撤回证书申请查询界面

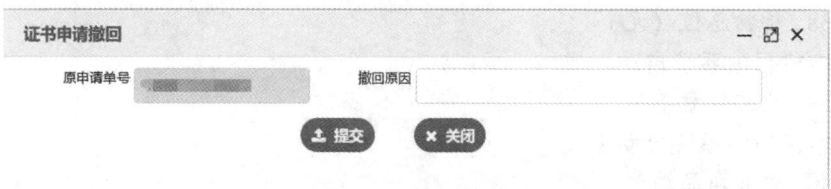

图 3-32 提交撤回证书申请

五、变更申请

企业或个人用户可对证书进行变更,点击左侧"变更延期"—"变更申请"菜单,进入界面(见图3-33),显示所有可变更的证书,申请人可点击某条记录后的蓝色"变更"按钮,进入变更申请界面(见图3-34),填写变更原因,变更可编辑字段,变更完成后,点击"申报"提交变更申请。

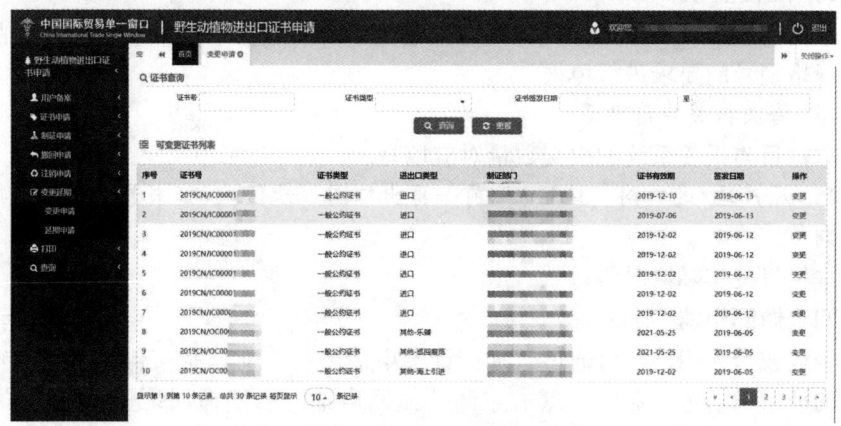

图 3-33 变更证书查询界面

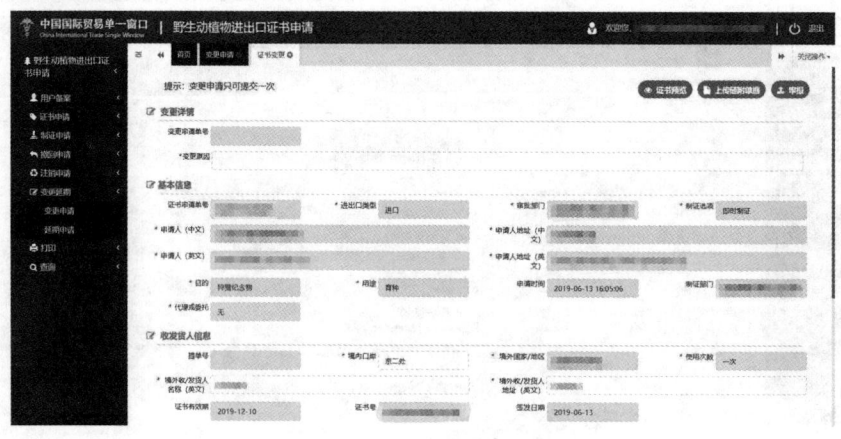

图 3-34 变更申请界面

第三章　野生动植物进出口证书申请

> **小提示**
>
> 1. 已注销、已撤销、已在海关核销过的证书和不在证书有效期内的证书不可变更。
> 2. 变更申请只能提交一次，不管审批是否通过，不再允许变更。
> 3. 证书变更申请和延期申请、注销申请不能同时进行。

六、延期申请

企业或个人用户可对证书进行延期，点击左侧"变更延期"—"延期申请"菜单，进入界面（见图3-35），显示所有可延期的证书，申请人可点击某条记录后的蓝色"延期"按钮（见图3-36），填写延期原因，修改可编辑字段，延期完成后，点击"申报"提交延期申请。

图3-35　延期证书查询界面

图3-36　延期申请界面

国际贸易"单一窗口"：许可证件篇

💡 **小提示**

1. 已注销、已撤销的证书不可延期。
2. 延期申请只能提交两次，不管审批是否通过，不再允许延期。
3. 证书延期申请和变更申请、注销申请不能同时进行。

七、注销申请

企业或个人用户可注销证书，点击左侧"注销申请"菜单，进入界面（见图 3-37），显示所有可注销的证书，申请人可点击某条记录后的蓝色"注销"按钮（见图 3-38），填写注销原因后点击"提交"，可提交注销申请。

图 3-37　注销申请查询界面

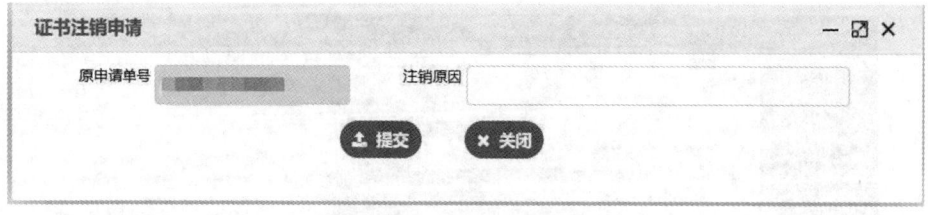

图 3-38　提交注销申请

八、打印证书和细项

企业或个人用户，打印证书副本，查看证书状态，需点击左侧"打印"—"证书打印"菜单，进入界面（见图 3-39），显示所有证书，申请人可点击某条记录后的蓝色"打印副本"按钮，可打印证书副本（见图 3-40）。

如果一个物种有两个以上（包含两个）细项的，可通过细项打印功能打印出细项清单（见图 3-41），并随证书提供给报关行，以便在报关系统录入商品项时，做到证书系统细项和报关系统商品项的对应。

图 3-39　证书查询

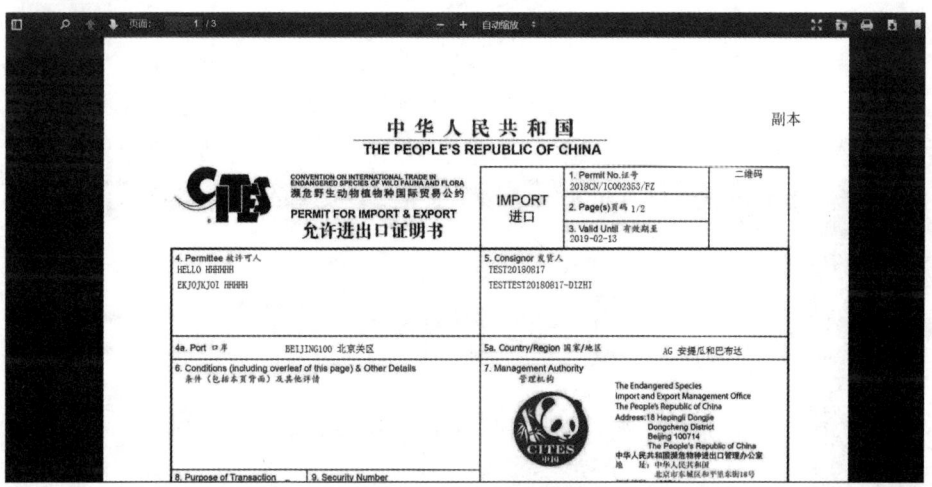

图 3-40　打印证书副本

国际贸易"单一窗口":许可证件篇

物种项拆分序号	商品项号	海关商品编号	规格型号	数量	单位
1-1	1	3001909091	001	10	千克
1-2	2	3001909091	002	10	千克
1-3	3	3001909091	003	10	千克
2-1	4	3001909091	01	10	千克
2-2	5	3001909091	02	20	千克
3-1	6	5301300000	01	10	千克
3-2	7	5301300000	02	20	千克
4-1	8	5301300000	01	10	千克
4-2	9	5301300000	02	20	千克

图 3-41　打印细项

九、查询

(一)证书申请查询

点击证书申请查询,进入界面(见图3-42)。查询条件为:证书号、签发日期、证书类型、申请单号,查询条件均为非必填项,默认查询所有的证书申请。输入完毕后点击蓝色"查询"按钮。查询结果将会显示到查询结果中。

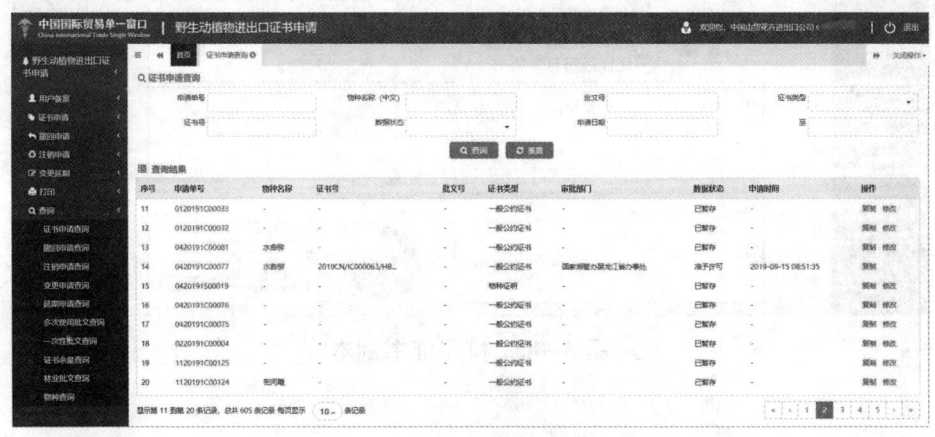

图 3-42　证书申请查询

1. 修改

对于数据状态为已暂存、补正材料和已撤回的申请单,可以点击右侧"修改"进入证书申请界面,修改后重新提交申报。

2. 复制

点击申请单右侧的"复制"链接,可复制该申请单,复制的申请单进出口类型和制证选项不可以修改。

 **小提示**

如果申请单中存在未核实的批文，将无法复制申请单，申请人可联系审批部门尽快核实批文。

（二）撤回申请查询

点击撤回申请，进入界面（见图3-43）。查询条件为：申请单号、物种名称、申请日期、证书类型数据状态，查询条件均为非必填项，默认查询出所有撤回申请。输入完毕后点击蓝色"查询"按钮，查询结果将会显示到查询列表中。

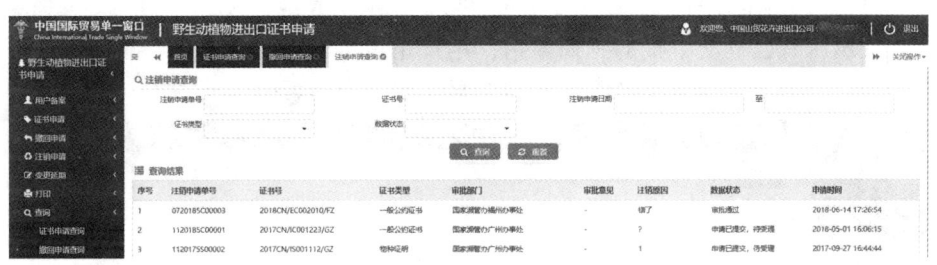

图 3-43　撤回申请查询

（三）注销申请查询

点击"查询"—"注销申请查询"菜单，进入界面（见图3-44）。系统默认查询出所有已提交申报的注销申请，用户也可以输入查询条件，输入完毕后点击蓝色"查询"按钮，查询结果将会显示到查询列表中。

图 3-44　注销申请查询

（四）变更申请查询

点击"查询"—"变更申请查询"菜单，进入界面（见图3-45）。系统默认查询出所有已提交申报的变更申请，用户也可以输入查询条件，输入完毕后点击蓝色"查询"按钮，查询结果将会显示到查询列表中。

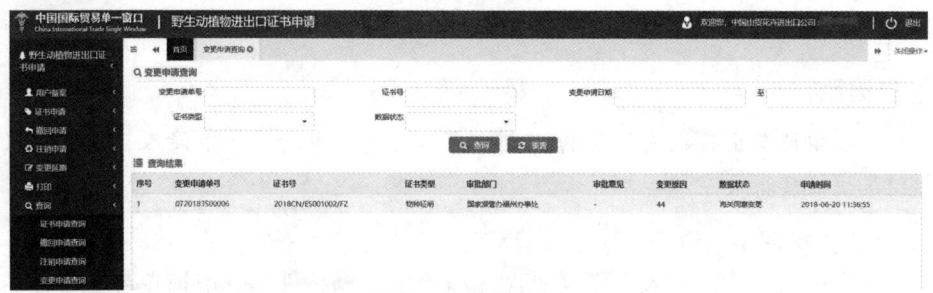

图 3-45　变更申请查询

（五）延期申请查询

点击"查询"—"延期申请查询"菜单，进入界面（见图 3-46）。系统默认查询出所有已提交申报的延期申请，用户也可以输入查询条件，输入完毕后点击蓝色"查询"按钮，查询结果将会显示到查询列表中。

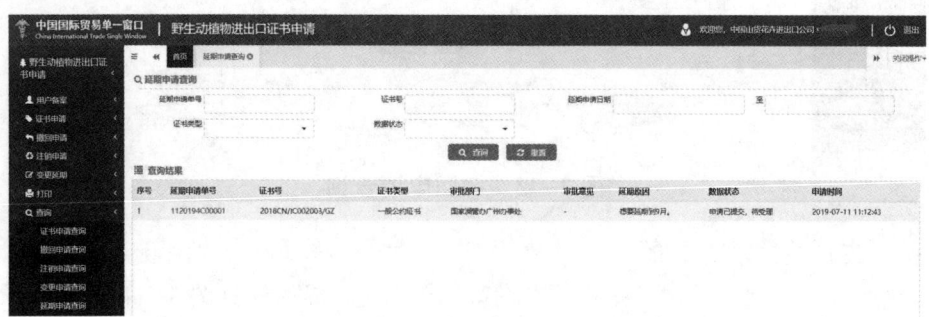

图 3-46　延期申请查询

（六）多次使用批文查询

申请人可点击左侧"批文查询"菜单进入批文查询主界面（见图 3-47），输入完整的批文号，点击"查询"按钮，显示查询结果（见图 3-48）。

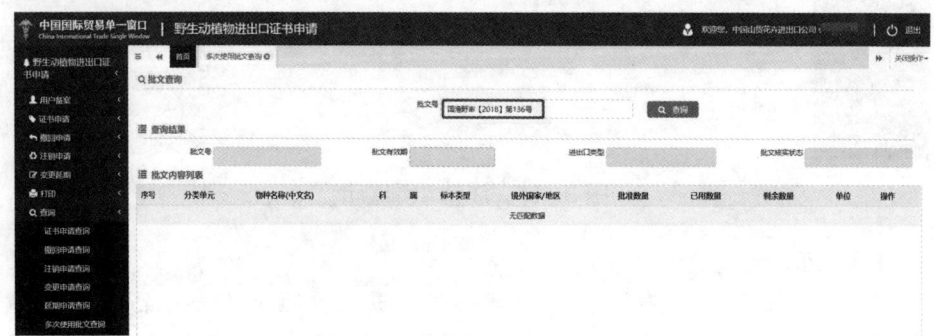

图 3-47　批文查询主界面

第三章 野生动植物进出口证书申请

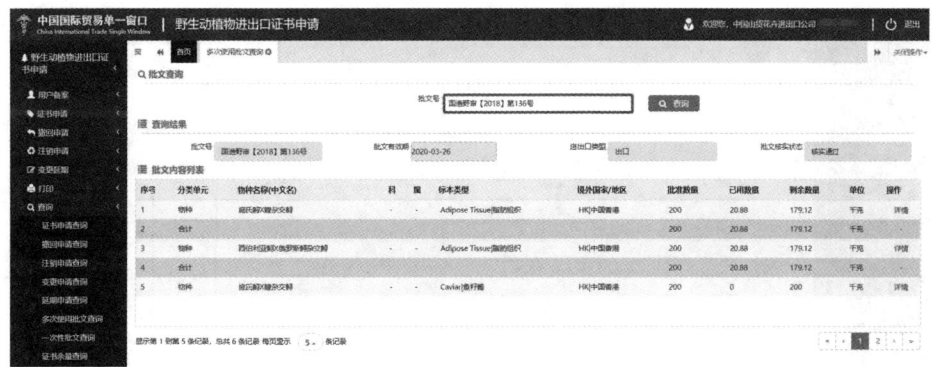

图 3-48 批文查询结果

（七）一次使用批文查询

申请人可点击左侧"一次使用批文查询"菜单进入查询主界面（见图 3-49），默认显示该企业所有一次使用批文。

图 3-49 一次使用批文查询主界面

（八）证书余量查询

申请人可点击左侧"证书余量查询"菜单进入查询主界面（见图 3-50），默认显示该企业所有多次使用证书的剩余数量，点击蓝色"规格型号"，系统显示该证书在哪些报关单中使用过，分别使用了多少数量（见图 3-51）。

81

国际贸易"单一窗口":许可证件篇

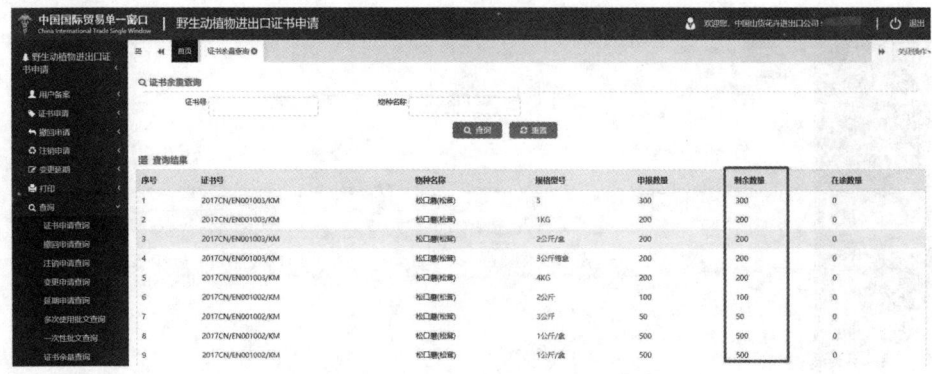

图 3-50　证书余量查询主界面

图 3-51　核销记录详情

十、许可证状态查询

企业无须登录系统也可查询野生动植物进出口证书申请审核状态。"单一窗口"提供两种查询方式:网页端公共查询服务和微信小程序公共查询服务。操作可参考农药进出口登记管理放行通知单状态查询。

十一、许可证状态信息订阅

企业可订阅野生动植物进出口证书申请审核状态,系统一旦接收到濒管办审核回执,将审核回执信息通过短信或微信消息推送至订阅用户,便于企业及时掌握濒管办审核情况。

"单一窗口"提供两种订阅渠道:网页端查询统计系统和微信小程序信息订阅,操作可参考农药进出口登记管理放行通知单状态信息订阅。

第三节　常见问题

问题1　报关对应商品项应如何填写？

答　（1）在录入细项前，先确定海关报关申请计量单位。海关报关申请计量单位为系统根据所选商品编码返填，默认为海关法定申报数量单位，用户可修改，但是要与报关单中的成交数量单位一致（见图3-52）。

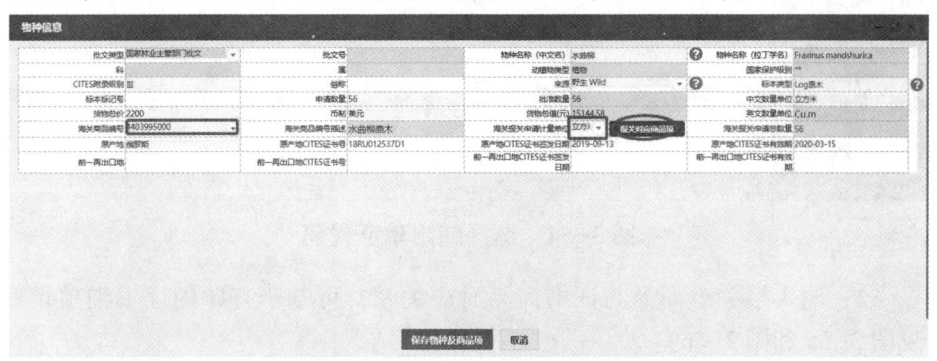

图3-52　海关报关申请计量单位填报

（2）细项中"海关报关申请数量"，要做到与报关单中的成交数量对应（见图3-53）。

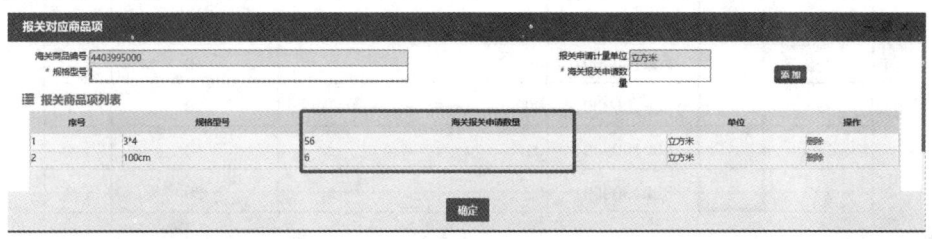

图3-53　海关报关申请数量填报

（3）每个物种不管有几项细项，必须填写"报关对应商品项"，并要做到与报关单中的商品项一致，并在报关系统中建立对应关系表。

问题2　如何使用证书报关？

答　（1）报关单中选择随附单证代码E或F，输入系统生成的证书号，点

国际贸易"单一窗口":许可证件篇

击回车键(见图3-54)。

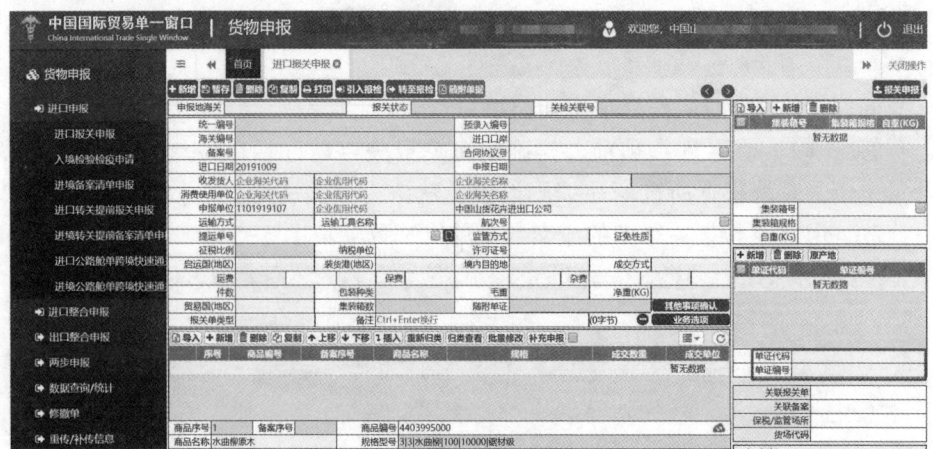

图3-54　选择随附单证代码

(2)输入报关单商品与证书商品对应关系,可基于打印的证书细项填写(见图3-55和图3-56)。

2018CN/IC002353/FZ号证书物种信息对应报关单商品明细表

物种项拆分序号	商品项号	海关商品编号	规格型号	数量	单位
1-1	1	3001909091	001	10	千克
1-2	2	3001909091	002	10	千克
1-3	3	3001909091	003	10	千克
2-1	4	3001909091	01	10	千克
2-2	5	3001909091	02	20	千克

图3-55　报关单商品项号

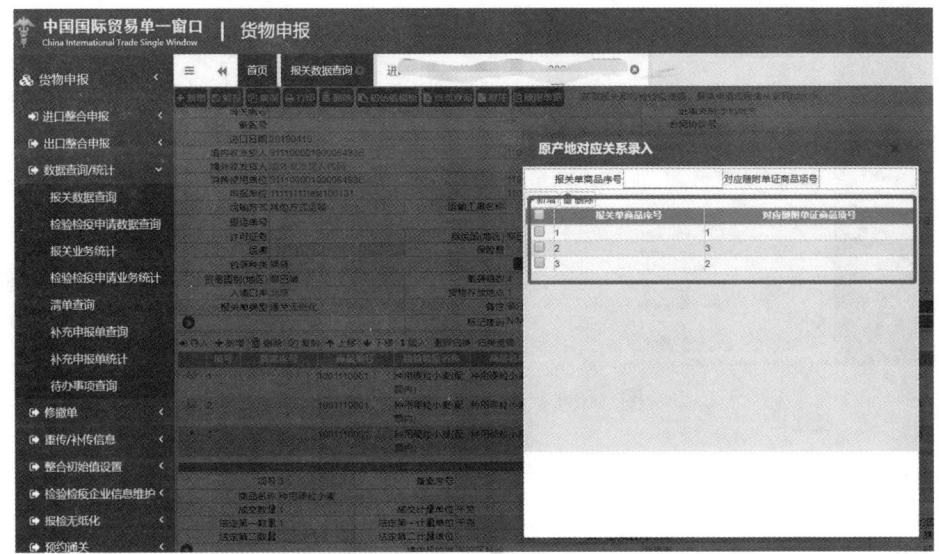

图 3-56　报关单商品与证书商品对应关系录入

问题 3　中成药类物种项怎么填写物种信息？

答　物种项超过 1 种时：货物总值填在第一项；报关对应商品项填在第一项；第二项物种起，以上两项不需要填写。

问题 4　采用一次使用批文申请证书后，可以注销证书后再申请吗？

答　若采用一次使用批文申请了多份证书，当注销其中一份证书，此时不能使用该批文重新申请证书，仅当该批文的所有证书注销后，才可使用该批文号重新申请证书。

问题 5　撤回申请如何修改？

答　在"查询"—"证书查询"菜单中，在查询条件中选择数据状态为"已撤回"，点击"查询"，可查询出所有已撤回的申请，点击最后一列"修改"按钮可进行撤回申请的修改（见图 3-57）。

国际贸易"单一窗口":许可证件篇

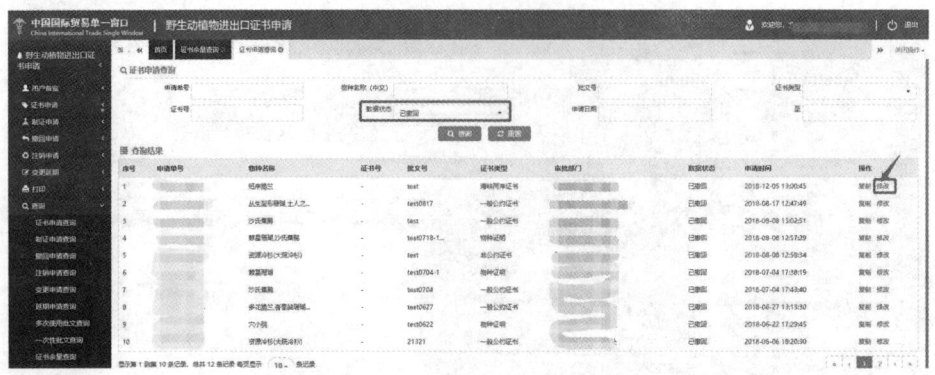

图 3-57　撤回申请修改操作

问题 6　为什么录入批文信息后,在物种界面的物种名称中无法选物种,提示"无匹配信息"?

答　看一下该证书的收发货人信息中的境外国家/地区与批文中物种境外国家/地区是否一致,若不一致,则不显示物种。录入批文物种信息后,物种信息界面的物种名称仅可选择收发货人境外国家/地区与批文中境外国家/地区一致的物种。

第四章　出口许可证

第一节　业务简介

出口许可证是指商务部授权发证机关依法对实行数量限制或其他限制的出口货物签发的准予出口的许可证件，出口许可证监管证件代码为"4"。加工贸易出口"出口许可证"管理的货物，监管证件代码为"x"。边境小额贸易出口"出口许可证"管理的货物，监管证件代码为"y"。出口许可证已实现联网核查，企业使用出口许可证报关时应在报关单"随附单证"代码栏填报监管证件代码，在编号栏填报出口许可证编号。

"单一窗口"标准版出口许可证申请系统，涵盖单证申请、单证列表，实现从事出口许可证产品的企业通过"单一窗口"一点接入、一次性提交满足商务部要求的申请信息，商务部按照确定的规则进行审核，并将审核结果通过"单一窗口"统一反馈，便于企业查询。

一、管理规定

全国各类进出口企业出口《出口许可证管理商品目录》中的商品，必须到《出口许可证分级发证目录》指定的发证机构申领中华人民共和国出口许可证。许可证局及其委托发证的商务部驻各地特派员办事处和各省、自治区、直辖市及计划单列市商务主管部门为出口许可证发证机构，在许可证局的统一管理下，负责授权范围内的发证工作。

出口许可证管理一般实行"一证一关"制和"一批一证"制，但下列情况之一不实行"一批一证"制。

（1）外商投资企业出口许可证管理的商品；

（2）补偿贸易项下出口许可证管理的商品；

（3）其他在《出口许可证管理商品目录》中规定不实行"一批一证"的出口许可证管理商品。

二、功能简介

（一）商务部电子钥匙绑定

在"单一窗口"标准版出口许可证申请系统中申请出口许可证需要进行商务部电子钥匙绑定，将"单一窗口"注册账号与商务部电子钥匙进行绑定。

（二）单证申请

企业可在单证申请菜单中申请出口许可证。

（三）单证查询

企业可在单证列表中查询单证状态，并进行删除、批量申报、撤销申请、批量打印等操作。

（四）历史数据查询

企业可在"单一窗口"查询所有已发往海关的证书，包括以前在商务部系统申报过的证书。

（五）核销数据查询

企业可查询使用许可证报关并查看海关返回的核销数据，即结关报关单的主要信息。

（六）海关状态查询

企业可查询许可证电子数据发往海关的情况，如果状态是"海关入库成功"，企业可使用许可证申报报关单。

（七）业务统计

企业可按年、月或按贸易国别（地区）统计办证量数据。

（八）状态推送

企业可微信或短信订阅许可证状态，订阅成功后，"单一窗口"将通过短信或微信第一时间将审批结果告知用户。

第二节　基本操作

因相关业务数据有严格的填制规范，如在系统录入数据的过程中，字段右侧弹出红色提示，代表用户当前录入的数据有误，需根据要求重新录入。

灰色字段表示不允许录入，系统自动返填，或根据企业备案的相关信息进行返填。

界面中黄色底色的录入框字段为必填项，务必填写。

界面中 ❓ 图标，鼠标放上去，系统会提示录入说明。

界面中部分字段右侧带有三角形图标，表示该类字段需要在参数中进行调取，不允许用户随意录入。可直接点击三角形图标，调出下拉菜单并在其中进行选择，也可将光标置于字段中，系统自动显示下拉菜单。如果用户已经知道相关参数的代码，也可直接输入相应数字、字母或汉字，迅速调出参数，使用上下箭头选择后，点击回车键确认录入。

一、商务部电子钥匙绑定

如用户申请无纸单证，需将"单一窗口"注册的账号与商务部电子钥匙进行绑定，否则将无法申请。绑定步骤如下：

（1）用户登录系统后点击右上角用户名，进入账号信息管理界面（见图4-1）。

图4-1　账号信息管理

（2）点击"我的IC卡"选项，展开后，选择"商务部电子钥匙"（见图4-2）。

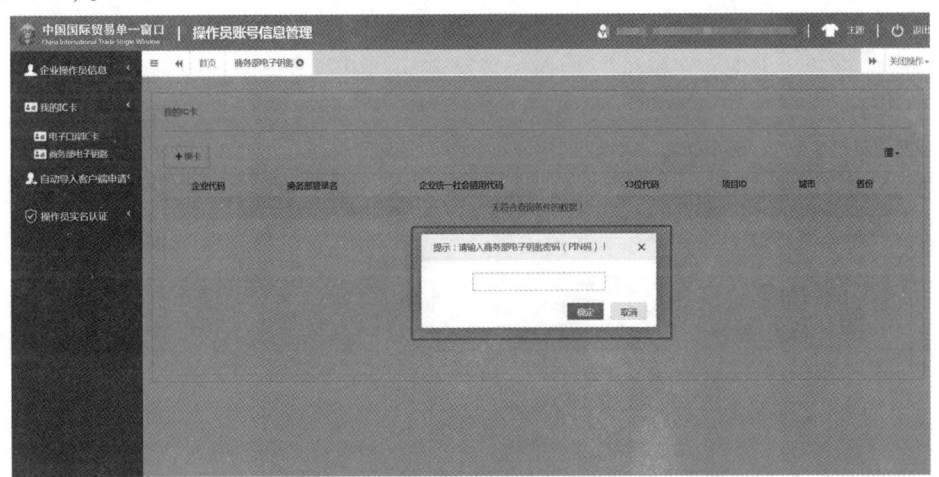

图4-2　商务部电子钥匙绑定

（3）插入商务部电子钥匙，点击"绑卡"按钮，系统弹出电子钥匙密码录入框，录入电子钥匙密码，点击"确定"按钮，系统提示绑定成功，即可完成企业在"单一窗口"注册的用户与电子钥匙的绑定操作。

💡 **小提示**

在绑定电子钥匙前，需下载安装"单一窗口"客户端卡控件。

二、单证申请

为用户提供向商务部进行出口许可证申请各类数据的录入、暂存、删除、申报等功能。点击菜单栏"单证申请",点击左侧菜单栏"单证申请",显示页面(见图4-3),用户录入年度、一批一证、商品代码、报关口岸口岸代码。

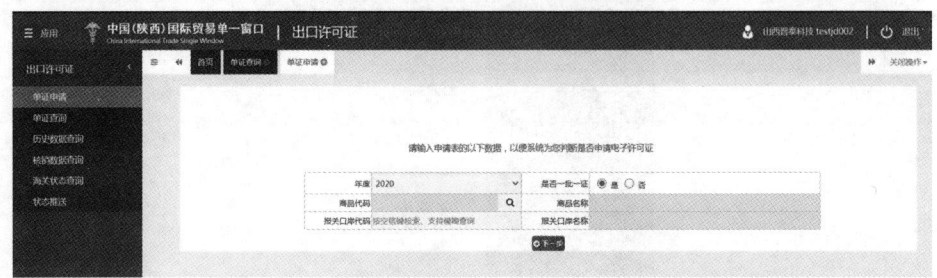

图4-3 单证申请(一)

商品代码的字段录入规则:

点击该字段后放大镜图标,页面弹出商品代码列表(见图4-4),用户可通过商品代码、商品大类码或商品名称字段查询出对应商品,在列表中勾选某条商品信息并点击下方"确定"按钮,返填商品编码至单证申请(一)界面。

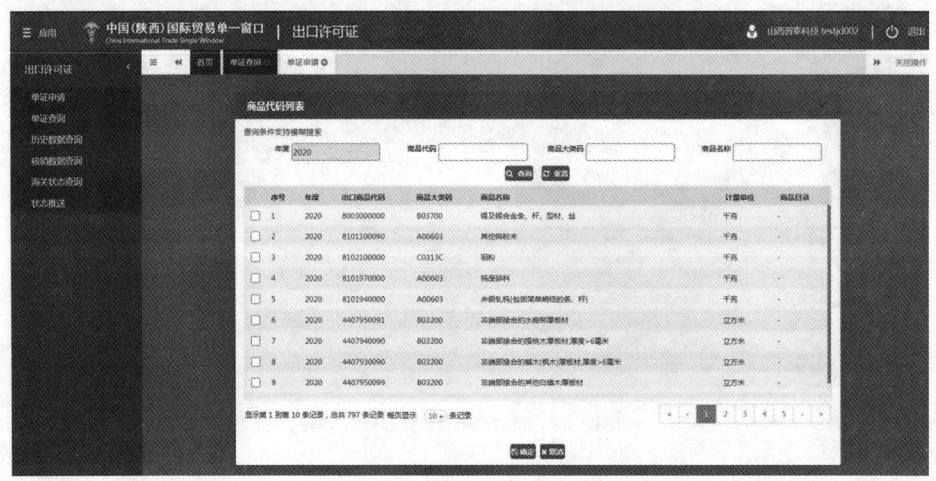

图4-4 商品代码列表

用户点击单证申请(一)"下一步"按钮(系统根据商品代码自动判断是否为无纸申请并显示相应申请界面),页面跳转到单证申请详情页面(见图4-5),用户录入申请信息。

第四章　出口许可证

图 4-5　单证申请（二）

（一）录入与暂存

点击界面上方的蓝色按钮（见图 4-6）所进行的操作，将影响当前单证申请的所有数据。

图 4-6　出口许可证申请——操作按钮

1. 基本信息

用户分别对基本数据字段、商品信息字段、联系人信息进行录入，录入完毕后，点击蓝色按钮 暂存 ，对数据进行保存（见图 4-7）。

图 4-7　基本数据

91

2. 商品信息

单价币制：系统默认币制为美元，该字段可进行修改。

💡 **小提示**

如果为"一事一批"类商品（ODS），必须填写批复单号。

如果为天然砂类商品，必须填写证明书编号，没有填"无"。

当选择商品为车类（如8703332310）时，系统自动判定此商品品牌是否必填，如该商品代码品牌为必填，品牌下拉框选项可根据 点击查看品牌说明 对品牌进行选取（见图4-8）。

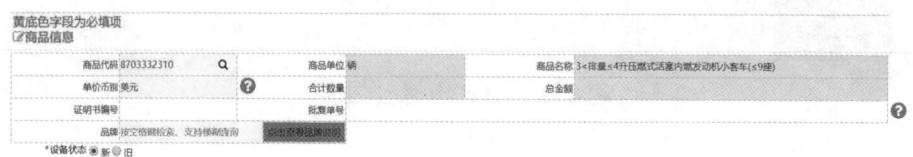

图 4-8 选取品牌

3. 联系人信息

联系人、联系电话为必填项，用户需先录入后再进行暂存（见图4-9）。

图 4-9 联系人信息

4. 规格型号信息

用户分别对规格型号信息字段进行录入，录入完毕后点击"保存"按钮 保存，保存成功后，此时该规格型号信息对应操作列按钮变成编辑 编辑，点击"编辑"按钮可对该规格型号信息进行修改。勾选规格型号信息 ☑，点击规格型号信息下方"删除"按钮 删除，可对规格型号信息进行删除。录入多条信息后点击保存按钮，可同时保存多条规格型号信息（见图4-10）。

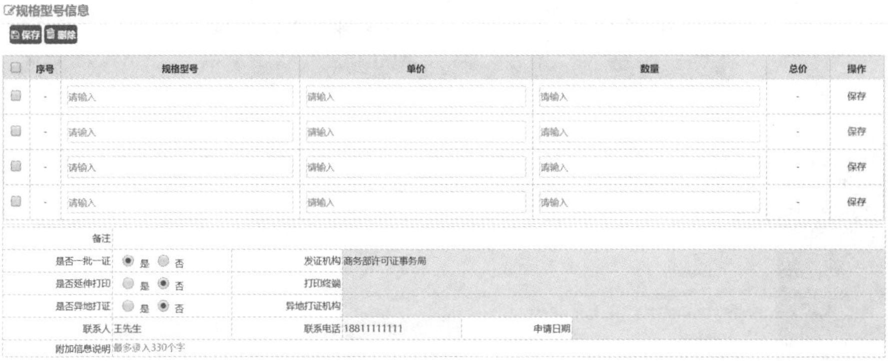

图 4-10　规格型号信息

💡 小提示

规格型号表体只有一条数据时，规格型号一列可为空，数量、单价为必填项，当表体有两条或两条以上数据，规格型号、数量、单价均为必填项，规格型号最多可填写4条数据。

当商品为焦炭商品（大类码为B02800）必须录入规定的规格型号，规格型号字段系统显示下拉框选项（见图4-10），用户根据实际情况选择规格型号种类。规格型号分为3种：常规粒度冶金焦、铸造焦、小粒度冶金焦；具体的填写规则如下：a）常规粒度冶金焦：规格（粒度：30mm～90mm；水分：5%；灰：10.5%～12.5%；硫：0.6%～0.75%；挥发份：1.2%～1.5%；CSR：62%～65%；CRI：26%～28%；M10：8%～9%；m40：80～84）。b）铸造焦：规格（粒度：80mm～250mm；水分：5%；灰：8%～12%；硫：0.6%～0.8%；挥发份：1.2%～1.5%）。c）小粒度冶金焦：规格（粒度：10mm～30mm；水分：10%；灰：11.5%～13%；硫：0.7%～0.8%；挥发份：1.2%～1.5%），用户根据实际情况选择规格型号种类。

5. 合同信息表

用户分别将基本数据字段、商品信息字段、规格型号、联系人信息录入完毕后，点击蓝色"合同信息表"按钮，进入合同信息录入页面（见图4-11）。

国际贸易"单一窗口":许可证件篇

图 4-11　合同信息

用户分别将申领企业信息、对外成交合同/协议信息、国内贸易(代理)合同/协议信息、其他相关信息录入完毕后,点击"保存"按钮,合同信息保存成功。

6. 上传附件

用户分别将基本数据字段、商品信息字段、规格型号、联系人信息录入完毕后,点击"上传附件"按钮,进入附件上传页面(见图 4-12)。

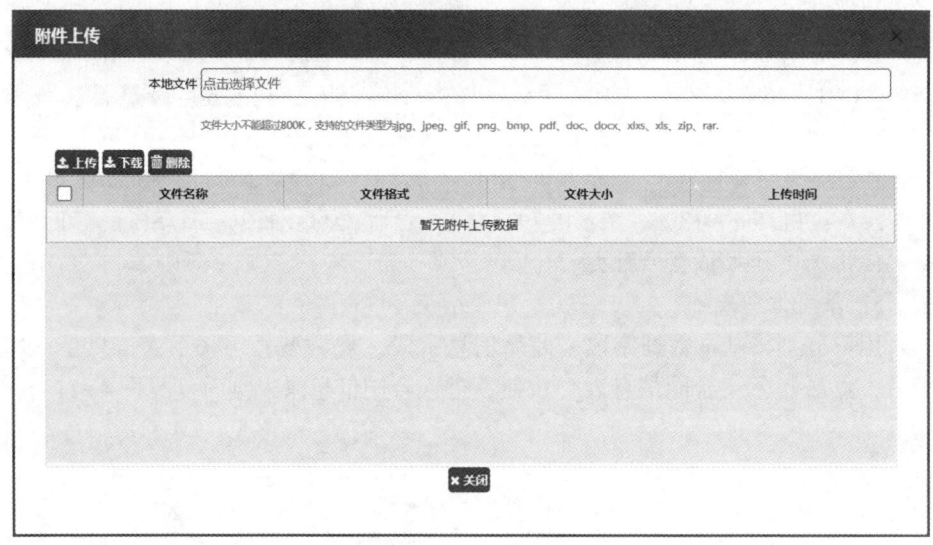

图 4-12　上传附件

用户选择相应文件,点击"上传"按钮上传文件,企业可上传多份文件,总文件大小不能超过 800K，支持的文件类型为 jpg、jpeg、gif、png、bmp、pdf、doc、docx、xlxs、xls、zip、rar。文件上传成功后，企业可下载或删除文件。

(二) 出口许可证申请表申报

出口证申请表中的基本数据、商品信息、联系人信息，规格型号信息保存后，点击蓝色 [申报] 按钮，此时申请表状态由"未上报"变为"待初审"，即完成申报，等待审批部门审批。

💡 **小提示**

申请表数据申报后，界面上方自动显示 [查询审批状态] 按钮，用户可通过点击该按钮，查询申请表审批状态。

(三) 出口许可证申请表删除

点击界面上的蓝色按钮"删除" [删除]，可对未上报、初审退回、已撤销状态的申请表数据进行删除操作。删除的数据将不可恢复，需重新录入，请谨慎操作。

(四) 出口许可证申请表复制

点击界面上方的蓝色按钮"复制" [复制]，可弹出提示信息窗口，输入复制数量，再点击"确认"按钮，即复制成功。系统自动生成一份新的申请表，用户可去单证查询列表找到复制的申请表。

提示：用户可对任何状态下的申请表数据进行复制操作。

三、单证查询

为用户提供申请表详情查看、申请表查询、申请表删除、申请表撤销、申请表打印、查看申请表审批意见。点击左侧菜单中"单证查询"，右侧区域展示查询界面（见图 4-13），同时系统根据用户当前的信息自动进行查询，并将查询结果显示在下方列表中，用户也可自定义录入查询条件点击"查询"蓝色按钮 [查询]，进行查询。点击"重置"蓝色按钮 [重置] 将清空查询条件，重新填写后查询。

国际贸易"单一窗口":许可证件篇

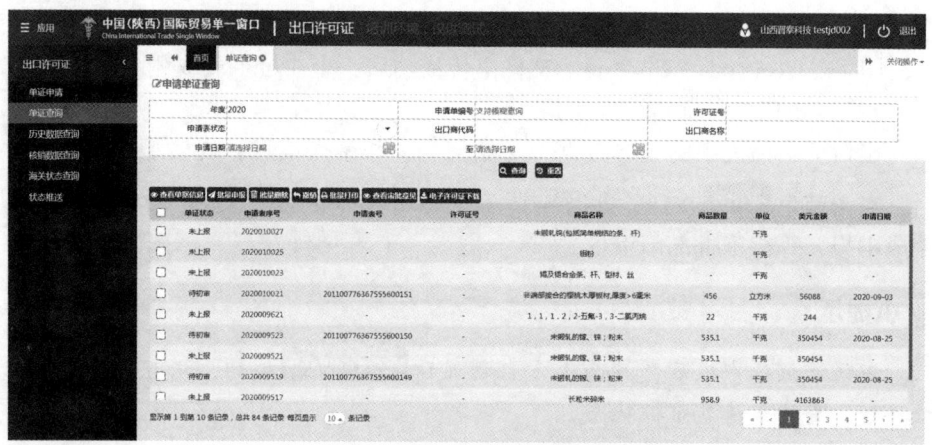

图 4-13　单证查询界面

（一）查看单据信息

在查询列表中勾选 ☑ 一条任意状态的申请表数据，点击"查看单据信息"按钮 ●查看单据信息 界面跳转至申请表详细信息页面，可根据当前申请表状态进行查看或编辑等操作。

点击列表中的蓝色申请表序号，界面跳转至申请表详细信息页面，可根据当前申请表状态进行查看或编辑等操作。

（二）批量申报

在查询列表中勾选 ☑ 一条或多条"未上报""初审退回"和"已撤销"状态的申请表信息，点击"批量申报"按钮 ✈批量申报 可将申请表数据单条或多条提交至商务部出口许可证签发系统。

（三）批量删除

在查询列表中勾选 ☑ 一条或多条"未上报""初审退回"和"已撤销"状态的申请表信息，点击"删除"按钮 Q删除 ，可对申请表数据单条或者多条进行删除。

（四）撤销

在查询列表中勾选 ☑ 一条"待初审"状态的申请表，可进行撤销操作，点击"撤销"按钮 ↩撤销 ，确认撤销后，申请表即变为"待撤销"状态，等待商务部签发机构进行审批，审批通过后申请表状态变为"已撤销"。

（五）批量打印

在查询列表中勾选 ☑ 一条或多条"复审通过"状态的申请表，点击"批量打印"按钮 批量打印 可打印单个或者多个申请表。

(六) 查看审批意见

在查询列表中勾选 ☑ 一条"初审退回""待复审""复审通过""复审退回""已打印"状态的申请表数据,点击"查看审批意见"按钮 查看审批意见 ,可查看该申请表的审批意见。

(七) 电子许可证下载

查询列表中勾选 ☑ 一条已打印状态的申请表数据,点击电子许可证下载按钮 电子许可证下载 ,可下载对应的电子许可证信息。

四、历史数据查询

为用户提供查询发送至海关的历史数据,用户可查询在所有平台申报的已发往海关的历史证书。

点击左侧菜单中"历史数据查询",右侧区域展示历史数据查询界面(见图4-14),同时系统根据用户当前的信息自动进行查询,并将查询结果显示在下方列表中,用户也可自定义录入查询条件,点击"查询"蓝色按钮 查询 ,进行查询。点击"重置"蓝色按钮 重置 将清空查询条件,重新填写后查询。

图4-14 出口许可证历史数据查询

(一) 查看单据信息

点击列表中的蓝色申请表序号,界面跳转至申请表详细信息页面(见图4-15),可根据当前申请表状态进行查看操作。

国际贸易"单一窗口":许可证件篇

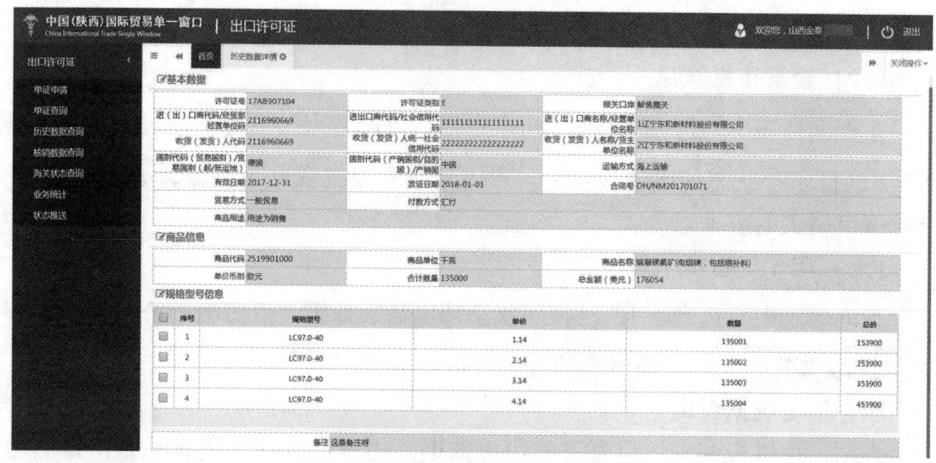

图 4-15 历史数据详情

（二）复制

点击出口许可证历史数据查询上方的"复制"蓝色按钮 ，界面跳转至单证修改页面（见图 4-16），可根据当前申请表数据进行查看或编辑等操作。

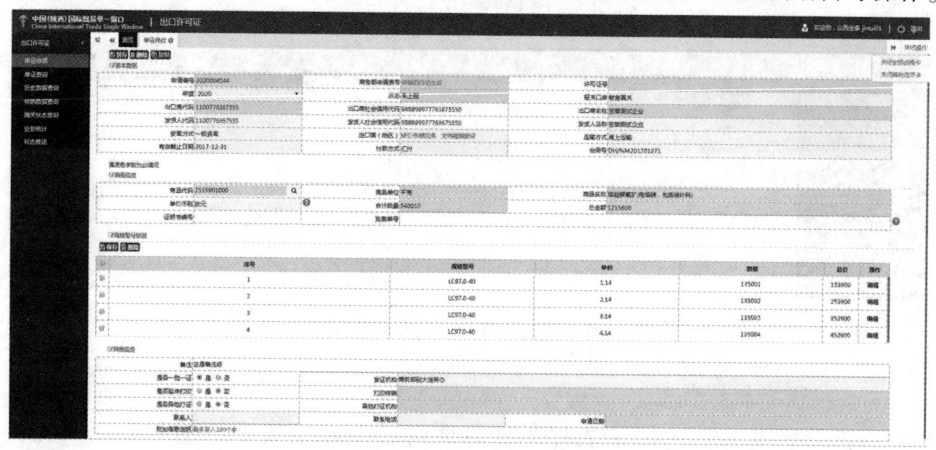

图 4-16 单证修改页面

五、核销数据查询

为用户提供查询已核销的历史数据。用户使用证件报关后，可在此查询证件关联的报关单结关数据。

点击左侧菜单中的"核销数据查询"，右侧区域展示核销数据查询界面（见图 4-17），同时系统根据用户当前的信息自动进行查询，并将查询结果显示在下方列表中，用户也可自定义录入查询条件，点击"查询"蓝色按钮 ，进行查询。点击"重置"蓝色按钮 [重置] 将清空查询条件,重新填写后查询。点击查询列表中蓝色字体"报关单号码",进入核销数据详情界面(见图4-18)。

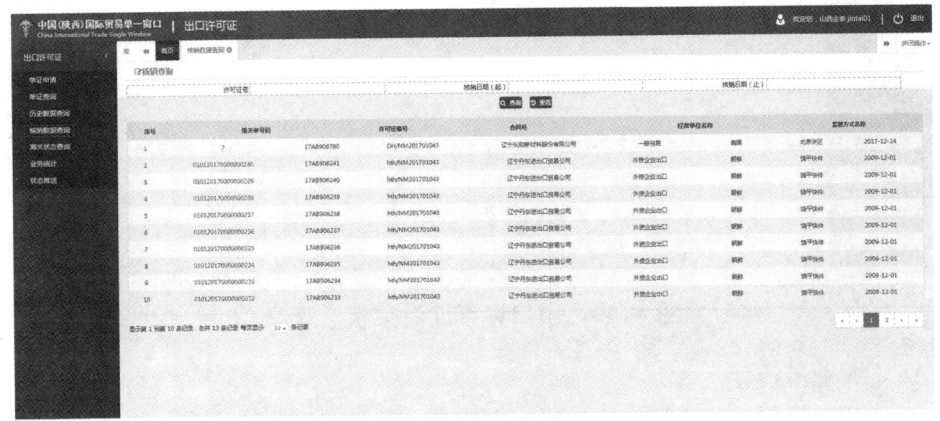

图4-17 出口许可证核销数据查询

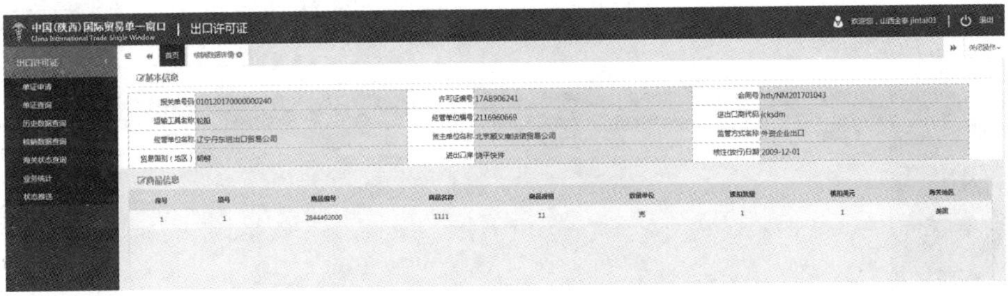

图4-18 出口许可证核销数据详情

六、海关状态查询

企业可查询从审批通过的单证是否成功发往海关,若显示"海关入库成功",企业可使用证件申报报关单。

点击左侧菜单中的"海关状态查询",右侧区域展示海关状态查询界面(见图4-19),同时系统根据用户当前的信息自动进行查询,并将查询结果显示在下方列表中,用户也可自定义录入查询条件,点击"查询"蓝色按钮 [查询],进行查询。点击"重置"蓝色按钮 [重置] 将清空查询条件,重新填写后查询。

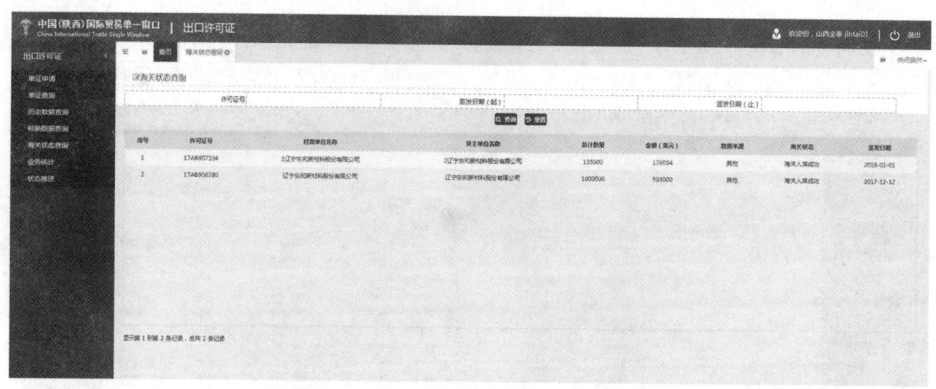

图4-19　出口许可证海关状态查询

七、业务统计

为用户提供单证统计查询功能。

点击左侧菜单中的"统计查询",右侧区域展示统计查询界面(见图4-20),业务统计查询分为按照年、月办理的证书量统计和按照贸易国办理的证书量统计。

图4-20　出口许可证证书统计

(一)按照年、月办理的证书量统计查询

点击按年、月统计企业办证量图标,页面跳转至按年、月统计证书量页面(见图4-21),同时系统根据用户当前的信息自动进行查询,并将查询结果显示在下方列表中,用户也可自定义录入查询条件,点击"查询"蓝色按钮,进行查询。点击"重置"蓝色按钮将清空查询条件,重新填写后查询。

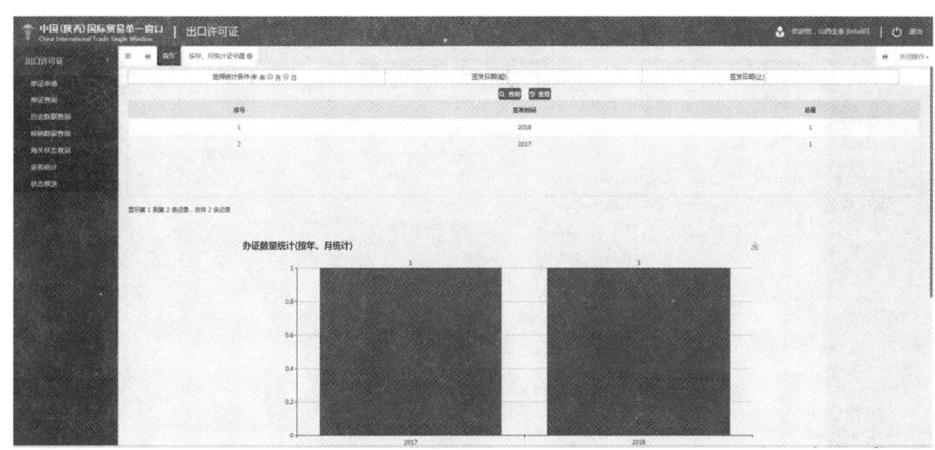

图 4-21 按年、月统计证书量

（二）按照贸易国办理证书量统计查询

点击按贸易国统计企业办证量图标，页面跳转至按贸易国统计证书量页面（见图 4-22），同时系统根据用户当前的信息自动进行查询，并将查询结果显示在下方列表中，用户也可自定义录入查询条件，点击"查询"蓝色按钮，进行查询。点击"重置"蓝色按钮将清空查询条件，重新填写后查询。

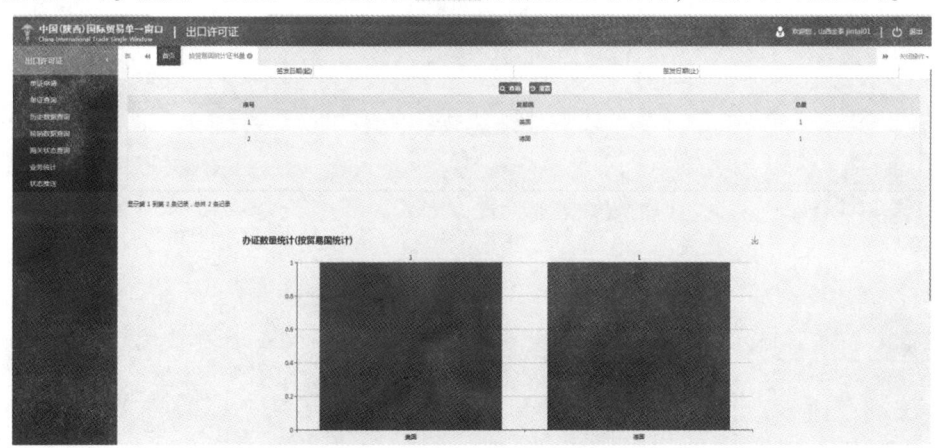

图 4-22 按贸易国统计证书量

八、状态推送

为用户提供状态推送订阅功能。

点击左侧菜单中的"状态推送"，右侧区域展示状态推送界面（见图 4-23），选择推送方式、订阅方式，勾选订阅证件，点击"订阅"按钮，即可完成证件状态订阅，订阅成功后，"单一窗口"将通过短信或微信方式第一时间将审批结果告知用户。

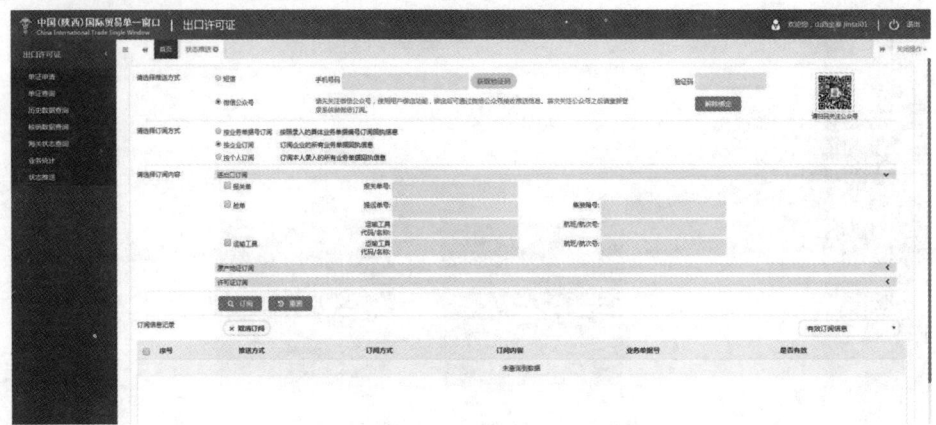

图 4-23　出口许可证状态推送

第五章 机电产品自动进口许可证

第一节 业务简介

机电产品自动进口许可证,是指商务部授权发证机构依法对自动进口许可管理的机电产品颁发的准予进口的许可证件。机电产品自动进口许可证监管证件代码为"O",加工贸易自动进口许可证监管证件代码为"v",管理商品有原油、成品油。机电类货物自动进口许可证管理商品及发证机构详见商务部、海关总署每年公布的年度《自动进口许可证管理货物目录》以及商务部每年公布的年度《自动进口许可证管理货物分级发证目录》。机电产品自动进口许可证已实现联网核查,企业使用许可证报关时应在报关单"随附单证"代码栏填报监管证件代码,在编号栏填报许可证编号。

"单一窗口"标准版机电产品自动进口许可证申请系统,涵盖企业信息备案、单证申请、单证列表、商品列表、海关状态查询、报关余量查询、结关数据查询模块,实现从事机电产品进口的企业通过单一窗口一点接入、一次性提交满足商务部、部门及地方机电电产品进口管理部门(以下简称"机电办")要求的申请信息,各机电办按照确定的规则进行审核,并将审核结果通过"单一窗口"统一反馈,便于企业查询。

一、适用范围

(一)机电产品自动进口许可证适用范围

(1)外商投资企业进口用于国内销售或加工后国内销售的;外商投资企业在外商投资数额之外以自有资金进口新机电产品以及进口旧机电产品的;外商投资企业在投资额内进口新机电产品,经过使用,未到海关监管年限,企业要求提前解除监管并在境内自用或转内销的,参照进口时的状态办理相关手续的。

(2)加工贸易项下进口的作价设备及加工贸易项下进口机电产品用于内销、内销产品或者留作自用的;加工贸易项下进口的不作价设备在海关监管期内,原设备使用单位申请提前解除监管或监管期已满但设备不再由原单位使用的。

(3)从海关特殊监管区域和海关保税监管场所进入(境内)区外的。

(4)租赁贸易、补偿贸易等贸易方式进口机电产品的。

(5)无偿援助、捐赠或经济往来赠送等方式进口机电产品的。

(6) 其他法律、行政法规有规定的。

（二）机电产品自动进口许可证不适用范围

(1) 外商投资企业在投资总额内作为投资和自用进口的新机电产品的。

(2) 加工贸易项下进口的不作价设备监管期满后留在原企业使用的；加工贸易项下为复出口而进口的。

(3) 从境外进入海关特殊监管区域或海关保税监管场所及海关特殊监管区域或海关保税监管场所之间进出的；从（境内）区外进入海关特殊监管区域或海关保税监管场所，供区内（场所内）企业使用和供区内（场所内）基础设施建设项目所需的机器设备转出区外（场所外）的。

(4) 由海关监管，暂时进口后复出口或暂时出口后复进口的。

(5) 进口货样和广告品、实验品，每批次价值不超过 5000 元人民币的。

(6) 其他法律、行政法规另有规定的。

二、管理规定

自动进口许可证下货物原则上实行"一批一证"管理，对部分货物也可实行"非一批一证"管理。对实行"非一批一证"管理的，在有效期内可以分批次累计报关使用，不得超过 6 次。同一进口合同项下，收货人可以申请并领取多份机电产品自动进口许可证。更多业务规则参见《货物自动进口许可管理办法》《机电产品进口管理办法》《机电产品进口自动许可实施办法》。

三、功能简介

（一）有纸申请与无纸申请

用户可以在本系统选择"有纸申请"与"无纸申请"模式申请机电产品自动进口许可证。

（二）商务部电子钥匙绑定

用户若在本系统选择"无纸申请"，需先将单一窗口注册账号与商务部电子钥匙进行绑定，否则将无法申请。

商务部电子钥匙请咨询商务部相关业务部门办理。

（三）企业备案

初次在"单一窗口"申请机电产品自动进口许可证的企业，应先在"单一窗口"标准版机电产品自动进口许可证申请系统进行企业备案申请，向商务部提交备案。若已在商品部备案过的企业，可以通过"获取商务部备案信息"功能自动完成备案。

（四）单证申请

企业可在单证申请菜单中申请"一批一证"和"非一批一证"的机电产品自动进口许可证。

（五）单证列表

企业可在单证列表中查询单证状态、审批意见和流程状态，删除、申报、复制、撤回申请、批量打印单证。

（六）商品列表

系统提供商品查询功能，企业可在商品列表中查询不同年度的商品目录。

（七）海关状态查询

企业可查询许可证电子数据发往海关的情况，如果状态是"海关入库成功"，企业可使用许可证申报报关单。

（八）报关余量查询

企业可查询"非一批一证"的许可证商品已清关数量和单证余量。

（九）结关数据查询

企业可查询使用许可证报关并查看结关报关单的主要信息。

（十）历史数据查询

企业可在"单一窗口"查询所有已发往海关的证书，包括以前在商务部系统申报过的证书。

（十一）状态推送

企业可微信或短信订阅许可证状态，订阅成功后，"单一窗口"将通过短信或微信第一时间将审批结果告知用户。

（十二）业务统计

目前企业可按年、月统计企业办证量。

（十三）客户端导入

企业可下载并使用导入客户端向"单一窗口"标准版进行批量机电产品自动进口业务数据导入，实现企业信息化系统与"单一窗口"标准版机电产品自动进口许可证系统进行自动对接，避免企业重复录入数据，同时可接收商务部的审批结果。

第二节 基本操作

因相关业务数据有严格的填制规范，如在系统录入数据的过程中，字段右侧弹出红色提示，代表用户当前录入的数据有误，需根据要求重新录入。

灰色字段表示不允许录入，系统自动返填，或根据企业备案的相关信息进行返填。

界面中黄色底色的录入框字段为必填项，务必填写。

界面中的 ❓ 图标，鼠标放上去，系统会提示录入说明。

国际贸易"单一窗口":许可证件篇

界面中部分字段右侧带有三角形图标,表示该类字段需要在参数中进行调取,不允许用户随意录入。直接点击三角形图标,调出下拉菜单并在其中进行选择,也可将光标置于字段中,系统自动显示下拉菜单。如果用户已经知道相关参数的代码,也可直接输入相应数字、字母或汉字,迅速调出参数,使用上下箭头选择后,点击回车键确认录入。

一、商务部电子钥匙绑定

参考商务部出口许可证电子钥匙绑定。

二、首页

用户登录系统,可在首页浏览系统亮点和主要功能说明(见图5-1)。

图5-1 机电产品自动进口许可证首页

三、企业信息备案

用户需要先进行企业备案,备案审核通过后才可申请证书。

企业信息备案功能提供企业信息备案各类数据的录入、暂存、删除、打印、申报、获取商务部备案信息等功能。

(一)录入与暂存

未在商务部进行机电进口许可备案的企业,需要先在"单一窗口"机电产品自动进口许可证申请系统录入企业备案信息并申报,商务部审核通过后才可申请证书。

点击界面上方的蓝色按钮(见图5-2)所进行的操作,将影响当前企业信息备案的所有数据。

图5-2 企业信息备案——操作按钮

💡小提示

录入过程中,可通过点击界面顶部的"暂存"蓝色按钮,将当前正在录入的信息进行保存,以防数据丢失。

点击左侧菜单中的"企业信息备案",右侧区域展示录入界面(见图5-3)。

图5-3　企业信息备案录入界面

首次使用本系统,用户可能会遇到系统弹出的提示(见图5-4),仔细阅读提示信息后,点击"确定"关闭该对话框,继续操作即可。

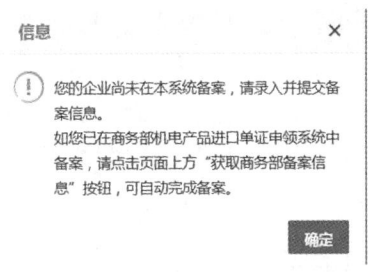

图5-4　企业信息备案——提示信息

1. 企业基本情况

界面中,灰色字段(如企业名称、备案状态等)表示不允许录入,系统自动获取企业在"单一窗口"注册的信息,或待用户进行提交等操作后,进行返填。

组织机构代码、统一社会信用代码,由系统自动获取当前企业在"单一窗口"注册的用户信息后进行返填。

主管单位级别、单位性质、企业地址(省市)须在参数中进行调取,不允许随意录入。将光标置于录入框中,可点击空格键调出下拉菜单并在其中进行选择。用户也可直接输入已知的相应数字、字母或汉字，迅速调出参数，使用上下箭头选择后，点击回车键确认录入。

其他需手工录入的字段，需根据业务主管部门要求，如实填写相关内容。

日期类字段（如备案时间），点击录入框后，系统自动弹出日历，用户可根据实际情况进行选择。

2. 机电进口许可证备案信息

机电系统账户为灰色，表示不允许录入，待业务主管部门对备案信息完成审批后，系统自动返填。账户密码、联系人等需手工录入的字段，需根据业务主管部门要求，如实填写相关内容。

所属机电办字段需要在参数中进行调取，不可随意录入。

（二）打印

将鼠标放到"打印"按钮上，提示"打印预览当前企业信息"，点击企业信息备案录入界面顶部的"打印"蓝色按钮，系统显示企业注册信息表预览（见图5-5）。将鼠标移到界面顶部，菜单自动出现后，点击右上角 🖨 图标，用户根据当前浏览器的设置或打印机实际情况进行打印即可。

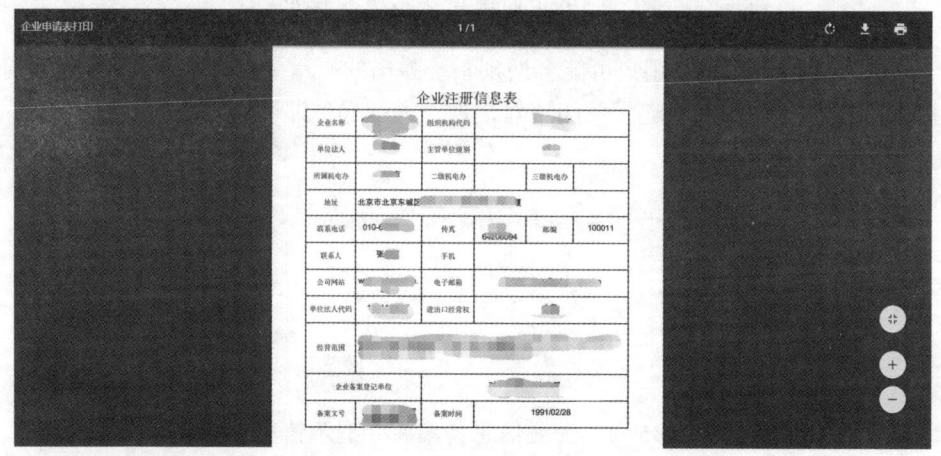

图5-5 企业注册信息表预览

（三）获取商务部备案信息

对于已在机电进口单证系统中注册过的企业用户，可以点击企业信息备案录入界面顶部的"获取商务部备案信息"蓝色按钮，在弹出框（见图5-6）中如实录入在商务部机电产品进口单证管理系统已成功注册过的账号及密码，点击蓝色"绑定"按钮，系统将当前信息发送至商务部机电系统进行验证，验证通过后系统给予绑定成功等提示信息，系统自动获取商务部系统中已注册的企业信息，返填至企业信息备案录入界面中，完成企业信息备案。

第五章　机电产品自动进口许可证

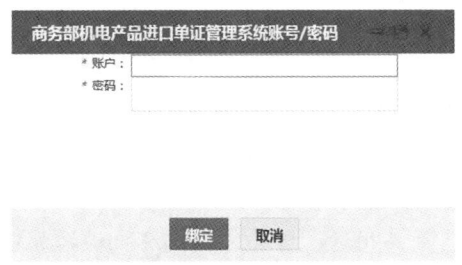

图 5-6　获取商务部备案信息

（四）查询注册状态

点击企业信息备案录入界面顶部的"查询注册状态"蓝色按钮，可随时查看已提交至业务主管部门待审批的数据状态。当前数据未提交时，该按钮不可点击。

（五）申报

将录入完毕并确认无误的数据，通过点击企业信息备案录入界面右上方的"申报"蓝色按钮，系统将向相关业务主管部门发送该申请数据，待主管部门审批。

四、单证申请

为用户提供向商务部进行机电产品进口许可证申请数据的录入、暂存、删除、打印、申报等功能。点击左侧菜单栏"机电产品进口单证"—"单证申请"，可展开业务菜单（见图 5-7）。

图 5-7　机电产品进口单证申请

（一）录入与暂存

点击界面上方蓝色悬浮按钮（见图 5-8）所进行的操作，将影响当前单证

109

国际贸易"单一窗口":许可证件篇

申请的所有数据。

图 5-8　机电产品进口单证申请——操作按钮

💡 小提示

界面中外汇来源、商品用途、贸易方式系统自动增加默认值,可修改。

界面中进口商编码,如在本系统单证申请中数据审批通过,系统自动返填进口商编码。

进入单证申请界面后,系统自动将光标显示在经办人手机号录入框内。

点击菜单"机电产品进口单证申请",展示单证类型选项和录入界面(见图 5-9~图 5-11)。根据实际业务需求选择申请类型。

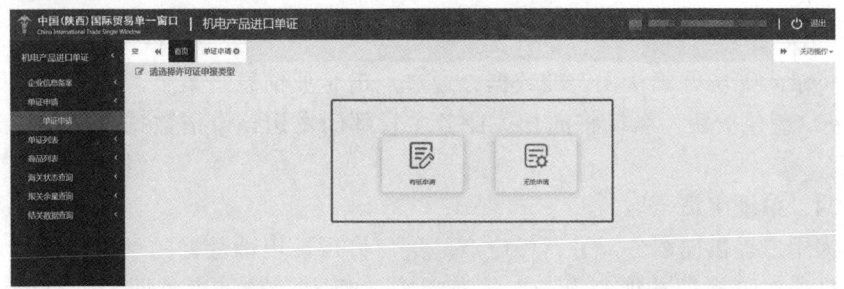

图 5-9　机电产品进口单证申请——单证类型选项界面

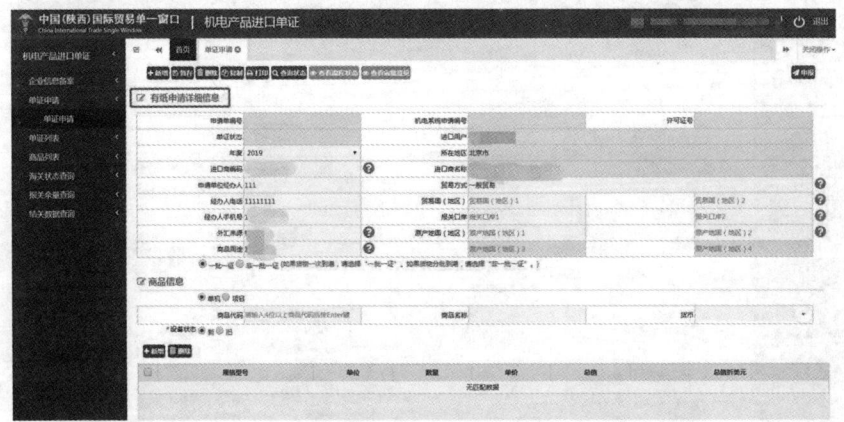

图 5-10　机电产品进口单证有纸申请录入界面

第五章　机电产品自动进口许可证

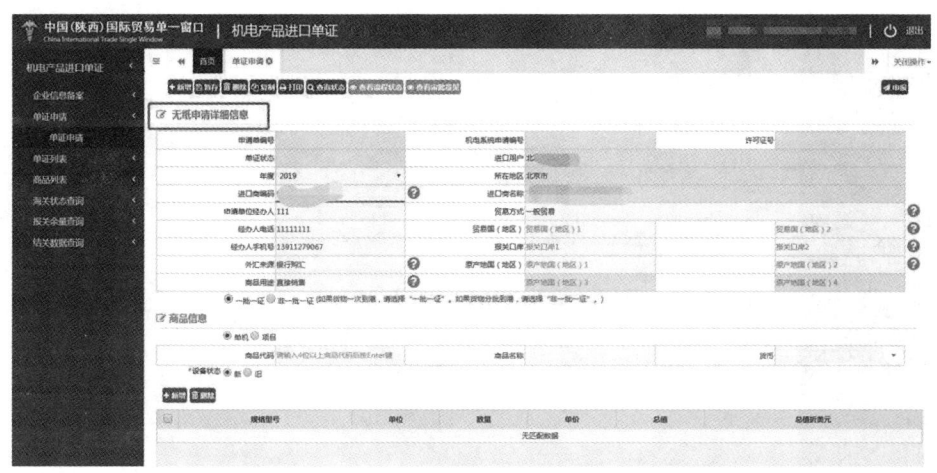

图 5-11　机电产品进口单证无纸申请录入界面

1. 申请详细信息

界面中，灰色字段（如申请单编号、许可证号等）表示不允许录入或修改，系统将根据相应操作或步骤（如申报等）后自动返填。

部分字段（如进口用户、所在地区等），系统自动获取当前企业已备案成功的信息并进行返填。

部分字段（如进口商编码、进口商名称），系统根据录入进口商编码，返填进口商名称。

部分字段（如年度、贸易国、外汇来源、商品用途、贸易方式等）须在参数中进行调取，不允许随意录入。

其他需手工录入的字段，请根据业务主管部门要求，如实填写相关内容。

勾选类字段（如"一批一证""非一批一证"），请根据实际业务填写。

2. 商品信息

申请详细信息保存成功后才能继续进行商品信息的录入与保存等操作。商品信息录入界面如图 5-12 所示。

111

国际贸易"单一窗口":许可证件篇

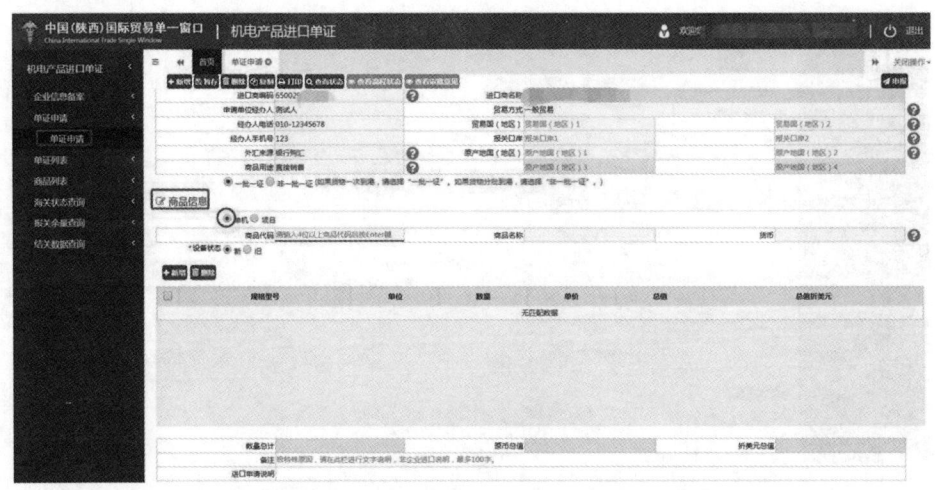

图 5-12 机电产品进口单证申请——商品信息"单机"

（1）单机

勾选"单机"选项时，各类字段填写方式可参考上文申请详细信息部分。

其中，商品代码字段可模糊查询：输入至少 4 位商品编码后回车，系统可弹出选择框（见图 5-13），用户可在列表中选择相应商品后点击"确定"。

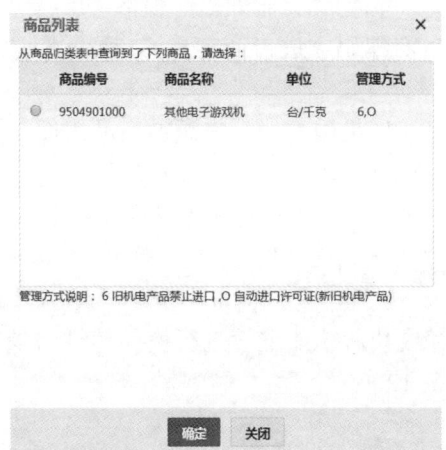

图 5-13 机电产品进口单证申请——商品信息商品列表

完成上述步骤后，点击机电产品进口单证申请——商品信息界面中的蓝色"新增"按钮，系统弹出录入框（见图 5-14）并自动保存申请详细信息与商品信息。

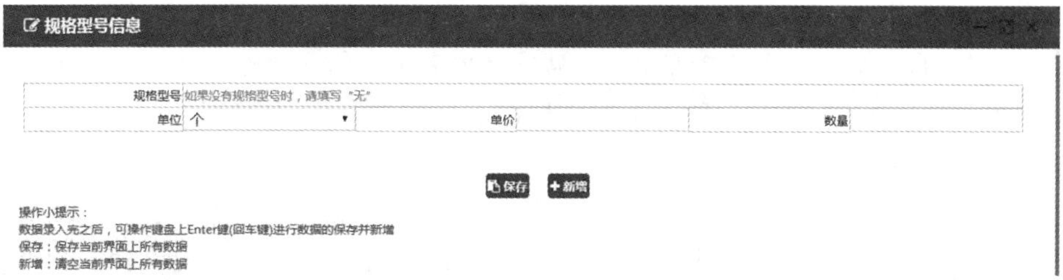

第五章 机电产品自动进口许可证

图 5-14 机电产品进口单证申请——新增商品信息

如实填写相关内容后,可点击"保存"蓝色按钮或敲击键盘回车键,将规格型号信息保存到机电产品进口单证申请——商品信息的列表中,此时可继续录入更多商品规格型号信息并保存,也可点击右上角"关闭"按钮,关闭此窗口。

💡 **小提示**

商品信息商品代码录入框内默认显示录入说明。

规格型号信息规格型号录入框默认显示录入说明。

规格型号信息界面左下角默认显示操作提示。

在机电产品进口单证申请——商品信息界面中,勾选列表中已录入的任意记录,点击蓝色"删除"按钮,将删除当前规格信息的记录,请谨慎操作。

(2)项目

勾选"项目"选项时,界面如图 5-15 所示。各类字段填写方式可参考前文所述。其中,项目类型、项目所属行业与货币须在参数中进行调取,也可直接输入已知的相应数字、字母或汉字,迅速调出参数,使用上下箭头选择后,点击回车键确认录入。

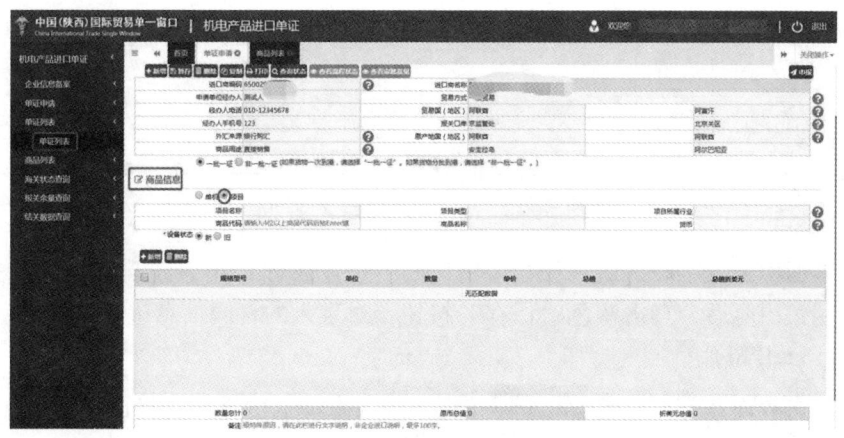

图 5-15 机电产品进口单证申请——商品信息"项目"

(3) 总计

在机电产品进口单证申请——商品信息界面最下方,"数量总计""原币总值""折美元总值"3个字段,系统将根据上面列表中、用户所录入的数据自动进行计算,不允许手工录入。

3. 合同信息

点击界面左下方蓝色 `合同信息表` 按钮(见图5-16),进入合同信息录入界面(见图5-17)。

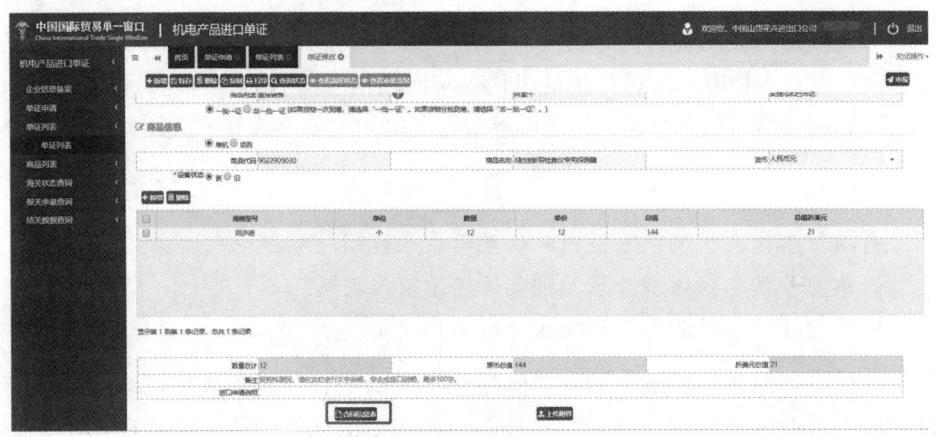

图 5-16 合同信息

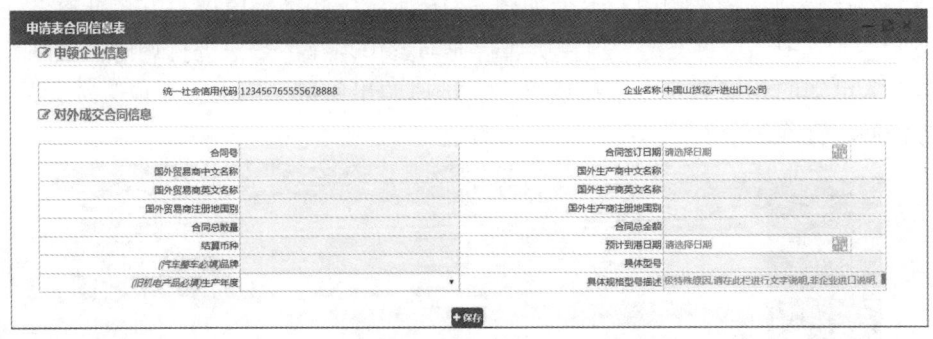

图 5-17 合同信息录入界面

界面中部分字段(统一社会信用代码、企业名称)由系统自动返填,如实录入相关内容后,点击蓝色"保存"按钮,对录入的合同信息进行保存。

4. 上传附件

点击界面右下方蓝色 `上传附件` 按钮,进入附件上传界面(见图5-18)。

第五章　机电产品自动进口许可证

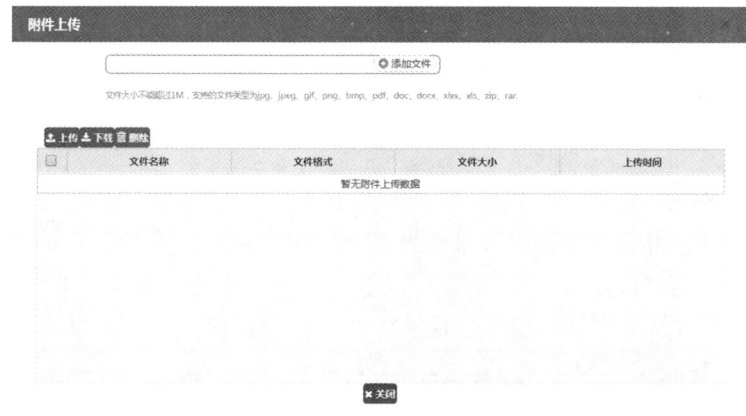

图 5-18　附件上传界面

附件上传操作步骤：

（1）点击"添加文件"按钮，选择需要上传的附件信息；如果附件超过1M，上传附件的类型支持，会有相应错误提示信息。

（2）待步骤1完成后，可点击"上传"按钮，进行单据的上传操作。

（3）如果想查看附件的信息，勾选想下载的附件信息，点击"下载"按钮，对附件进行下载操作。

（4）勾选删除的数据，点击"删除"按钮，进行删除操作。

💡**小提示**

系统没有对合同信息与附件信息，进行必填校验，可根据自身业务求对合同信息与附件进行录入与上传操作。

如需录入合同信息与附件上传，必须先将申请详情信息进行暂存，才可操作合同信息与附件上传。

（二）新增

点击机电产品进口单证申请录入界面上方的"新增"蓝色按钮 ➕新增 ，将清空当前界面显示的数据，便于用户重新录入并保存一票单证数据。如用户未将上次的录入内容进行过暂存（保存）操作，清空的数据将不可恢复，需重新录入，请谨慎操作。

（三）删除

点击机电产品进口单证申请录入界面上方的"删除"蓝色按钮 🗑删除 ，系统将提示用户是否删除当前机电许可证数据。删除的数据将不可恢复，需重新录

115

入，请谨慎操作。

如当前数据为审批中等状态时，表示用户所申报的数据已被相关业务主管部门接收，此时该按钮不可点击，表示不允许在"单一窗口"标准版系统中进行删除操作。

（四）复制

点击机电产品进口单证申请录入界面上方的"复制"蓝色按钮 [复制]，系统将提示用户是否确认复制一份新单证，点击"确定"按钮，将当前机电许可证数据进行复制后生成一票新数据，可对复制的数据继续进行录入或编辑等操作。

（五）打印

鼠标放到打印按钮上，系统提示打印申请表，点击机电产品进口单证申请录入界面上方的"打印"蓝色按钮 [打印]，系统将结合用户录入的内容，显示机电产品进口申请表预览，打印功能同"企业信息备案"章节中打印说明（见图5-19）。

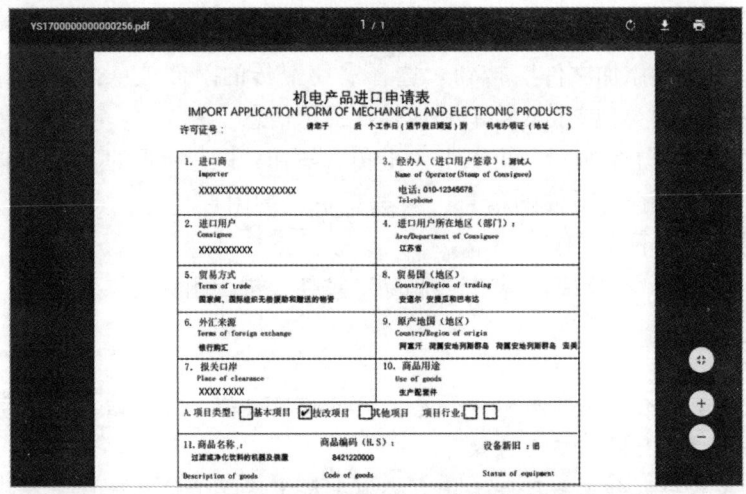

图5-19　机电产品进口申请表预览

（六）查询状态

点击机电产品进口单证申请录入界面顶部的"查询状态"蓝色按钮 [查询状态]，可查看用户已提交至业务主管部门待审批的数据状态。当前数据未申报时，该按钮不可点击。

（七）查看流程状态

点击机电产品进口单证申请录入界面顶部的"查询流程状态"蓝色按钮 [查看流程状态]，可查看用户已提交至业务主管部门待审批数据的流程状态。当前数据未申报时，该按钮不可点击。

第五章 机电产品自动进口许可证

（八）查看审批意见

点击机电产品进口单证申请录入界面顶部的"查询审批意见"蓝色按钮 查看审批意见 ，可查看许可证审批过程中，业务主管部门的审批意见。当前数据未申报或主管部门未审批时，该按钮不可点击。

（九）申报

将录入完毕并确认无误的数据，通过点击机电产品进口单证申请录入界面右上方的"申报"蓝色按钮 申报 ，系统将向相关业务主管部门发送该机电许可证数据，等待审批。

说明：若申报无纸申请，需插入商务部电子钥匙。

五、单证列表

提供机电产品进口单证的状态与审批意见等查询功能。

点击左侧菜单中"机电产品进口单证"—"单证列表"，右侧区域展示查询界面（见图5-20），同时系统根据用户当前的信息自动进行查询，并将查询结果显示在下方列表中，用户也可自定义输入查询条件并进行查询。点击"重置"蓝色按钮将清空查询条件，重新填写后查询。

图5-20 机电产品进口单证列表

点击列表中申请单编号蓝色字体，或勾选任意记录，点击界面中部"查看单证信息"蓝色按钮，界面跳转至机电许可证详细信息页面，可根据当前许可证状态进行查看或编辑等。

勾选多条未申报（即暂存状态）或退回状态的数据，可点击界面中部"删除单证"蓝色按钮，根据系统提示，将当前选中的数据进行（批量）删除，所选记录在列表中消失。删除的数据将不可恢复，需重新录入，请谨慎操作。

国际贸易"单一窗口":许可证件篇

勾选查询结果列表中的一条记录,可根据数据当前的状态,点击界面中部"查看流程状态"或"查看审批意见"蓝色按钮,查看审核状态和意见。

勾选查询结果列表中的一条记录,点击界面中部"复制"蓝色按钮,列表会自动刷新一条新的单证数据,所有单证数据状态都可以进行复制。

勾选查询结果列表中的一条或多条记录,点击界面中部"批量打印"蓝色按钮,系统将结合用户录入的内容,显示一条或多条机电产品进口申请表预览,所有单证数据状态都可以进行打印。

勾选查询结果列表中的一条数据(审批中状态),点击界面中部"撤回"蓝色按钮,系统将对审批中的数据进行撤回,数据状态变为暂存状态,可对数据进行修改、删除、上报。

此外,还可勾选列表中多条未申报(暂存状态)的数据,点击界面中部"申报"蓝色按钮,实现批量申报。

💡小提示

列表申报支持批量申报,即选中多条数据后点击申报按钮,同时申报。
列表删除支持批量删除,即选中多条数据后点击删除按钮,同时删除。
单证状态为审批中的情况下,单证才可以撤回。

六、商品列表

用户可查询不同年度商务部机电产品商品目录。

点击左侧菜单中"商品列表",右侧区域展示商品列表界面(见图5-21)。系统自动执行当前年度机电商品的查询,并将查询结果显示在下方列表中。用户也可自定义输入查询条件并查询。点击"重置"蓝色按钮将清空查询条件,重新填写后查询。

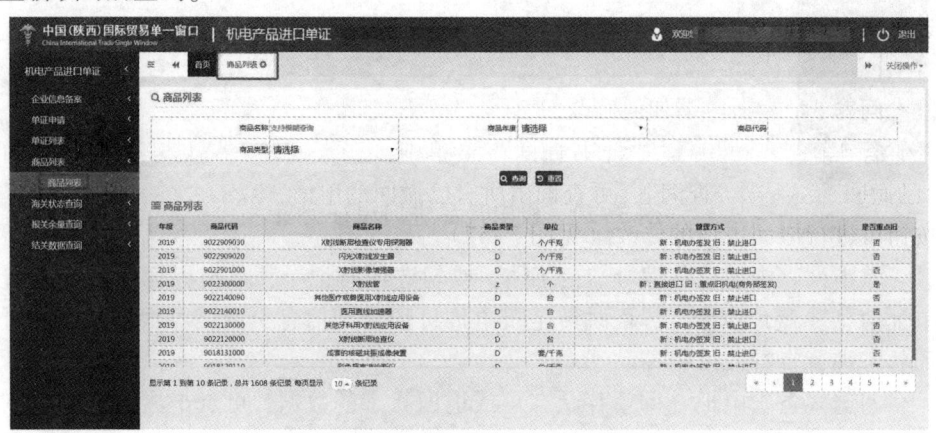

图5-21 商品列表

七、海关状态查询

可查询商务部审批通过的单证是否成功发往海关。

点击左侧菜单中"海关状态查询",右侧区域展示海关状态查询界面(见图5-22),可自定义查询条件进行查询。

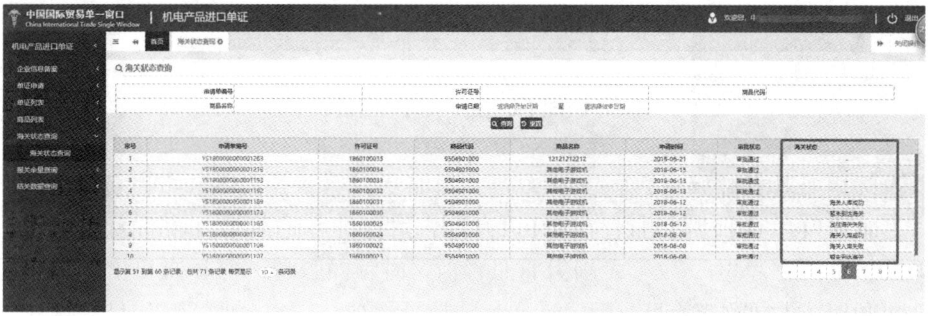

图 5-22　海关状态查询

八、报关余量查询

为用户提供商务部审批通过的单证("非一批一证")的报关余量查询功能。

点击左侧菜单中"报关余量查询",右侧区域展示报关余量查询界面(见图5-23),可输入许可证号进行查询,查询列表中展示单证余量和单证使用情况,点击"使用情况"按钮,显示界面(见图5-24),可查看该证书已报关使用的数量。

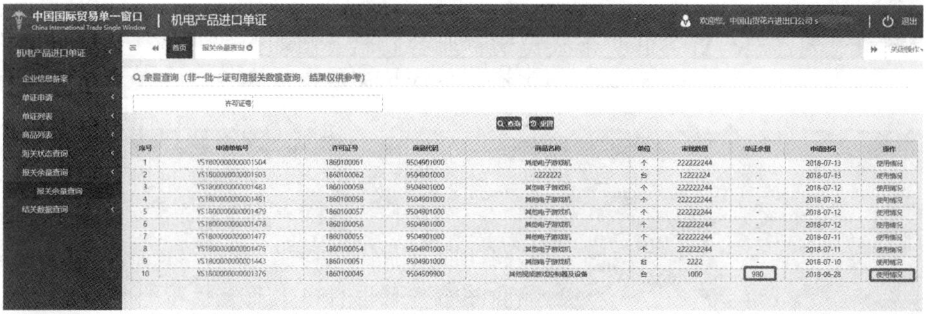

图 5-23　报关余量查询

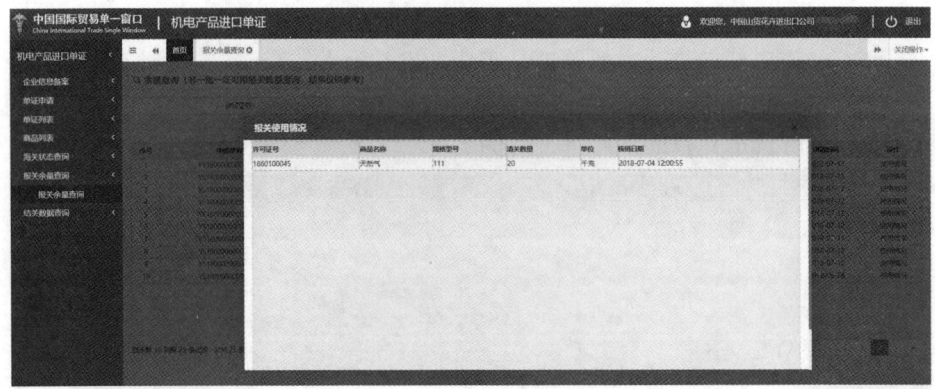

图 5-24　报关已使用数量

九、结关数据查询

为用户提供查询使用单证并结关的报关单数据。

点击左侧菜单中"结关数据查询",右侧区域展示结关数据查询界面(见图 5-25),可根据许可证号进行查询,查询列表默认显示所有使用单证并已结关的报关单数据,点击"报关单号",进入报关单商品明细界面(见图 5-26)。

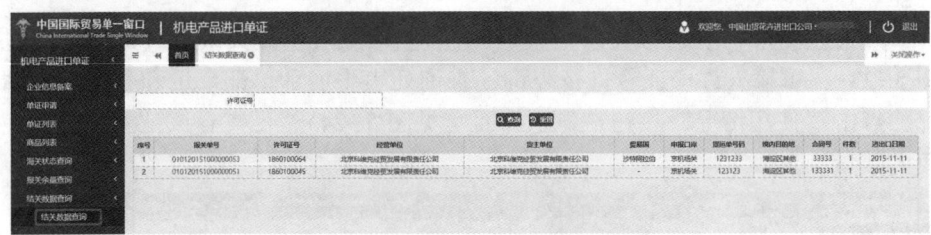

图 5-25　机电进口单证结关数据查询

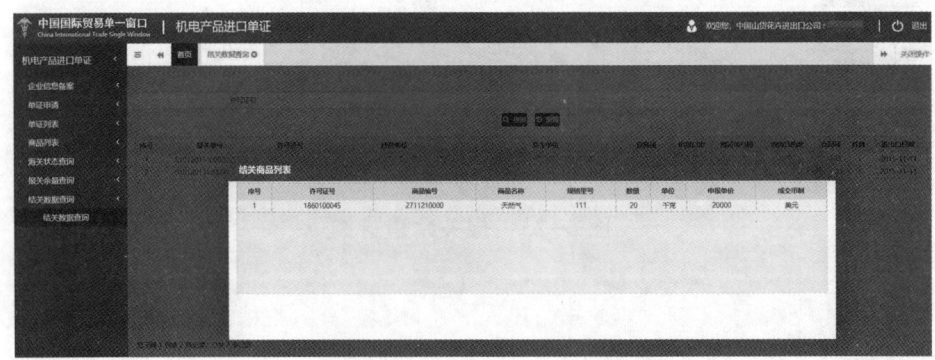

图 5-26　报关单商品明细

十、历史数据查询

企业可在"单一窗口"查询所有已发往海关的证书，包括以前在商务部系统申报过的证书。点击"历史数据查询"菜单，展示右侧区域（见图5-27），输入许可证号可查询许可证信息。

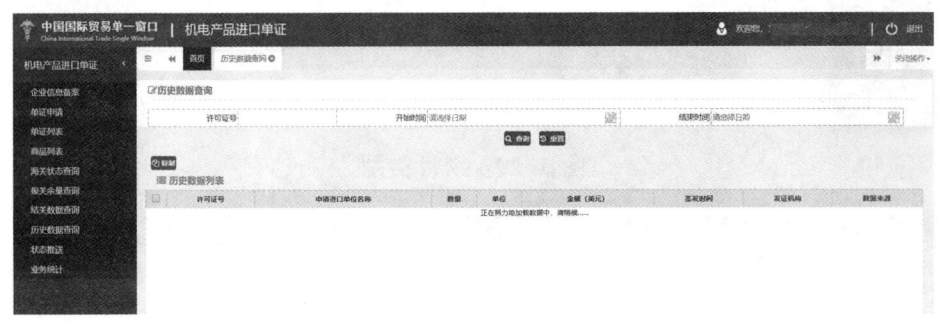

图 5-27　许可证历史数据查询

十一、状态推送

点击左侧"状态推送"菜单，展示右侧区域（见图5-28），选择推送方式、订阅方式，勾选订阅证件，点击"订阅"按钮，即可完成证件状态订阅，订阅成功后，"单一窗口"将通过短信或微信方式第一时间将审批结果告知用户。

图 5-28　状态推送

十二、业务统计

点击左侧"业务统计"菜单，展示右侧区域（见图5-29），点击"证书量统计"进入统计界面（见图5-30），用户可选择按年、月、日统计办证量，并可查看数据列表、柱状图和折线图。

图 5-29　统计类别

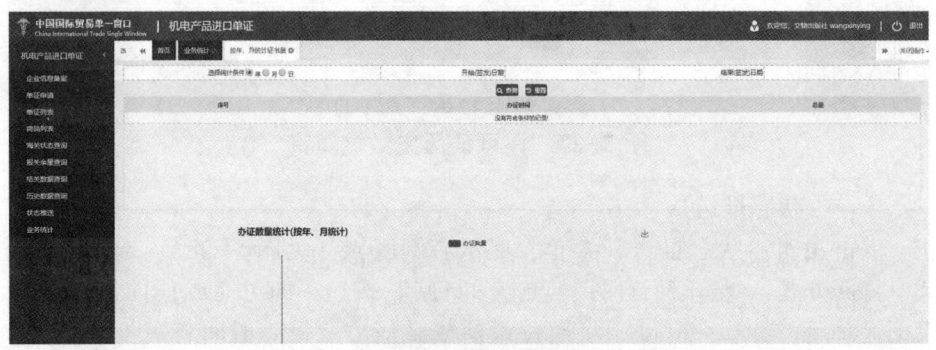

图 5-30　证书量统计

十三、许可证状态查询

"单一窗口"提供两种查询方式：网页端公共查询服务和微信小程序公共查询服务。操作可参考农药进出口放行通知单状态查询。

十四、客户端导入

为提高企业机电产品自动进口业务申报效率，"单一窗口"标准版机电产品自动进口许可证申请系统提供客户端导入功能，企业可下载并使用导入客户端向"单一窗口"标准版进行批量机电产品自动进口业务数据导入，实现企业信息化系统与"单一窗口"标准版机电产品自动进口许可证申请系统进行自动对接。

企业导入数据后，数据自动保存在系统中，为暂存状态。企业可在系统的"单证列表"界面查询出导入的数据，进行许可证申请内容修改、补录和申报操作。许可证申报后，系统接收到商务部的审核回执信息时，会将审核回执信息发送给导入的企业。

"单一窗口"导入客户端使用操作手册下载地址为 http：//www. singlewindow. cn/xzlm/4663. jhtml。

第六章　非机电产品自动进口许可证

第一节　业务简介

非机电产品自动进口许可证,是指商务部授权发证机构依法对自动进口许可管理的非机电产品颁发的准予进口的许可证件,监管证件代码为"7"。非机电类货物自动进口许可证管理商品及发证机构详见商务部、海关总署每年公布的年度《自动进口许可证管理货物目录》以及商务部每年公布的年度《自动进口许可证管理货物分级发证目录》。非机电产品自动进口许可证已实现联网核查,企业使用许可证报关时应在报关单"随附单证"代码栏填报监管证件代码,在编号栏填报许可证编号。

"单一窗口"标准版非机电产品自动进口许可证申请系统,涵盖单证申请、重农信息备案、单证查询、统计查询、海关状态查询、结关数据查询模块,实现从事非机电产品进口的企业通过"单一窗口"一点接入、一次性提交满足商务部要求的申请信息,商务部按照确定的规则进行审核,并将审核结果通过"单一窗口"统一反馈,便于企业查询。

一、管理规定

非机电产品自动进口许可证下货物原则上实行"一批一证"管理,对部分货物也可实行"非一批一证"管理。对实行"非一批一证"管理的,在有效期内可以分批次累计报关使用,但总数不得超过 6 次。同一进口合同项下,收货人可以申请并领取多份非机电产品自动进口许可证。

二、功能简介

(一) 商务部电子钥匙绑定

在"单一窗口"标准版非机电产品自动进口许可证申请系统中申请电子版许可证需要进行商务部电子钥匙绑定,将"单一窗口"注册账号与商务部电子钥匙进行绑定。

(二) 单证申请

企业可在单证申请菜单中申请非机电产品自动进口许可证。

(三) 单证查询

企业可在单证列表中查询单证状态,进行删除、申报、撤销申请、批量打印等操作。

（四）统计查询

企业可按月统计自动进口申请表数据。

（五）海关状态查询

企业可查询许可证电子数据发往海关的情况，如果状态是"海关入库成功"，企业可使用许可证申报报关单。

（六）结关数据查询

企业可查询使用许可证报关并查看结关报关单的主要信息。

（七）历史数据查询

企业可在"单一窗口"查询所有已发往海关的证书，包括以前在商务部系统申报过的证书。

（八）状态推送

企业可微信或短信订阅许可证状态，订阅成功后，"单一窗口"将通过短信或微信方式第一时间将审批结果告知用户。

第二节 基本操作

因相关业务数据有严格的填制规范，如在系统录入数据的过程中，字段右侧弹出红色提示，代表用户当前录入的数据有误，请根据要求重新录入。

灰色字段表示不允许录入，系统自动返填，或根据企业备案的相关信息进行返填。

界面中黄色底色的录入框字段为必填项，务必填写。

界面中的 ❓ 图标，鼠标放上去，系统会提示录入说明。

界面中部分字段右侧带有三角形图标，表示该类字段需要在参数中进行调取，不允许用户随意录入。直接点击三角形图标，调出下拉菜单并在其中进行选择，也可将光标置于字段中，系统自动显示下拉菜单。如果用户已经知道相关参数的代码，也可直接输入相应数字、字母或汉字，迅速调出参数，使用上下箭头选择后，点击回车键确认录入。

一、商务部电子钥匙绑定

申请电子版许可证需要进行商务部电子钥匙绑定，参考商务部出口许可证电子钥匙绑定。

二、单证申请

为用户提供向商务部进行企业单证申请数据的录入、暂存、删除、打印等功能。点击菜单栏"单证申请"，可显示页面（见图6-1）。

第六章　非机电产品自动进口许可证

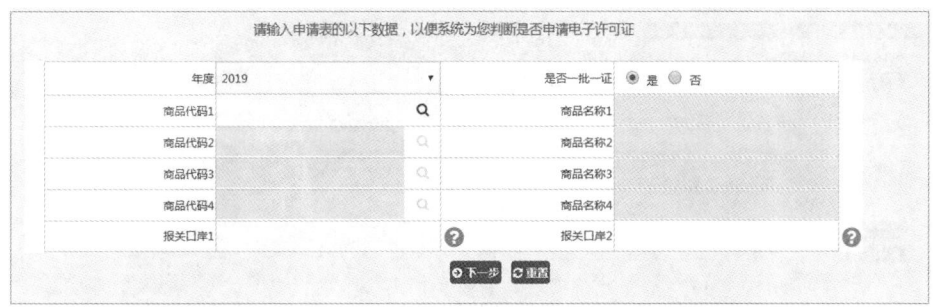

图 6-1　单证申请页面

是否"一批一证"、商品代码、报关口岸等选择完毕后，点击"下一步"按钮，根据商务部回执判断该商品是否可做电子版许可证信息，弹出提示窗口（见图 6-2）。

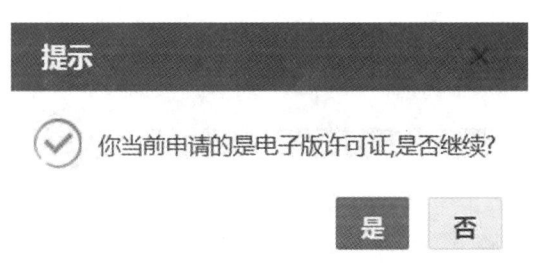

图 6-2　提示信息

点击"是"按钮，可显示单证申请录入界面（见图 6-3）。

国际贸易"单一窗口"：许可证件篇

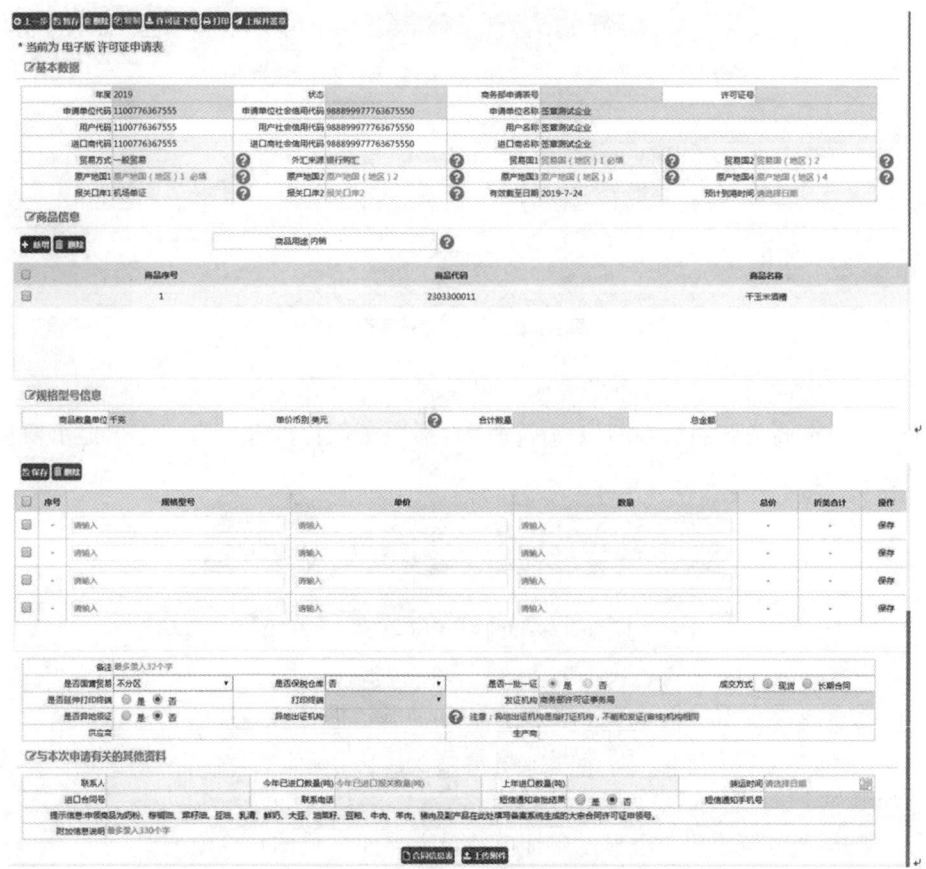

图 6-3　电子版许可证申请界面

（一）录入与暂存

点击界面上方蓝色按钮（见图 6-4 和图 6-5）所进行的操作，将影响当前单证申请的所有数据。

图 6-4　单证申请——普通商品操作按钮

图 6-5　单证申请——铁矿石类商品操作按钮

126

电子版许可证申请界面录入说明：

- 贸易方式、外汇来源、商品用途、单价币别字段：系统自动生成默认值，可修改。
- 有效截止日期字段：系统自动生成。

录入过程中，可通过点击界面顶部的"暂存"蓝色按钮，将当前正在录入的信息进行保存，以防数据丢失。

（二）合同表信息

申报信息录入完成后，输入合同号，点击录入界面下方"合同信息表"按钮，弹出界面（见图6-6），逐行添加信息，保存即可。

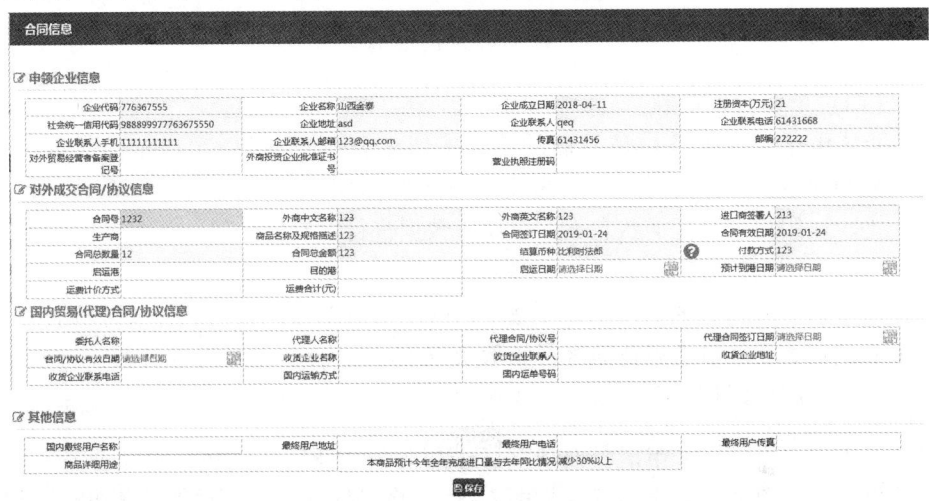

图6-6 合同信息表录入

💡 小提示

合同信息表录入界面中申领企业信息，第一次需手动录入，二次进入合同信息表时系统自动返填申领企业信息。

合同信息表录入界面，可以上下左右拖拽，录入合同信息时，一些字段内容可以参照申请表信息录入，可以复制粘贴字段内容。

（三）铁矿石合同信息

如商品为铁矿石类，点击左上角"铁矿石合同信息表"，弹出界面（见图6-7），逐行添加信息，点击"暂存"，保存相关信息。

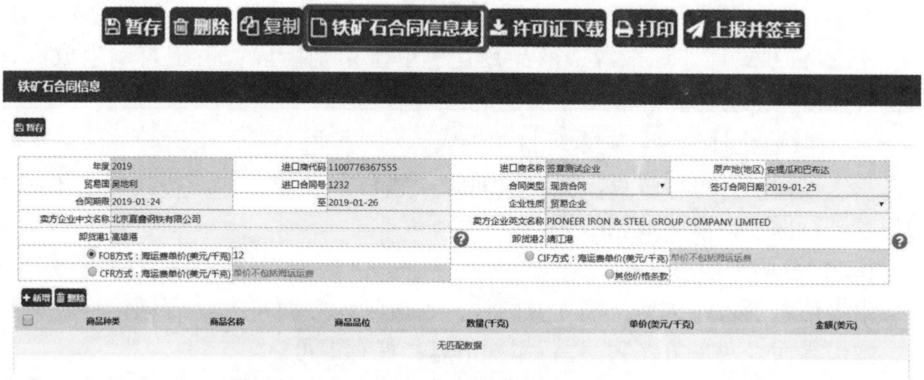

国际贸易"单一窗口":许可证件篇

图 6-7 铁矿石合同信息表录入

(四)申请单证复制

点击电子版许可证申请界面的蓝色按钮"复制",可弹出提示信息窗口,输入复制数量,再点击"确认"按钮,即复制成功。

提示:用户可对任何状态下的申请表数据进行复制操作。

(五)申请单证删除

点击电子版许可证申请界面的蓝色按钮"删除",可对暂存、已撤销、初审不通过状态下的申请表数据进行删除操作。

(六)申请单证打印

点击电子版许可证申请界面顶部 打印 蓝色按钮,系统将结合企业基本信息,显示企业单证申请表预览(见图6-8)。将鼠标移到界面顶部,菜单自动出现后,点击右上角  图标,根据当前浏览器的设置或打印机实际情况,进行打印即可。

自动进口许可证申请表

1. 申请进口单位：	2. 自动进口许可证申请表号：
	自动进口许可证号：
3. 申请单位经办人：	4. 自动进口许可证有效截止日期：2018-03-31
5. 进口用户：	6. 进口商：
7. 贸易方式：10 一般贸易	8. 贸易国：VG（地区）
	9. 外汇来源：1 人民币
10. 原产地国（地区）	11. 报关口岸：
12. 商品用途：1 自用	13. 预计到港时间：2018-03-31
14. 商品代码：	15. 商品名称：

16. 商品规格	17. 单位	18. 数量	19. 单价(CNY)	20. 总值(CNY)	21. 总值折美元
1	千克	100	1.23	123	18
33	千克	33	33	1089	159
22. 总计		133		截图(Alt + A) 177	

23. 备注 12	24. 签证机关审批 暂存
申领日期：	
申请盖章单位：	
中华人民共和国商务部监制	自动进口许可证联网申领系统2005版 制表

图 6-8　自动进口许可证申请表打印

（七）申请单证附件上传

仅申请电子版许可证时，有附件上传功能，企业可上传附件。

点击界面下方蓝色按钮 **上传附件** ，可弹出附件上传操作界面（见图 6-9）。

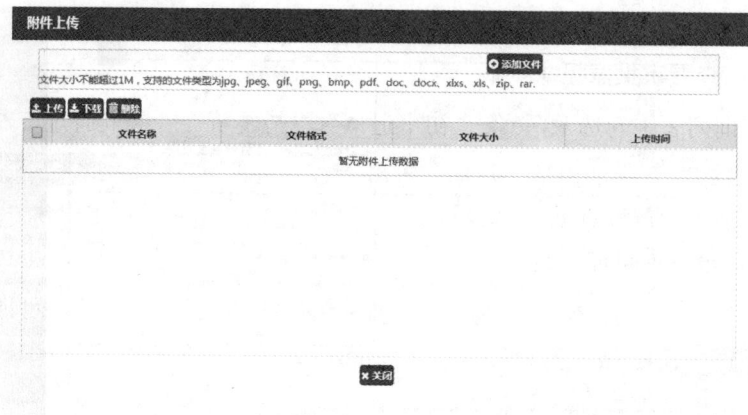

图6-9 附件上传页面

附件上传操作步骤：

（1）点击"添加文件"按钮、选择需要上传的附件信息；如果附件超过1M，上传附件的类型支持，会有相应错误提示信息。

（2）待步骤1完成后，可点击"上传"按钮，进行单据的上传操作。

（3）如果想查看附件的信息，勾选想下载的附件信息，点击"下载"按钮，对附件进行下载操作。

（4）勾选删除的数据，点击"删除"按钮，进行删除操作。

（八）申请单证上报

非机电单证电子版申请，录入完单证申请详细信息、合同表信息暂存并已将附件上传后，点击蓝色 上报并签章 按钮，此时单证状态暂存变为待初审，商务部返回申请表号，即完成上报（见图6-10）。

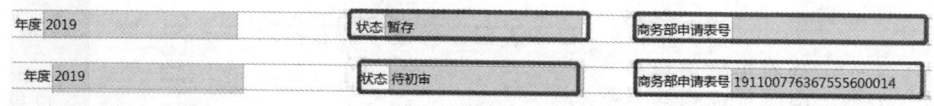

图6-10 申请单证上报

💡 **小提示**

当申请单证商品为铁矿石类时，界面上方显示蓝色 铁矿石合同信息表 按钮，点击铁矿石合同信息表按钮，将铁矿石合同信息录入完毕并暂存，如不录入铁矿石合同信息，系统自动提示，即无法完成上报。

（九）单证申请详细信息

界面中，灰色字段（如年度、状态、许可证号等）表示不允许录入或修改，系统将根据相应操作或步骤（如申报等）后自动返填。

部分字段（如申请进口单位代码、进口用户代码等），系统自动根据登录用户的信息自动获取企业相关数据。

部分字段（如贸易国、外汇来源、贸易方式等）须在参数中进行调取，不允许随意录入。

其他需手工录入的字段，请根据业务主管部门要求，如实填写相关内容。

三、重农信息备案

点击"重农信息备案"菜单进入重农信息备案录入页面（见图6-11），录入必填项数据后，点击"保存并上报"按钮，进行重农企业在商务部的备案操作。

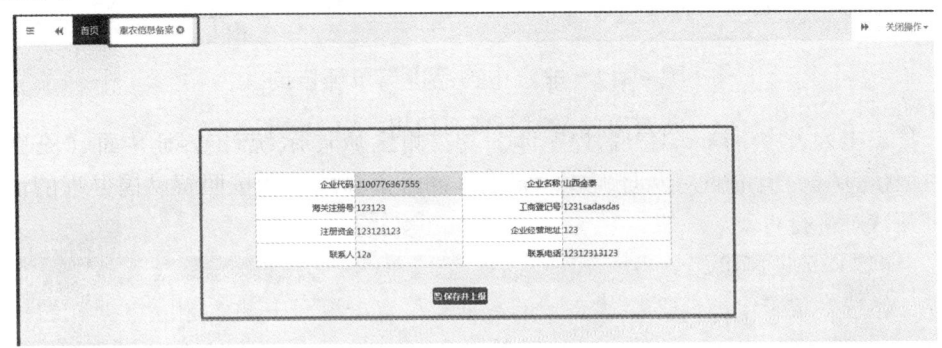

图6-11　重农信息备案录入界面

四、单证查询

提供非机电产品进口单证的详情查询、单证删除、单证撤销、单证申报等操作。

（一）单证查询

点击菜单"单证查询"，展示查询界面（见图6-12），同时系统根据用户当前的信息自动进行查询，并将查询结果显示在下方列表中，用户也可自定义输入查询条件并进行查询。点击"重置"蓝色按钮将清空查询条件，重新填写后查询。

国际贸易"单一窗口":许可证件篇

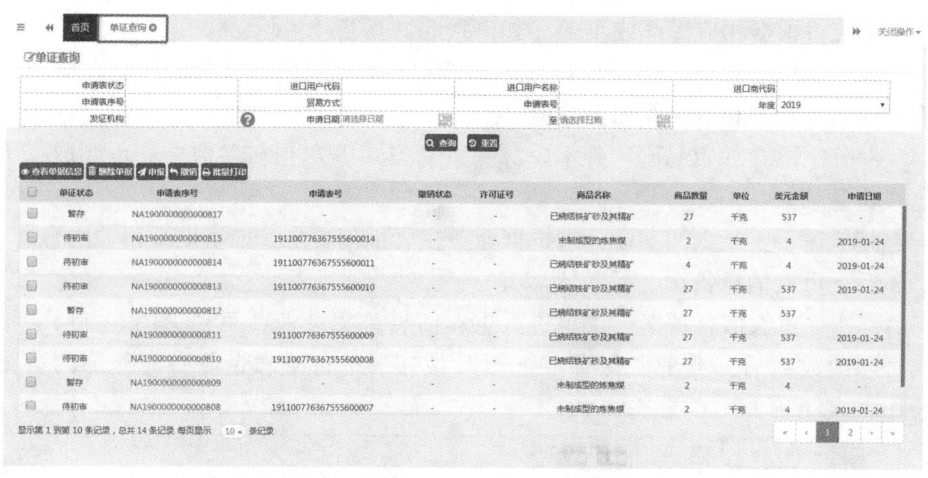

图 6-12 非机电产品进口单证查询

点击列表中申请单编号蓝色字体,或勾选任意记录,点击界面中部"查看单据信息"白色按钮,界面跳转至非机电许可证详细信息页面,可根据当前许可证状态进行查看或编辑等。

(二)单证删除

勾选多条未申报(暂存状态)的数据,可点击界面中部"删除单据"白色按钮,根据系统提示,将当前选中的数据进行(批量)删除,所选记录在列表中消失。删除的数据将不可恢复,需重新录入,请谨慎操作。

(三)单证撤销

勾选一条数据(待初审状态)可点击"撤销"白色按钮,进行单证的撤销操作。

(四)单证打印

勾选多条数据(任意单证状态)或单条数据,点击"批量打印",实现批量打印单证与单条单证打印功能。

(五)单证申报

勾选列表中多条未申报的数据,点击界面中部"申报"白色按钮,实现批量申报单证功能。

(六)单证申请审批状态查询

非机电提供单证审批状态查询功能,可勾选一条数据,点击"查看单据信息"或者直接点击申请表序号蓝色字体,进入单证详情页,页面上方显示"查询审批状态"蓝色按钮(见图6-13)。

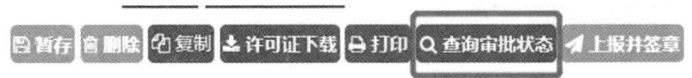

图 6-13 非机电产品进口查询详情页面

可点击蓝色按钮“查询审批状态”，对已上报的数据进行实时更新查询最新审批单证状态。

小提示

查询审批状态只可在单证状态为非暂存状态下进行查询。

五、统计查询

为用户提供单证统计查询功能。

点击菜单“统计查询”，展示统计查询界面（见图 6-14），用户可自定义查询条件进行查询。

说明：统计查询只可提供单证申请状态为“复审通过”数据的查询。

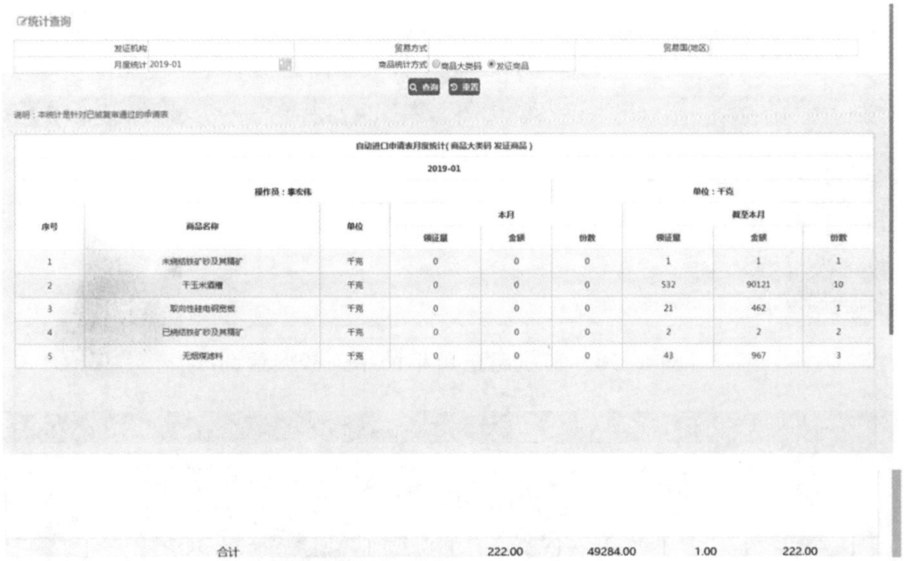

序号	商品名称	单位	本月			截至本月		
			领证量	金额	份数	领证量	金额	份数
1	未烧结铁矿砂及其精矿	千克	0	0	0	1	1	1
2	干玉米酒糟	千克	0	0	0	532	90121	10
3	取向性硅电钢宽板	千克	0	0	0	21	462	1
4	已烧结铁矿砂及其精矿	千克	0	0	0	2	2	2
5	无烟煤滤料	千克	0	0	0	43	967	3

合计	222.00	49284.00	1.00	222.00

图 6-14 统计查询

六、海关状态查询

可查询商务部审批通过的单证是否成功发往海关。

点击菜单“海关状态查询”，展示海关状态查询界面（见图 6-15），用户可自定义查询条件进行查询。

说明：海关状态查询只可提供单证状态为“复审通过”与“已打印或生成

电子许可证”数据的查询。

序号	申请表序号	许可证号	商品名称	单证状态	申请日期	海关状态
1	NA1800000000000636	18AANW0040	未烧结铁矿砂及其精矿	已打印或生成电子许可证	2018-07-17	-
2	NA1800000000000427	18AANW0031	干玉米酒糟	已打印或生成电子许可证	2018-05-29	海关入库成功
3	NA1800000000000426	18AANW0030	已烧结铁矿砂及其精矿	已打印或生成电子许可证	2018-05-29	海关入库失败
4	NA1800000000000338	18AANW0028	无烟煤滤料	已打印或生成电子许可证	2018-05-17	发往海关失败
5	NA1800000000000336	18AANW0029	干玉米酒糟	已打印或生成电子许可证	2018-05-17	暂未到达海关
6	NA1800000000000332	18AANW0027	已烧结铁矿砂及其精矿	已打印或生成电子许可证	2018-05-17	海关入库成功
7	NA1800000000000148	18AANW0021	取向性硅电钢宽板	已打印或生成电子许可证	2018-04-19	海关入库成功
8	NA1800000000000146	18AANW0022	无烟煤滤料	已打印或生成电子许可证	2018-04-19	-
9	NA1800000000000145	18AANW0023	无烟煤滤料	已打印或生成电子许可证	2018-04-19	海关入库成功
10	NA1800000000000102	18AANW0032	干玉米酒糟	复审通过	-	暂未到达海关

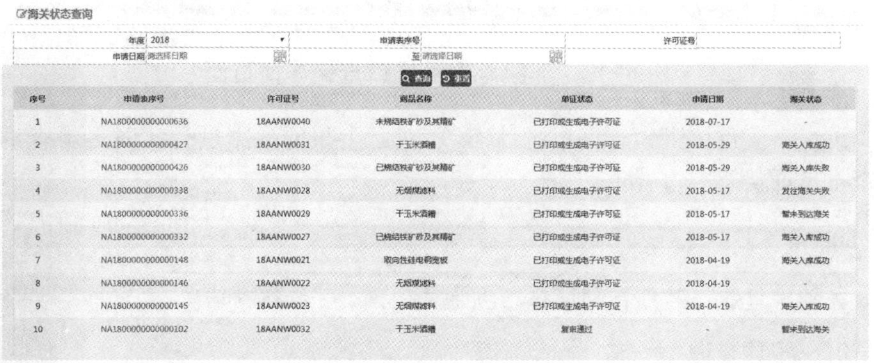

图 6-15　海关状态查询

七、结关数据查询

为用户提供查询使用单证并结关的报关单数据。

点击左侧菜单中“结关数据查询”，右侧区域展示结关数据查询界面（见图 6-16），可根据许可证号进行查询，查询列表默认显示所有使用单证并已结关的报关单数据，点击“报关单号”，进入报关单商品明细界面（见图 6-17）。

序号	报关单号	许可证号	经营单位	货主单位	贸易国（地区）	申报口岸	提运单号码	境内目的地	合同号	件数	进出口日期
1	010120151000000002	18AANW0010	中国重型机械总公司1	中国重型机械总公司	沙特阿拉伯	京机场关	test001	海淀区其他	test-001	1	2015-11-11
2	010120151000000005	18AANW0018	中国重型机械总公司3	中国重型机械总公司	沙特阿拉伯	京机场关	test001	海淀区其他	test-001	1	2015-11-11
3	010120151000000004	18AANW0019	中国重型机械总公司3	中国重型机械总公司	沙特阿拉伯	京机场关	test001	海淀区其他	test-001	1	2015-11-11
4	010120151000000003	18AANW0011	中国重型机械总公司2	中国重型机械总公司	沙特阿拉伯	京机场关	test001	海淀区其他	test-001	1	2015-11-11

图 6-16　非机电进口单证结关数据查询

序号	许可证号	商品编号	商品名称	规格型号	数量	单位	申报单价	成交币制
1	18AANW0011	2711210000	天然气	111	20	千克	20000	美元

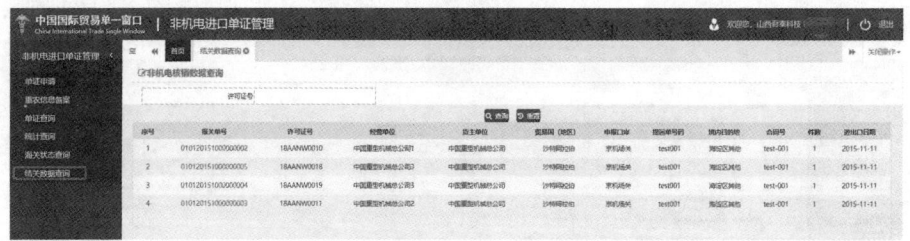

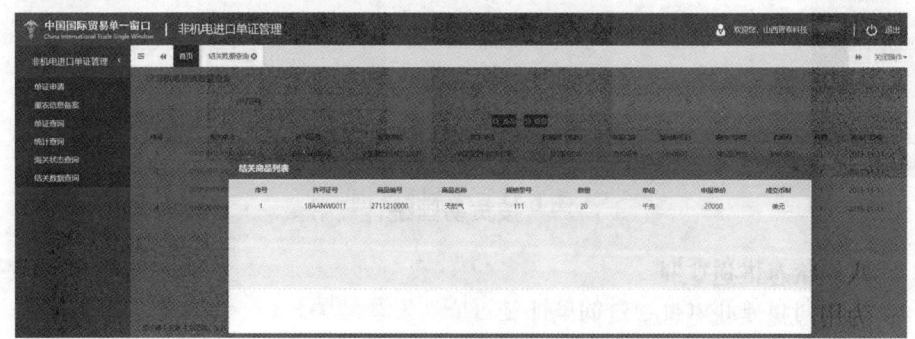

图 6-17　报关单商品明细

八、历史数据查询

企业可在"单一窗口"查询所有已发往海关的证书,包括以前在商务部系统申报过的证书。点击"历史数据查询"菜单,展示右侧区域(见图 6-18),输入许可证号可查询许可证信息。

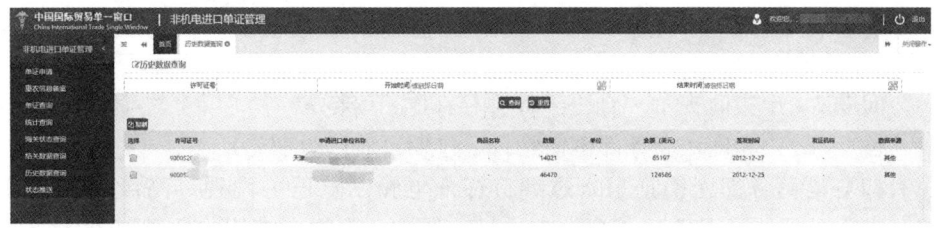

图 6-18　许可证历史数据查询

九、状态推送

点击左侧"状态推送"菜单,展示右侧区域(见图 6-19),选择推送方式、订阅方式,勾选订阅证件,点击"订阅"按钮,即可完成证件状态订阅,订阅成功后,"单一窗口"将通过短信或微信方式第一时间将审批结果告知用户。

图 6-19　状态推送

十、客户端导入

使用"单一窗口"导入客户端,可将企业 ERP 系统中的数据自动导入到系统中,避免了重复录入,同时可实现商务部审批结果转发到企业 ERP 系统中的功能。

"单一窗口"导入客户端使用操作手册下载地址为 http://www.singlewindow.cn/xzlm/4663.jhtml。

第三节　常见问题

问题1　提交单证申请时，界面弹出提示"进口用户不存在"，怎么办？
答　请联系发证机构添加进口用户代码和名称。

问题2　申报时提示"证书下标不存在"，怎么办？
答　（1）先确认商务部密钥是否已过期，若已过期先延期。
（2）若商务部密钥证书未过期，打开电脑浏览器→设置→高级→管理证书，查看显示的证书日期是否过期，若已过期，先拔出密钥，把浏览器中过期的证书删除，然后重启电子口岸卡控件，再插入商务部密钥重新登录。
（3）以上两步操作完成后若还无法提交申请，再检查电子口岸卡控件，需要使用最新版本控件。

问题3　单证申请时提示"发证机构查询无数据"，怎么办？
答　请联系发证机构进行企业信息备案。

第七章　有毒化学品进出口环境管理放行通知单

第一节　业务简介

有毒化学品进出口环境管理放行通知单，是指国家环境保护部门依法对纳入《中国严格限制进出口的有毒化学品目录》管理的化学品实施进出口环境管理，签发准予有关化学品进出口的许可证件，监管证件代码为"X"。有毒化学品进出口环境管理放行通知单已实现联网核查，企业使用通知单报关时应在报关单"随附单证"代码栏填报监管证件代码"X"，在编号栏填报通知单编号。

"单一窗口"标准版有毒化学品进出口环境管理放行通知单申请系统，涵盖进口放行通知单申请、出口放行通知单申请和查询模块，实现企业通过"单一窗口"一点接入、提交满足生态环境部要求的申请信息，生态环境部按照确定的规则进行审核，并将审核结果通过"单一窗口"统一反馈，便于企业查询。

一、适用范围

（1）纳入《中国严格限制进出口的有毒化学品目录》管理的化学品详见环境保护部、海关总署公告〔2010〕101号。

（2）食品添加剂、医药、兽药、化妆品、放射性物质不列入本管理范围。

（3）纳入《禁止进口货物目录》和《禁止出口货物目录》的有毒化学品详见商务部、海关总署、国家环境保护总局公告〔2005〕116号。

二、管理规定

有毒化学品进出口环境管理放行通知单实行"一批一证"制，每份通知单在有效期内只能报关使用一次。

第二节　基本操作

因相关业务数据有严格的填制规范，如在系统录入数据的过程中，字段右侧弹出红色提示，代表用户当前录入的数据有误，需根据要求重新录入。

灰色字段表示不允许录入，系统自动返填，或根据企业备案的相关信息进行返填。

界面中黄色底色的录入框字段为必填项，务必填写。

国际贸易"单一窗口":许可证件篇

界面中的 ❓ 图标,鼠标放上去,系统会提示录入说明。

界面中部分字段右侧带有三角形图标,表示该类字段需要在参数中进行调取,不允许用户随意录入。直接点击三角形图标,调出下拉菜单并在其中进行选择,也可将光标置于字段中,系统自动显示下拉菜单。如果用户已经知道相关参数的代码,也可直接输入相应数字、字母或汉字,迅速调出参数,使用上下箭头选择后,点击回车键确认录入。

一、进口通知单申请

为用户提供向生态环境部进行进口通知单申请数据的录入、暂存、删除、申报等功能。点击菜单"进口通知单申请",显示页面(见图7-1)。

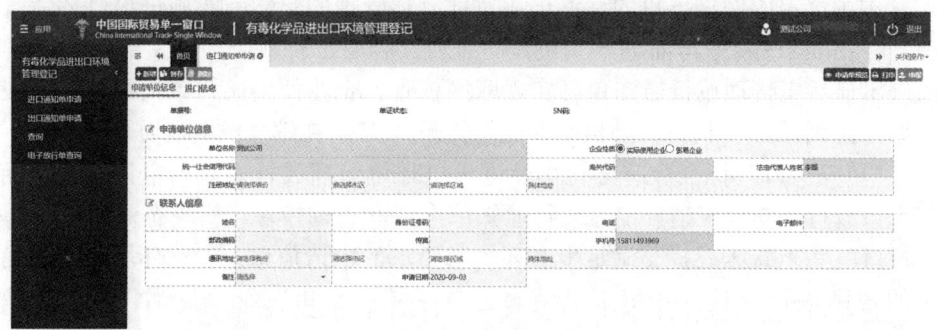

图7-1 进口通知单申请界面

(一)录入与申报

点击界面上方蓝色按钮(见图7-2)所进行的操作,将影响当前通知单申请的所有数据。

图7-2 通知单申请——操作按钮

1. 申请单位信息

用户在申请单位信息所示界面依次录入申请单位信息、联系人信息,选择企业性质(见图7-3),若选择企业性质为"贸易企业",系统新增显示"实际使用企业信息"页签,需要填写(见图7-4)。

第七章 有毒化学品进出口环境管理放行通知单

图 7-3 申请单位信息

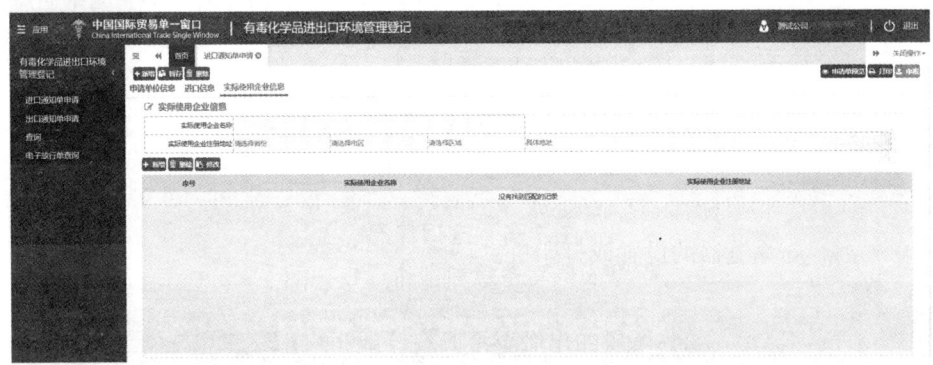

图 7-4 填写实际使用企业信息

💡小提示

在申请单位基本信息界面中，单据号、单证状态、SN 号为系统自动生成。

录入过程中，可通过点击界面顶部的蓝色"暂存"按钮，将当前正在录入的信息进行保存，以防数据丢失。

实际使用企业信息录入完成后，点击列表中"新增"按钮，新增成功后，实际使用企业信息列表新增一条企业信息（见图 7-5），可以删除和修改。

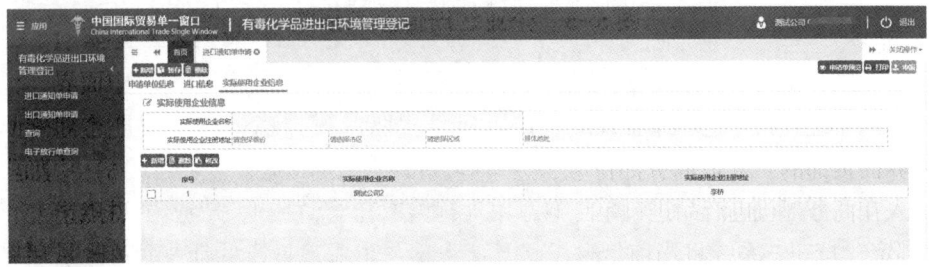

图 7-5 实际使用企业信息列表

2. 进口信息

点击"进口信息"页签（见图7-6），依次录入中文化学名称、商品编码等信息，点击列表中"新增"按钮，系统弹出界面（见图7-7），用户录入详细信息，数据录入完成后点击"保存"按钮，对数据进行保存操作，保存成功后列表新增一条进口信息（见图7-8），可以删除和修改。

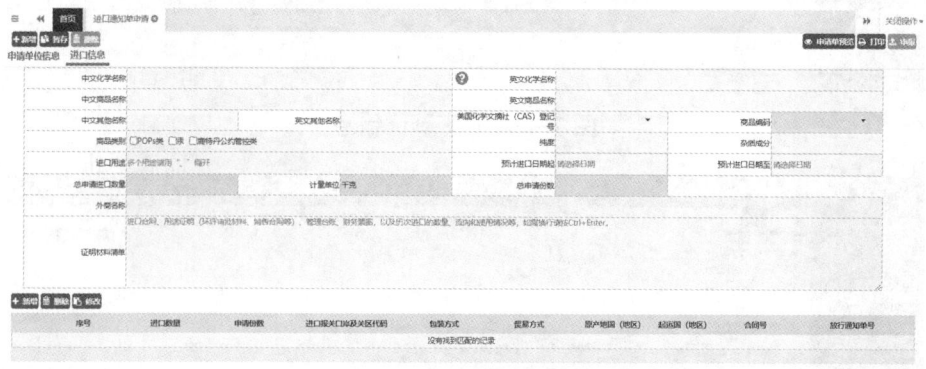

图7-6 进口信息

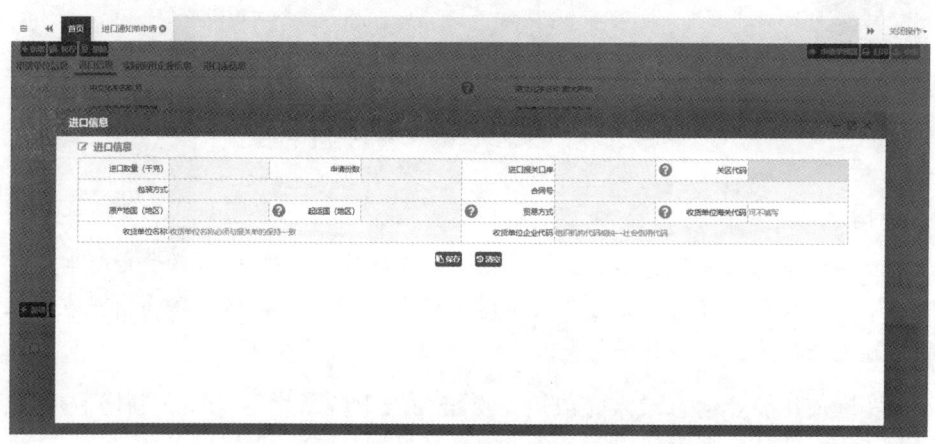

图7-7 进口信息详细信息

第七章 有毒化学品进出口环境管理放行通知单

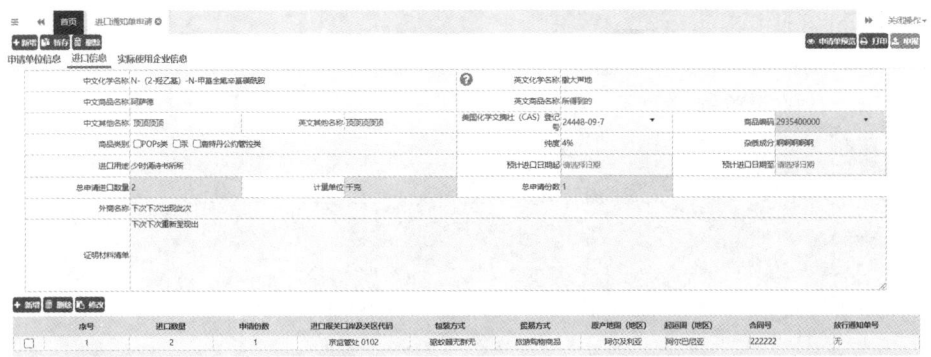

图 7-8 进口信息列表信息

进口信息界面中，如用户选择的商品是汞，界面新增进口汞信息页签（见图 7-9），点击"进口汞信息"页签，用户需补全进口汞信息（见图 7-10），在界面中添加汞用途和汞来源信息。

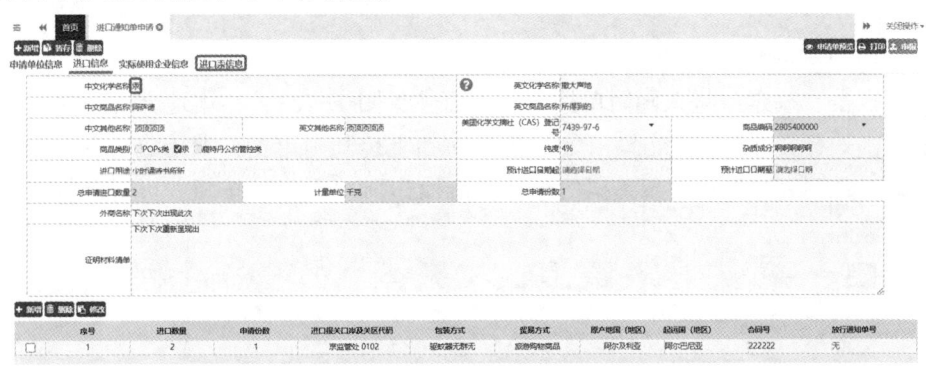

图 7-9 选择汞信息

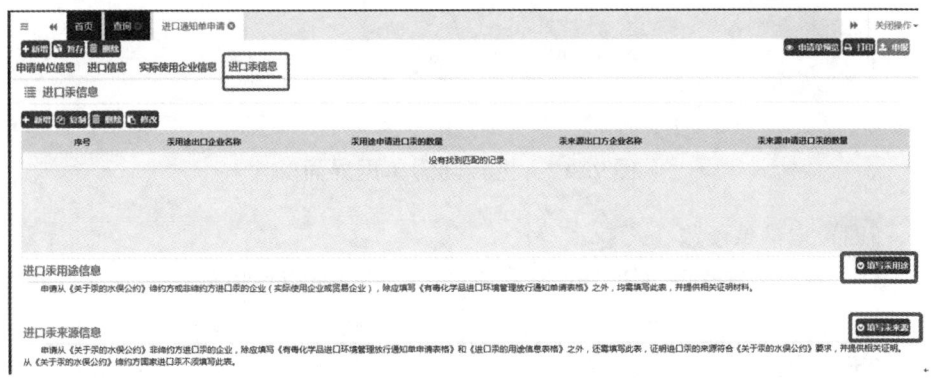

图 7-10 进口汞信息录入

国际贸易"单一窗口":许可证件篇

（二）打印

申请单位信息、进口信息录入完成后，点击"打印"按钮，系统生成 N 码并提示上传随附单据（见图7-11）。

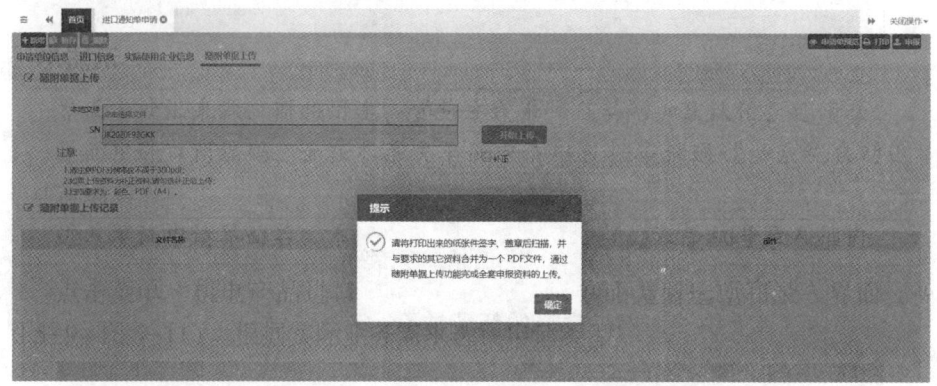

图7-11 上传随附单据提示

（三）随附单据上传

点击"确定"进入随附单据上传界面（见图7-12），在本地文件黄色录入框点击选择文件后，点击"开始上传"按钮上传随附单据，上传成功后，随附单据上传列表中增加一条单据信息，点击操作列"删除"按钮，可对单据信息进行删除。

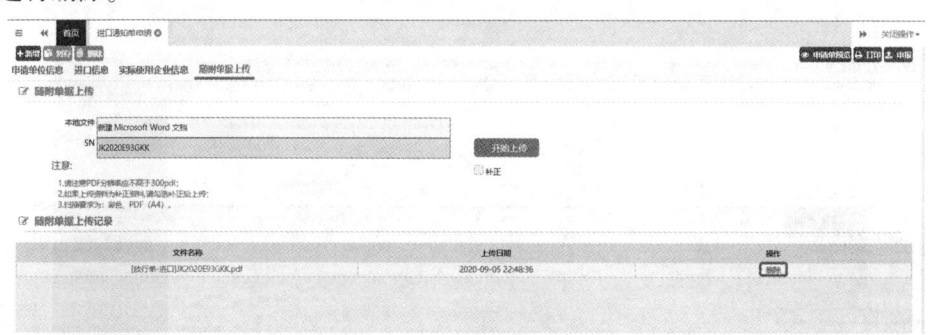

图7-12 上传随附单据界面

（四）申请单预览

点击界面上方蓝色按钮"申请单预览"，可查看申请单样式，便利企业查看申请单信息且系统根据录入的数据进行逻辑规范与必填项校验。

（五）申报

预览无误后，点击"申报"按钮，此时通知单状态从"已打印未申报"变为"已申报"，即完成申报，系统将数据提交至生态环境部系统，等待审批。

第七章　有毒化学品进出口环境管理放行通知单

二、出口通知单申请

为用户提供出口通知单申请数据的录入、暂存、删除、申报等功能。

（一）录入与暂存

点击菜单栏"出口通知单申请"，显示出口通知单申请页面（见图7-13）。

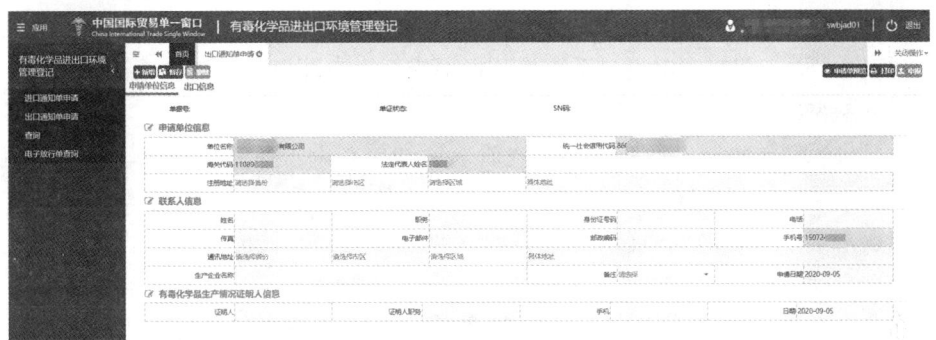

图7-13　出口通知单申请界面

1. 申请单位信息

在出口通知单申请界面依次录入申请单位信息，录入规则同进口通知单申请。

2. 出口信息

点击"出口信息"页签，录入出口信息（见图7-14），录入规则同进口通知单。

图7-14　出口信息

（二）打印

申请单位信息、出口信息录入完成后，点击"打印"，系统生成SN码并提示上传随附单据。

（三）随附单据上传

操作同进口通知单——随附单据上传。

（四）申请单预览

点击界面上方蓝色按钮"申请单预览"，可查看申请单样式，便利企业查看申请单信息且系统根据录入的数据进行逻辑规范与必填项校验。

（五）申报

预览无误后，点击"申报"按钮，此时通知单状态从"已打印未申报"变为"已申报"，即完成申报，系统将数据提交至生态环境部系统，等待审批。

三、查询

提供通知单复制、通知单详情查看、通知单查询、通知单修改、通知单删除、通知单申报、通知单打印、通知单附件上传、查看通知等功能。

点击菜单"查询"，展示查询界面（见图 7-15），同时系统根据用户当前的信息自动进行查询，并将查询结果显示在下方列表中，用户也可自定义输入查询条件并进行查询。点击"重置"蓝色按钮将清空查询条件，重新填写后查询。

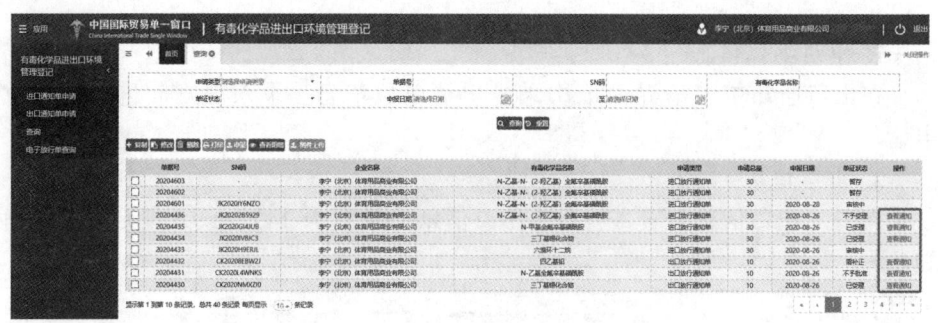

图 7-15　通知单查询界面

勾选一条任意状态的通知单，点击"复制"按钮，界面跳转至通知单详情页面，点击"暂存"按钮可对该通知单进行复制。

勾选一条暂存状态的通知单，点击"修改"按钮，界面跳转至通知单详情页面，可对该通知单进行修改。

勾选一条暂存状态的通知单，点击"删除"按钮，可对该通知单进行删除。

勾选一条（除暂存状态）任意状态的通知单，点击"打印"按钮，可对该通知单进行打印。

勾选一条已打印未申报状态的通知单，点击"申报"按钮，可对该通知单进行申报。

勾选一条任意状态的通知单，点击"查看明细"按钮，界面跳转至通知单详情页。

第七章　有毒化学品进出口环境管理放行通知单

勾选一条已打印未申报状态的通知单，点击"附件上传"按钮，界面跳转至随附单据上传界面，可对该通知单进行附件上传。

点击列表最后一列蓝色文字，可下载打印审批部门出具的带有印章的 4 类书面凭证，包括受理通知、不予受理通知、补正通知和不予许可决定书，用户无须现场或邮寄领取书面凭证。

四、电子放行单查询

生态环境部审批人员审批通过后，用户可点击电子放行单查询下载界面（见图 7-16）左侧"电子放行单查询"菜单，进入查询界面查询所有已批准的数据，用户选中一条或多条数据，点击"打印电子放行单"按钮，可自行下载打印带有印章的电子放行通知单，用户无须现场或邮寄领取纸质放行通知单。

图 7-16　电子放行单查询下载界面

第八章 进口广播电影电视节目带（片）提取单申请

第一节 业务简介

境内广播电台、电视台、有线广播电视台、教育电视台、中国电影集团公司、中国电影资料馆及广播电视节目制作经营机构（以下简称"进口单位"）从外及港、澳、台地区进口广播电视节目、电影片、资料带等，需要向国家广播电视总局或国家电影局申请进口广播电影电视节目带（片）提取单，并向海关办理报关手续，进口广播电影电视节目带（片）提取单监管代码为"b"。提取单已实现联网核查，企业使用提取单报关时应在报关单"随附单证"代码栏填报监管证件代码"b"，在编号栏填报提取单编号。

进口广播电影电视节目带（片）提取单管理商品详见海关总署、国家电影局、国家广播电视总局发布的年度进口广播电影电视节目带（片）提取单管理货物目录。

"单一窗口"进口广播电影电视节目带（片）提取单申请系统，涵盖国家广播电视总局和国家电影局的进口广播电影电视节目带（片）提取单申请和查询功能，实现企业通过"单一窗口"一点接入、提交满足管理部门（国家广播电视总局、国家电影局）要求的申请信息，管理部门按照相关规定进行审核，并将审批结果通过"单一窗口"统一反馈，便于企业查询。

一、管理规定

进口广播电影电视节目带（片）提取单为"一批一证"，不得多次使用。

二、业务简介

（一）提取单申请

企业可在提取单申请界面录入申请信息，提交至相应的审核部门进行审核。

（二）查询

企业可在查询菜单中查询申请单的状态、查看提取单编号、查看审核意见和海关同步状态，也可对申请单进行删除、复制和撤回操作。

第八章　进口广播电影电视节目带（片）提取单申请

第二节　基本操作

因相关业务数据有严格的填制规范，如在系统录入数据的过程中，字段右侧弹出红色提示，代表用户当前录入的数据有误，需根据要求重新录入。

灰色字段表示不允许录入，系统自动返填，或根据企业备案的相关信息进行返填。

界面中黄色底色的录入框字段为必填项，务必填写。

界面中的 图标，鼠标放上去，系统会提示录入说明。

界面中部分字段右侧带有三角形图标，表示该类字段需要在参数中进行调取，不允许用户随意录入。直接点击三角形图标，调出下拉菜单并在其中进行选择，也可将光标置于字段中，系统自动显示下拉菜单。如果用户已经知道相关参数的代码，也可直接输入相应数字、字母或汉字，迅速调出参数，使用上下箭头选择后，点击回车键确认录入。

一、提取单申请

提取单申请实现提取单的新增、暂存、删除、申报功能。企业可自行录入提取单申请数据并提交申报，申报成功后系统向审批端发送提取单申请信息。审批端审核接收提取单申请数据后进行审核。

企业点击"提取单申请"菜单，显示提取单信息录入界面（见图8-1），录入基本信息和载体信息。

图8-1　提取单申请

(一) 操作按钮说明

- 新建：点击后用户可以创建一份新的提取单申请。

- 暂存：点击对当前录入信息进行暂存，根据业务类型在暂存时如有必填项未录入，会有相关提示。
- 申报：点击后向选择的审核部门申报当前提取单数据。
- 删除：用户可对暂存状态的提取单数据进行删除操作。删除的数据将不可恢复，需重新录入，请谨慎操作。
- 清空：清空界面输入的载体信息。
- 保存：点击对当前录入的载体信息进行保存，根据业务类型在暂存时如有必填项未录入，会有相关提示。

(二) 录入字段说明

1. 提取地点

(1) 可在输入框中点击空格键，在显示的下拉框中（见图8-2）自行选择。

(2) 如果下拉框中没有找到，可直接输入中文名称或代码搜索，在显示的下拉框中（见图8-3）选择。

图8-2　提取地点下拉菜单

图8-3　提取地点模糊搜索

2. 审核部门

(1) 可在输入框中点击空格键，在显示的下拉框中（见图8-4）自行选择。

（2）如果下拉框中没有找到，可直接输入中文名称或代码搜索，在显示的下拉框中（见图 8-5）选择。

图 8-4　审核部门下拉菜单

图 8-5　审核部门模糊搜索

（3）01 开头的审核部门为国家广播电视总局及地方广电局，30 开头的审核部门为国家电影局，用户需按实际需求选择审核部门。

各字段录入说明如下。
- 申请单号：点击暂存后返填至该字段，无法手动输入或修改。
- 提取单号：审批端审核通过后返填至该字段，无法手动输入或修改。
- 申请单位名称：用户登录后自动返填该字段。
- 申请单位统一社会信用代码：用户登录后自动返填该字段。
- 数量：小数点前最多输入 14 位，小数点后最多精确到 5 位。

二、查询

提供提取单申请查询、复制、撤回、删除等功能。

（一）查询

点击左侧"查询"菜单，显示查询主界面（见图 8-6），用户可在查询条件中输入申请单号或片目等查询条件，并点击蓝色"查询"按钮，系统将符合条件的数据显示在下方列表中，显示申请单状态和海关同步状态。

国际贸易"单一窗口": 许可证件篇

图 8-6　查询

在显示的查询结果中，点击蓝色"申请单号"字段，界面将会跳转到提取单申请详情界面，可根据当前许可证状态进行查看或修改等。

💡 **小提示**

如不输入查询条件，系统默认显示所有符合条件的提取单。

（二）复制

任何状态的申请单均可以复制，点击"复制"，界面跳转至录入界面，将复制的信息显示在录入界面，用户只需修改部分信息后即可提交申报。

（三）撤回

点击"撤回"按钮可以将待审核状态的数据撤回，撤回后状态变为暂存，用户可以修改后再申报。

（四）删除

仅暂存状态可以删除，不支持批量删除。删除的数据将不可恢复，需重新录入，请谨慎操作。

（五）查看状态和提取单编号

申请单状态：包括暂存、待审核、审核通过/审核不通过。

海关同步状态：查询界面中数据海关同步状态为"海关接收成功"时，企业可使用该条数据的提取单编号进行报关，将提取单编号填在报关单随附单证栏中。

查看提取单编号：当审核部门审核通过后，系统自动生成提取单编号，企业可在查询列表中查看。

三、监管证件联网状态查询

企业无须登录系统也可查询提取单联网状态，即是否已发往海关，对"海关接收成功"状态的提取单，企业可安排报关。

"单一窗口"提供两种查询方式：网页端公共查询服务和微信小程序公共查询服务。

（一）网页端公共查询服务

企业可在单一窗口门户网站的右下角点击"查询统计"功能链接，进入查询统计界面。

在选择查询统计类型界面（见图8-7）选择"许可证联网状态"查询功能，进入界面（见图8-8），选择部委和证件后，输入证书号和验证码，点击"查询"按钮，可查询该证书的联网状态。

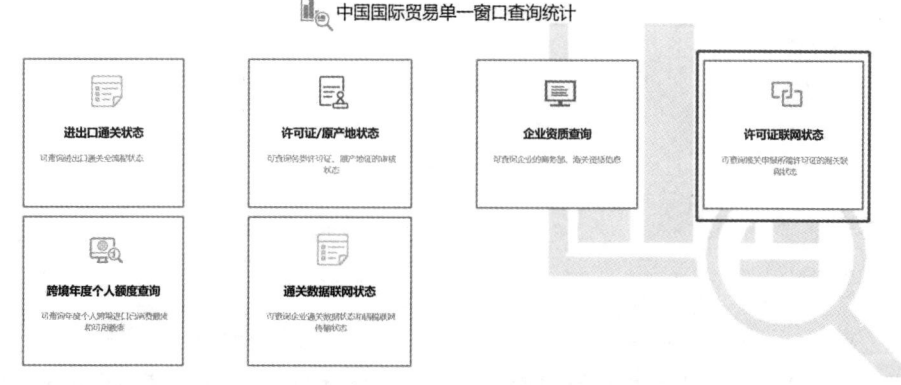

图8-7 选择查询统计类型

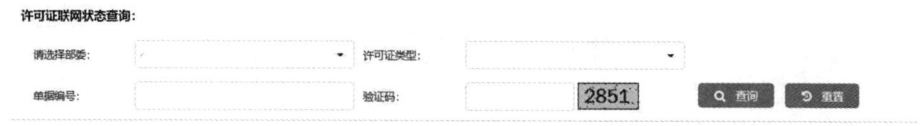

图8-8 选择部委和许可证类型

（二）微信小程序公共查询服务

企业可在微信小程序中搜索"掌上单一窗口"（见图8-9），点击"监管证件联网核查传输状态查询"功能，选择部委类别和监管证件类别，输入证书号后点击"查询"按钮，可查询证书电子数据是否已发往海关（见图8-10）。

企业也可通过公众号"中国国际贸易单一窗口"的"业务查询"—"通关状态"，进入通关状态查询界面，选择"监管证件联网核查传输状态查询"功能。

国际贸易"单一窗口":许可证件篇

图 8-9 掌上单一窗口主界面

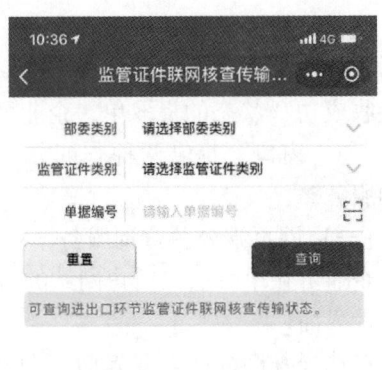

图 8-10 掌上单一窗口许可证申请状态查询

第三节 常见问题

问题 如何使用提取单报关呢?

答 请按照进口报关单中提示操作(见图 8-11),在报关单随附单证编码中选择"b",然后在随附单证编号栏内录入提取单编号,敲击回车键。提取单编号可在查询界面中查看。

第八章　进口广播电影电视节目带（片）提取单申请

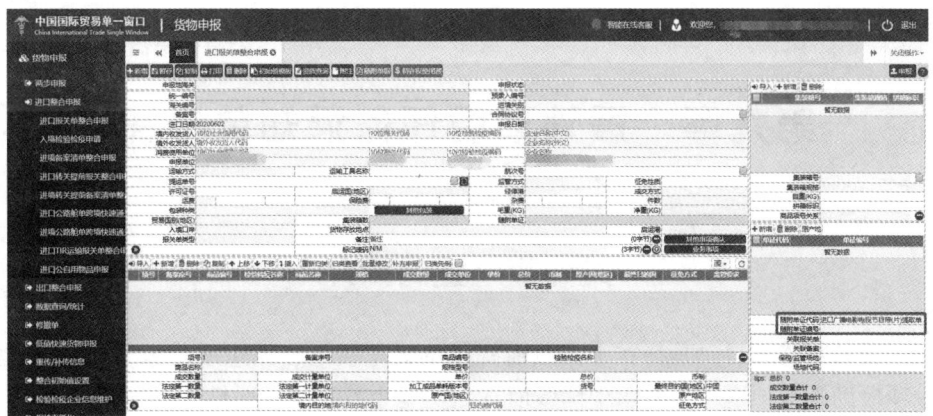

图8-11　进口报关单

💡 小提示

1. 一份报关单应只能填写一个进口广播电影电视节目带（片）提取单编号，一个提取单编号只能使用一次。

2. 提取单上的提取地点需要与报关单上进境关别前两位一致，否则将退单。

3. 提取单上进口单位统一社会信用代码应与报关单上的境外发货人或境内收货人或消费使用单位其中一个单位一致，否则将退单。

第九章 援外项目任务通知单申请

第一节 业务简介

援外物资项目，是指在中国政府提供的无偿援助、无息或低息贷款和其他专项援助资金项下，主要由中国政府选定实施企业采购一般性生产、生活物资、技术性产品或单项设备，必要时承担相应安装、调试、操作指导和培训等配套技术服务任务的援助项目。企业出口援外物资项目项下的物资时，需要先取得商务部签发的援外项目任务通知函（商务部为加强对外援助物资项目的管理准予出口的批准文件），企业凭援外项目任务通知函在"单一窗口"申请援外项目任务通知单，获取援外项目任务通知单号，目前援外项目任务通知单已实现联网核查，企业在出口援外物资报关时应在报关单"随附单据"代码栏填报监管证件代码"d"，在编号栏填报援外项目任务通知单号。

"单一窗口"标准版援外项目任务通知单申请系统，包括两类通知单申请，分别为援外物资类通知单和援外工程类通知单申请，涵盖提取单申请和查询模块，实现企业通过"单一窗口"一点接入、提交商务部要求的申请信息，商务部按照确定的规则进行审核，并将审核结果通过"单一窗口"统一反馈，便于企业查询。

一、管理规定

援外物资项目供应的各种物资，免领出口许可证。

援外项目任务通知单为"非一批一证"，每份通知单在有效期内可多次报关。

二、功能简介

（一）通知单申请

从事对外援助项目的工程总承包企业和技术援助项目实施企业可在"单一窗口"申请援外项目任务通知单（工程类），此类申请由商务部（国际经济合作事务局）进行审核。

从事对外援助项目的物资总承包企业和技术援助项目实施企业可在"单一窗口"申请援外项目任务通知单（物资类），此类申请由商务部（中国国际经济技术交流中心）进行审核。

企业选择通知单类型（工程类/物资类）后，可在通知单申请界面录入申请信息、导入商品信息表格、上传附件、选择审核处室后提交通知单申请至审核部门进行审核。

小提示

援外物资类涉密项目无须使用本系统提交申请，仍采用现有流程申请通知单并报关。

（二）查询

企业可在查询菜单中查询申请单的状态、审核意见、通知单编号，也可对申请单进行删除和申报操作。

第二节　基本操作

因相关业务数据有严格的填制规范，如在系统录入数据的过程中，字段右侧弹出红色提示，代表用户当前录入的数据有误，需根据要求重新录入。

灰色字段表示不允许录入，系统自动返填，或根据企业备案的相关信息进行返填。

界面中黄色底色的录入框字段为必填项，务必填写。

界面中的 ❓ 图标，鼠标放上去，系统会提示录入说明。

界面中部分字段右侧带有三角形图标，表示该类字段需要在参数中进行调取，不允许用户随意录入。直接点击三角形图标，调出下拉菜单并在其中进行选择，也可将光标置于字段中，系统自动显示下拉菜单。如果用户已经知道相关参数的代码，也可直接输入相应数字、字母或汉字，迅速调出参数，使用上下箭头选择后，点击回车键确认录入。

一、通知单申请

为用户提供向商务部进行企业通知单申请各类数据的录入、导入商品信息、暂存、删除、申报、上传附件等功能。

用户进入系统可在首页查看申请注意事项（见图 9-1）。

国际贸易"单一窗口":许可证件篇

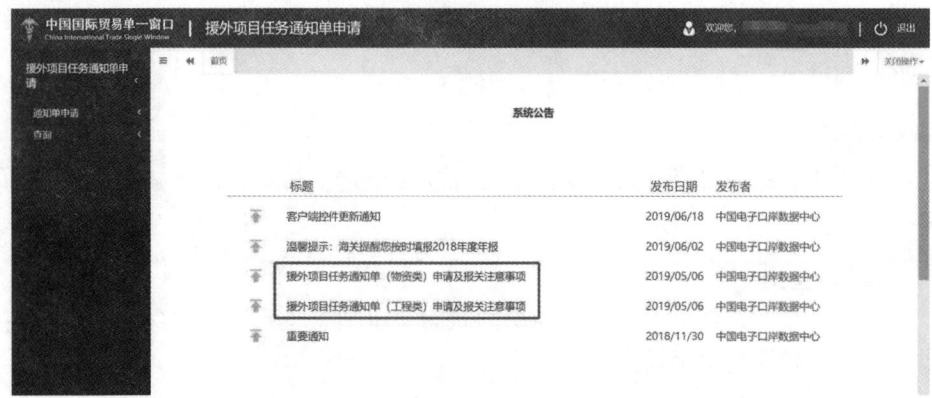

图 9-1　首页

点击左侧"援外项目任务通知单申请",在展开的菜单中点击"通知单申请",显示选择通知单类型(见图 9-2)。企业选择"工程类通知单",界面显示见图 9-3,企业选择"物资类通知单",界面显示见图 9-4。

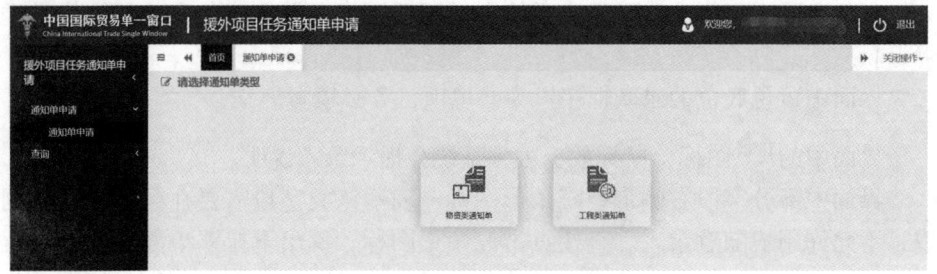

图 9-2　选择通知单类型

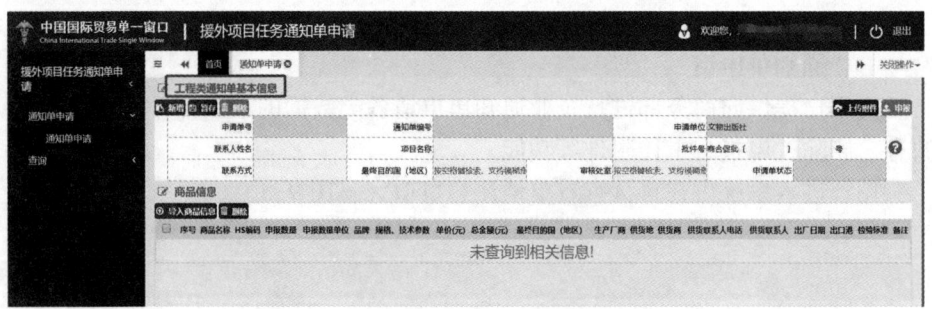

图 9-3　工程类通知单申请界面

第九章 援外项目任务通知单申请

图9-4 物资类通知单申请界面

操作按钮说明如下。

• 新建：点击后系统自动清空界面数据，用户可以创建一份新的申请。

• 暂存：点击对当前录入信息进行暂存，根据业务类型在暂存时如有必填项未录入，会有相关提示。

• 删除：用户可对暂存状态的数据进行删除操作。删除的数据将不可恢复，需重新录入，请谨慎操作。

• 申报：点击后向选择的审核部门申报当前数据，申报成功后申请单状态由暂存变为待审核。

1. 基本信息

企业依次录入通知单申请基本信息，黄色框为必填项。

录入字段说明如下。

• 申请单号：点击暂存后系统自动返填，不允许手动输入或修改。

• 通知单编号：审批端审核通过后自动返填，不允许手动输入或修改。

• 申请单位：用户登录后自动返填。

• 批件号：用户参照纸质批件填写批件号，输入年份和序号。

• 运输方式、最终目的国（地区）、审核处室：将光标置于录入框中，点击空格键或者点击三角形图标，在显示的下拉列表中自行选择，也可输入已知的相应数字、字母或汉字，实现模糊查询，迅速调出参数，使用上下箭头选择后，点击回车键确认录入。

• 其他需手工录入的字段：根据业务主管部门要求，如实填写相关内容。

2. 商品信息

企业可以将标准格式的物资信息列表直接导入至系统中，步骤如下。

（1）通知单基本信息录入完成后，点击"导入商品信息"按钮（见图9-5）。

157

国际贸易"单一窗口"：许可证件篇

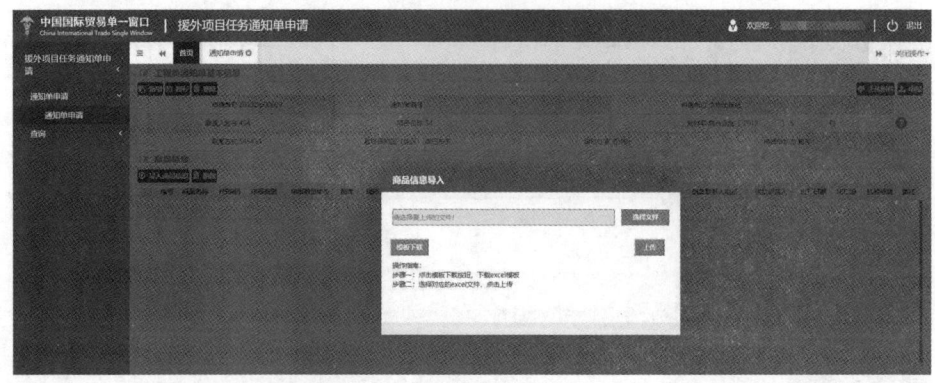

图 9-5　商品信息导入界面

（2）点击模板下载按钮，系统自动下载 Excel 模板（见图 9-6），企业根据 Excel 模板中的填写示例及说明，填写物资信息表格并保存至本地。

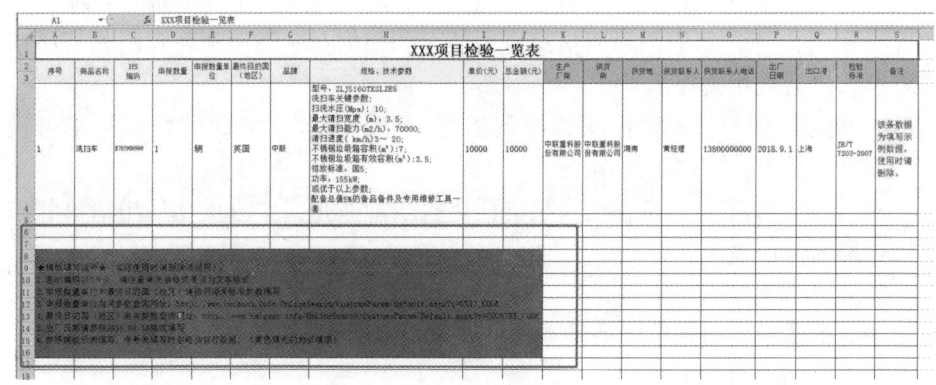

图 9-6　Excel 模板界面

（3）点击选择文件按钮 选择文件 ，选中本地已保存的物资信息 Excel 表，点击上传按钮 上传 ，系统提示上传成功，商品信息列表中显示导入的商品信息（见图 9-7）。

第九章 援外项目任务通知单申请

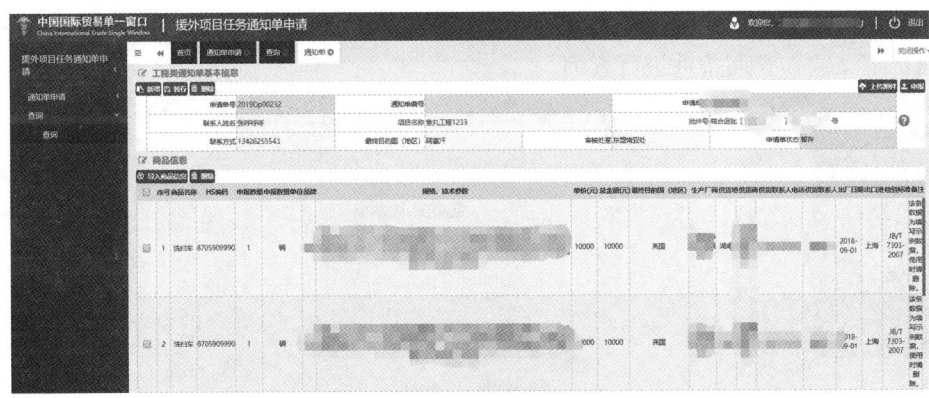

图 9-7 商品信息列表

💡 **小提示**

必须按照填写示例及填写说明填写 Excel 中的物资信息。

商品信息列表界面中左右、上下具备滚动条滚动功能。

导入的表格若不符合标准规范，系统自动提示相应的错误，企业可按提示修改表格内容。

3. 上传附件

企业填写完基本信息并导入商品信息后，必须上传附件才能申报。点击"上传附件"按钮，显示上传附件界面（见图 9-8），其中任务批件扫描件必须上传。

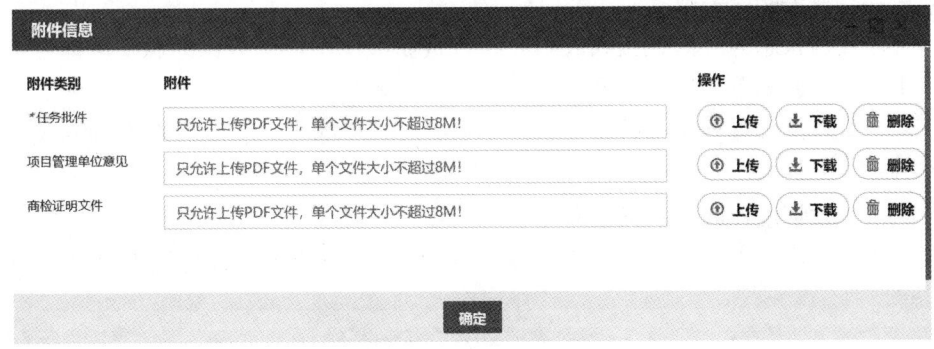

图 9-8 上传附件

二、查询

提供通知单申请查询、删除、申报等功能。

（一）查询

点击左侧"查询"菜单，显示查询主界面（见图 9-9），系统根据用户当

国际贸易"单一窗口":许可证件篇

前的信息自动进行查询,并将查询结果显示在下方列表中,用户也可在查询界面自定义输入查询条件进行查询。

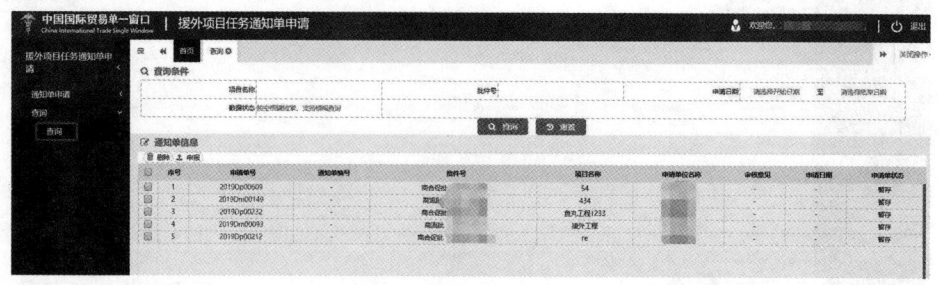

图 9-9 查询

在显示的查询结果中,点击蓝色"申请单号"字段,界面将会跳转到通知单申请详情,可根据当前通知单申请状态进行查看或修改等。

(二)删除

仅暂存状态的数据可以删除,可勾选多条数据进行批量删除。删除的数据将不可恢复,需重新录入,请谨慎操作。

(三)申报

用户勾选一条或多条数据(通知单状态为暂存、审核不通过或退回修改),点击白色按钮"申报",进行通知单的单条(批量)申报操作。

(四)查看状态和通知单编号

申请单状态包括暂存、待审核、退回修改、审核通过/审核不通过、海关接收成功、海关接收失败。

当数据状态为"海关接收成功"时,企业可使用该条数据的通知单编号进行报关,将通知单编号填在报关单随附单证栏中。

当审核部门审核通过后,系统自动生成通知单编号,企业可在查询列表中查看。

三、监管证件联网状态查询

同进口广播电影电视节目带(片)提取单申请的监管证件联网状态查询功能。

第三节 常见问题

问题 如何使用通知单报关?

答 使用通知单号录入报关单操作说明如下:在出口报关单(见图 9-10)中随附单证代码一栏录入"d",选择援外项目任务通知单,在随附单证编码栏目中录入通知单编号，敲击回车键，弹出对应关系表录入界面（见图9-11），在界面中录入通知单中商品与报关单商品的对应关系。

界面中"对应随附单证商品项号"填写该商品在通知单中的商品序号。

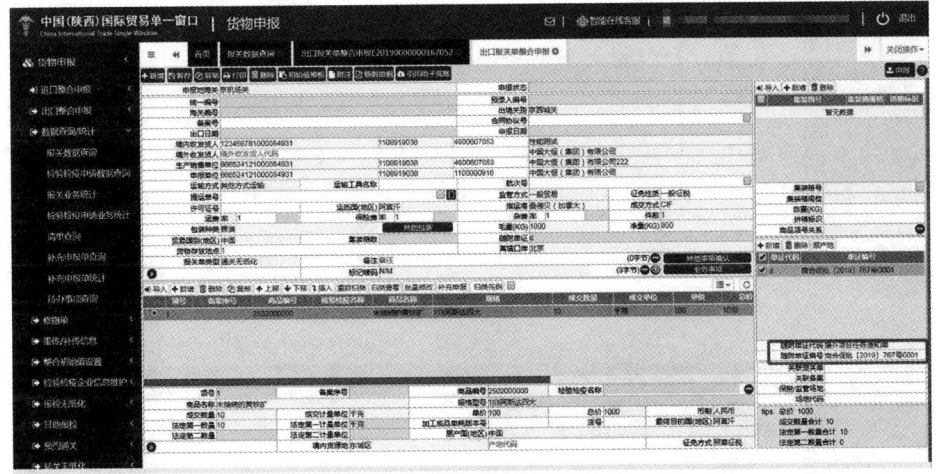

图9-10　出口报关单

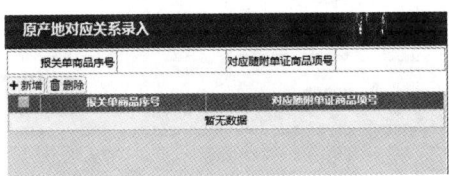

图9-11　录入对应关系

其中，申请援外项目任务通知单（工程类）报关注意事项如下。

（1）申报企业需在援外项目任务通知单申请系统中填写各项信息，并上传物资清单，并同时上传项目"管理单位意见""商检证明文件""任务批件扫描件"，其中任务批件扫描件必传，另外两项如不上传将影响合作局审批速度。

（2）合作局审批通过后，会生成通知单编号（如商合促批〔2019〕767号0001），报关时需将通知单编号填入随附单证编号一栏（见图9-12和图9-13）。

国际贸易"单一窗口":许可证件篇

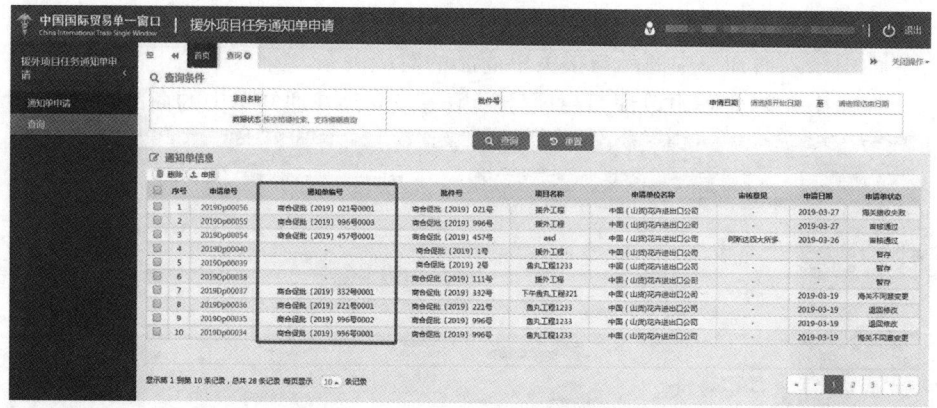

图 9-12 工程类通知单编号

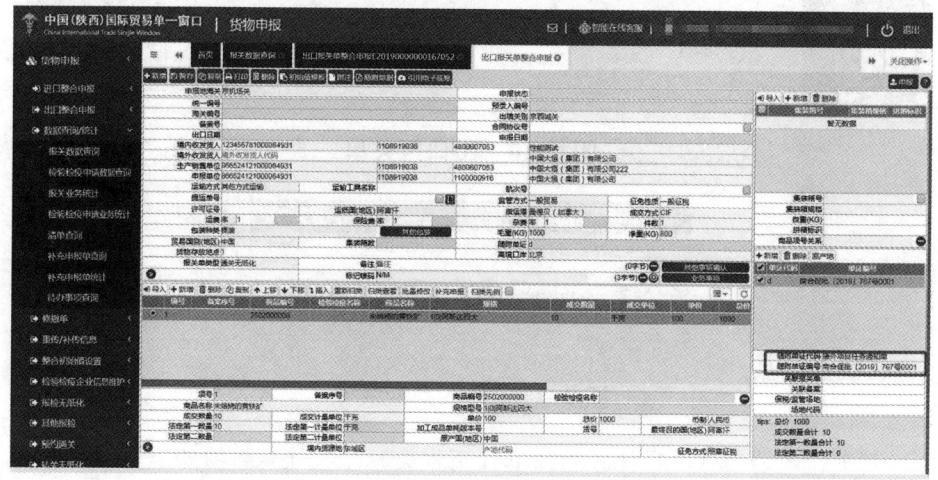

图 9-13 工程类随附单证编号

(3) 报关单中的 HS 编码、商品计量单位需与通知单中的完全一致, 否则将退单。

(4) 报关单中境内发货人或生产销售单位中的一个需与通知单中的申报企业完全一致, 否则将退单。

(5) 报关单中的目的国需与申报的目的国完全一致, 否则将退单。

(6) 每次报关物资的数量应少于或等于剩余可用物资清单的各项物资数量, 否则将退单。

申请援外项目任务通知单(物资类)报关注意事项如下。

(1) 申报企业需在援外项目任务通知单申请系统中填写各项信息, 上传物资清单, 并同时上传项目"商检证明""任务批件扫描件", 其中任务批件扫描件必传。

（2）交流中心审批通过后，会生成通知单编号（如商流批〔2019〕767号0001），报关时需将通知单编号填入随附单证编号一栏（见图9-14和图9-15）。

图 9-14　物资类通知单编号

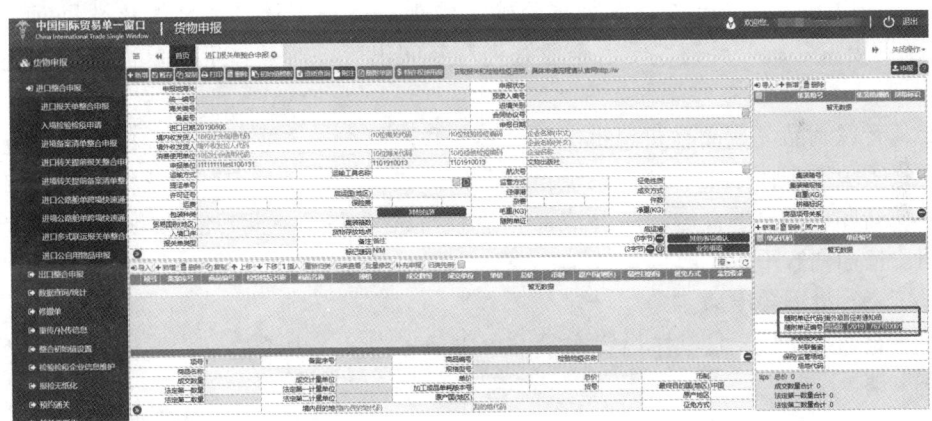

图 9-15　物资类随附单证编号

（3）报关单中的 HS 编码、商品计量单位需与申报物资清单的完全一致，否则将退单。

（4）报关单中境内发货人或生产销售单位中的一个需与通知单中的申报企业完全一致，否则将退单。

（5）报关单中的目的国需与申报的目的国完全一致，否则将退单。

（6）每次报关物资的数量应少于或等于剩余可用的物资清单的各项物资数量，否则将退单。

第十章　音像制品（成品）进口批准单申请

第一节　业务简介

新闻出版总署指定的音像制品经营单位可开展音像制品成品进口业务，进口单位应持新闻出版总署签发的新闻出版总署音像制品（成品）进口批准单，到海关办理音像制品成品的进口手续。

图书馆、音像资料馆、科研机构、学校等单位进口供研究、教学参考的音像制品成品，应当委托新闻出版总署批准的音像制品成品进口经营单位办理进口审批手续。

"单一窗口"标准版音像制品（成品）进口批准单申请系统，涵盖批准单申请和查询模块，实现企业通过"单一窗口"一点接入、提交满足新闻出版署要求的申请信息，新闻出版署按照确定的规则进行审核，并将审核结果通过"单一窗口"统一反馈，便于企业查询和新闻出版署对进口批准单进行统一化管理。

音像制品（成品）进口批准单已实现联网核查，企业使用批准单报关时应在报关单"随附单证"代码栏填报监管证件代码"f"，在编号栏填报批准单编号。新闻出版总署音像制品（成品）进口批准单为"一批一证"，不得多次使用，证面内容不得更改。

一、批准单申请

企业按照纸质批准单内容在批准单申请界面录入申请信息，上传附件后提交申请。

二、查询

企业可在查询菜单中查询申请单的状态、查看审核意见，也可对申请单进行删除、复制和撤回操作。

第二节　基本操作

因相关业务数据有严格的填制规范，如在系统录入数据的过程中，字段右侧弹出红色提示，代表用户当前录入的数据有误，需根据要求重新录入。

灰色字段表示不允许录入，系统自动返填，或根据企业备案的相关信息进

第十章 音像制品（成品）进口批准单申请

行返填。

界面中黄色底色的录入框字段为必填项，务必填写。

界面中的 ❓ 图标，鼠标放上去，系统会提示录入说明。

界面中部分字段右侧带有三角形图标，表示该类字段需要在参数中进行调取，不允许用户随意录入。直接点击三角形图标，调出下拉菜单并在其中进行选择，也可将光标置于字段中，系统自动显示下拉菜单。如果用户已经知道相关参数的代码，也可直接输入相应数字、字母或汉字，迅速调出参数，使用上下箭头选择后，点击回车键确认录入。

一、批准单申请

批准单申请实现批准单申请的新增、暂存、删除、申报功能。企业可自行录入批准单申请数据并提交申报，申报成功后系统向审批端发送批准单申请信息。审批端审核接收批准单申请数据后进行审核。

企业点击"批准单申请"菜单，显示批准单信息录入界面（见图10-1），企业先录入基本信息后暂存再录入商品信息，然后进行附件上传，所有操作完成后可点击"申报"。

图 10-1 批准单申请

最上面一排的操作按钮说明如下。

● 新建：点击后用户可以创建一份新的批准单申请。

● 暂存：点击对当前录入信息进行暂存，根据业务类型在暂存时如有必填项未录入，会有相关提示。

● 申报：点击该按钮后向审核部门申报当前提取单数据。

● 删除：用户可对暂存状态的批准单数据进行删除操作。删除的数据将不可恢复，需重新录入，请谨慎操作。

国际贸易"单一窗口":许可证件篇

（一）基本信息

企业需录入批准单编号、入境口岸、进口单位联系方式。

（二）商品信息

只有录入基本信息并暂存后才可录入商品信息（见图10-2），否则商品信息息的"新增""删除""修改"是置灰的。点击商品信息中的"新增"按钮弹出商品信息录入页面（见图10-3），点击"保存"按钮，完成商品信息的保存。

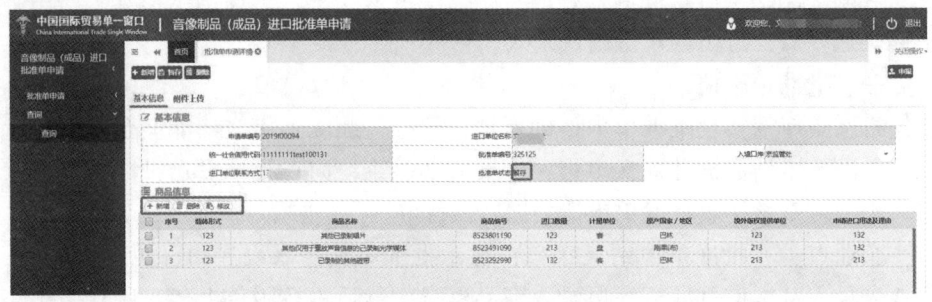

图 10-2　商品信息新增

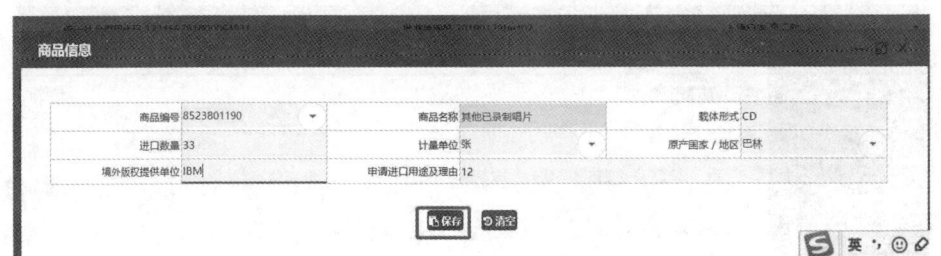

图 10-3　商品信息录入

录入字段说明如下。

商品编号、原产国家/地区：将光标置于录入框中，点击空格键或者点击三角形图标，在显示的下拉列表中自行选择，也可输入已知的相应数字、字母或汉字，实现模糊查询，迅速调出参数，使用上下箭头选择后，点击回车键确认录入。

数量：应填写附件中相同商品编码的商品数量合计。

其他需手工录入的字段：需根据业务主管部门要求，如实填写相关内容。

（三）附件上传

第一次使用，建议先点击"模板下载"按钮，下载位置建议为桌面（附件为Excel格式），在下载的模板中填写相应的附件信息，填写完毕后保存至本地电脑，然后点击"选择文件"按钮在弹出的页面中找到所对应的Excel文件，然后点击"上传"按钮即可（见图10-4）。

图 10-4　附件上传

💡小提示

基本信息录入完成，点击"暂存"后才可录制商品信息。

二、查询

提供批准单申请查询、复制、撤回、删除等功能。

（一）查询

点击左侧"查询"菜单，显示查询主界面（见图10-5），系统根据用户当前的信息自动进行查询，并将查询结果显示在下方列表中，用户也可在查询界面自定义输入查询条件进行查询。

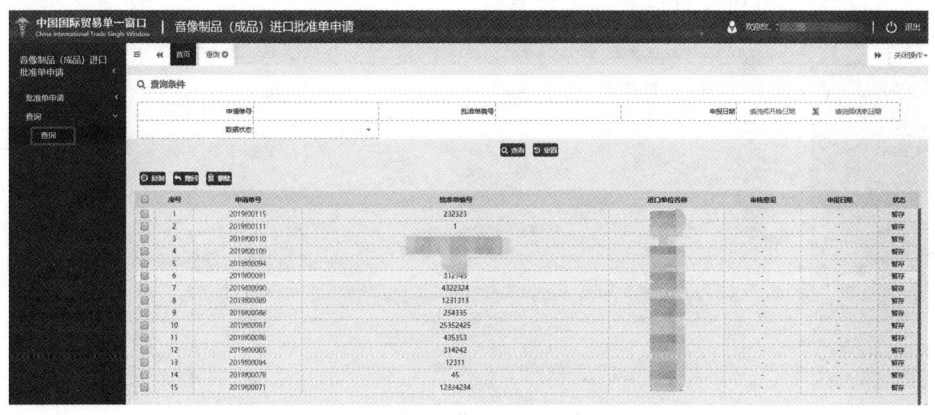

图 10-5　查询

在显示的查询结果中，点击蓝色"申请单号"字段，界面将会跳转到批准单申请详情，用户可根据当前批准单申请状态进行查看或修改等。

(二）复制

任何状态的申请单均可以复制，点击"复制"按钮，跳转至录入界面，复制的信息会显示在录入界面，用户只需修改部分信息后即可提交申报。

（三）撤回

点击该按钮可以将待审核状态的数据撤回，撤回后状态变为暂存，用户可以修改后再申报。

（四）删除

仅暂存状态可以删除，不支持批量删除。删除的数据将不可恢复，需重新录入，请谨慎操作。

（五）查看数据状态

可在查询列表中查看数据状态。

三、监管证件联网状态查询

同进口广播电影电视节目带（片）提取单申请的监管证件联网状态查询功能。

第三节 常见问题

问题 如何使用批准单报关？

答 请按照进口报关单中提示操作（见图10-6），在报关单中随附单证代码中录入"n"，选择音像制品（成品）进口批准单，在随附单证编码栏目中录入批准单编号，敲击回车键。

批准单编号可在查询界面中查看。

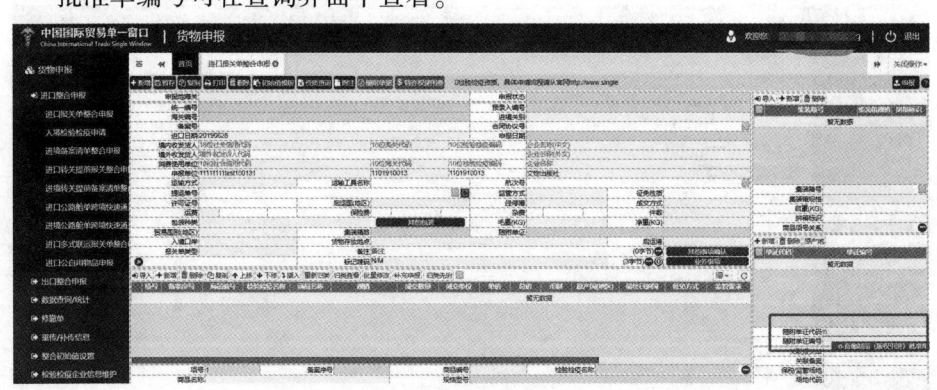

图10-6 进口报关单

第十章 音像制品（成品）进口批准单申请

💡**小提示**

1. 报关单中的商品顺序需要与音像制品（成品）进口批准单中的商品顺序完全一致。

2. 一份报关单只能填写一个音像制品（成品）进口批准单编号。

3. 一个批准单编号只能使用一次。

4. 批准单上的商品编码必须与报关单上的商品编码一致，否则退单。

5. 报关单上的商品数量不超过批准单商品数量（单位一致的数量），否则退单。

6. 批准单中的商品原产国/地区需要与报关单中的商品原产国/地区相同，不一致则退单。

7. 批准单中入境口岸要与报关单中的进境关别前两位一致，不一致则退单。

8. 批准单中进口单位名称要与报关单消费使用单位或境内收发货人一致，不一致则退单。

第十一章 民用爆炸物品进出口审批单申请

第一节 业务简介

民用爆炸物品进出口审批单是指国家民用爆炸物品行政主管部门依法对民用爆炸物品进出口实行统一管理，签发准予进出口的批准文件。企业进出口非军事目的、列入民用爆炸物品品名表的各类火药、炸药及其制品和雷管、导火索等点火、起爆器材等货物时，需依法取得工业和信息化部核发的民用爆炸物品进出口审批单进行通关，详细业务规则参见《民用爆炸物品进出口管理办法》和《民用爆炸物品安全管理条例》。民用爆炸物品进出口审批单的监管证件代码为"k"，实行"一批一证"管理，适用于一批次报关。民用爆炸物品进出口审批单已实现联网核查，企业使用审批单报关时应在报关单"随附单证"代码栏填报监管证件代码"k"，在编号栏填报审批单编号。

民用爆炸物品进出口审批单申请条件如下。

（1）取得民用爆炸物品生产许可证的企业可以申请进口用于本企业生产的民用爆炸物品原材料（含半成品），出口本企业生产的民用爆炸物品（含半成品）。

（2）取得民用爆炸物品销售许可证的企业可以申请进出口其民用爆炸物品销售许可证核定品种范围内的民用爆炸物品。

"单一窗口"标准版民用爆炸物品进出口审批单申请系统，涵盖工业和信息化部的民用爆炸物品进出口审批单申请功能和查询等功能，实现国际贸易企业通过"单一窗口"一点接入、提交满足管理部门（工业和信息化部）要求的申请信息，管理部门按照相关规定进行审核，并将审批结果通过"单一窗口"统一反馈，便于企业查询。

第二节 基本操作

因相关业务数据有严格的填制规范，如在系统录入数据的过程中，字段右侧弹出红色提示，代表用户当前录入的数据有误，需根据要求重新录入。

灰色字段表示不允许录入，系统自动返填，或根据企业备案的相关信息进行返填。

第十一章 民用爆炸物品进出口审批单申请

界面中黄色底色的录入框字段为必填项,务必填写。

界面中的 图标,鼠标放上去,系统会提示录入说明。

界面中部分字段右侧带有三角形图标,表示该类字段需要在参数中进行调取,不允许用户随意录入。直接点击三角形图标,调出下拉菜单并在其中进行选择,也可将光标置于字段中,系统自动显示下拉菜单。如果用户已经知道相关参数的代码,也可直接输入相应数字、字母或汉字,迅速调出参数,使用上下箭头选择后,点击回车键确认录入。

一、进口审批单申请

为用户提供进口审批单申请数据的录入、暂存、删除、申报等功能。

点击菜单"进口审批单申请",显示展开页面(见图11-1)。

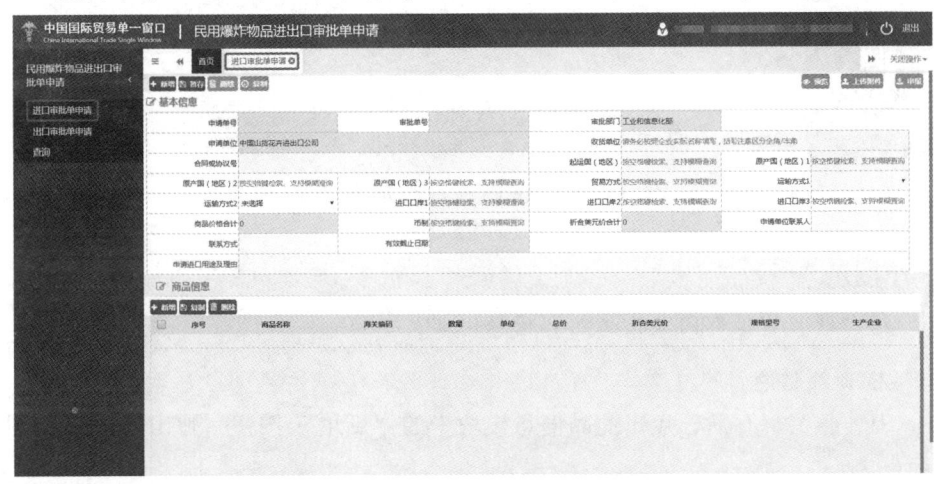

图11-1 进口审批单申请界面

(一)录入与暂存

点击界面上方的蓝色按钮(见图11-2)所进行的操作,将影响当前单证申请的所有数据。

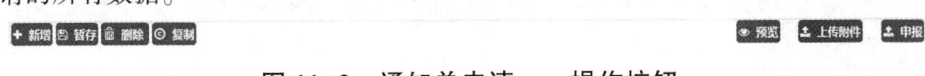

图11-2 通知单申请——操作按钮

> 💡**小提示**

界面中,带有黄色底色的字段为必填项,否则无法进行申报。

录入过程中,可通过点击界面顶部的"暂存"蓝色按钮 ,将当前正在录入的信息进行保存,以防数据丢失。

国际贸易"单一窗口":许可证件篇

1. 基本信息

用户依次录入基本信息字段,录入完毕后,点击蓝色"暂存"按钮,对基本信息进行保存(见图 11-3)。

图 11-3　进口审批单基本信息

💡 **小提示**

进口时,审批部门默认工业和信息化部。

2. 商品信息

基本信息保存后,点击商品信息模块中的"新增"按钮,弹出界面(见图 11-4)。

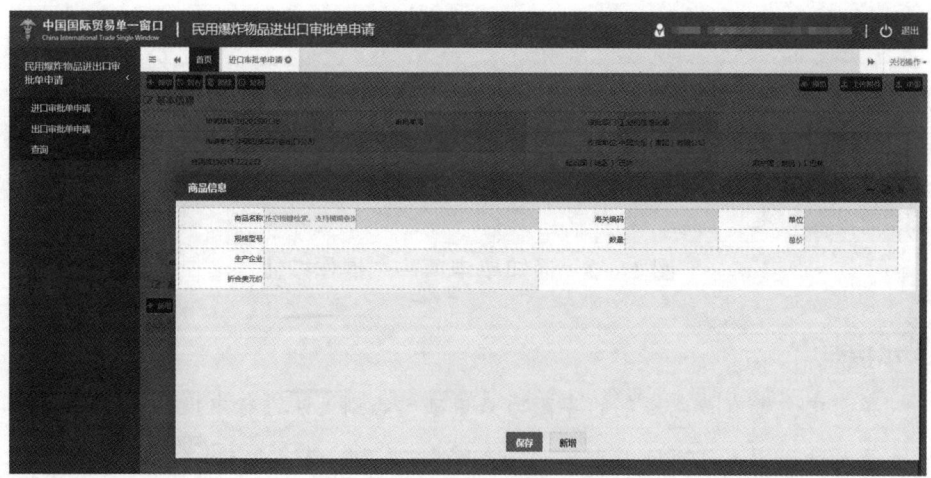

图 11-4　商品信息录入界面

第十一章 民用爆炸物品进出口审批单申请

用户依次录入商品信息字段，录入完毕后点击"保存"按钮，保存成功后，商品信息列表新增一条商品信息（见图11-5）。

在列表中勾选要复制的商品信息，点击"复制"按钮，可对该条商品信息进行复制，列表中新增一条商品信息。

图11-5　商品信息列表

💡小提示

商品信息最多允许添加10条。

企业下拉选择海关商品名称，自动带出海关商品编码和单位并返填，若带出的商品编码有2个，企业须选择1个，若企业选择的海关商品名称中带有"其他"字眼的，支持企业修改补充具体的商品名称。

（二）上传附件

点击"上传附件"按钮，系统弹出上传附件界面（见图11-6），点击"上传"按钮选择文件后，系统自动上传附件，附件上传成功后，点击"下载"按钮与"删除"按钮，可对附件进行下载与删除。

国际贸易"单一窗口":许可证件篇

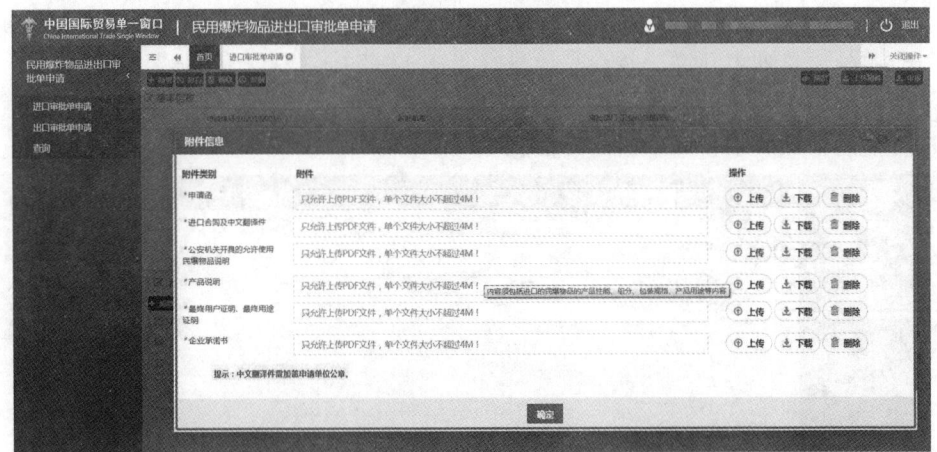

图 11-6　上传附件

💡 **小提示**

所有的附件类别都为必填项,如不上传则无法对审批单数据进行申报。

仅可上传 PDF 格式的附件,且文档大小需限制在 4M 以内。

(三)审批单申报

进口审批单的基本信息、商品信息、附件信息保存后,点击蓝色"申报"按钮,此时审批单状态由暂存变为待审核,即完成申报,等待审批部门进行审批。

(四)新增

点击界面最上方蓝色"新增"按钮,可以创建一份新的审批单,系统自动清空界面中的审批单基本信息、商品信息、附件信息。

(五)删除

点击界面最上方蓝色"删除"按钮,可删除整个审批单信息。

💡 **小提示**

用户可对暂存与未通过状态的审批单数据进行删除操作。

(六)复制

点击界面最上方蓝色"复制"按钮,系统自动打开新的标签页,点击界面最上方蓝色"暂存"按钮,生成新的审批单申请。

(七)预览

点击界面最上方蓝色"预览"按钮,系统自动生成审批单样式,便于企业查看审批单信息,预览无误后可提交申报。

二、出口审批单申请

为用户提供出口审批单申请数据的录入、暂存、删除、申报等功能。

点击菜单"出口审批单申请",显示展开页面(见图11-7)。

图 11-7　出口审批单申请界面

(一) 录入与暂存

点击界面上方蓝色按钮(见图11-8)所进行的操作,将影响当前单证申请的所有数据。

图 11-8　通知单申请——操作按钮

1. 基本信息

录入规则同进口通知单申请,出口时审批部门可选择工业和信息化部或省级行政区,当审批部门选择工业和信息化部时不可填写硝酸铵商品,审批部门选择省级时,只可填写硝酸铵商品。

2. 商品信息

基本信息保存后,点击商品信息模块中的"新增"按钮,弹出界面(见图11-9)。录入规则同进口通知单申请。

国际贸易"单一窗口"：许可证件篇

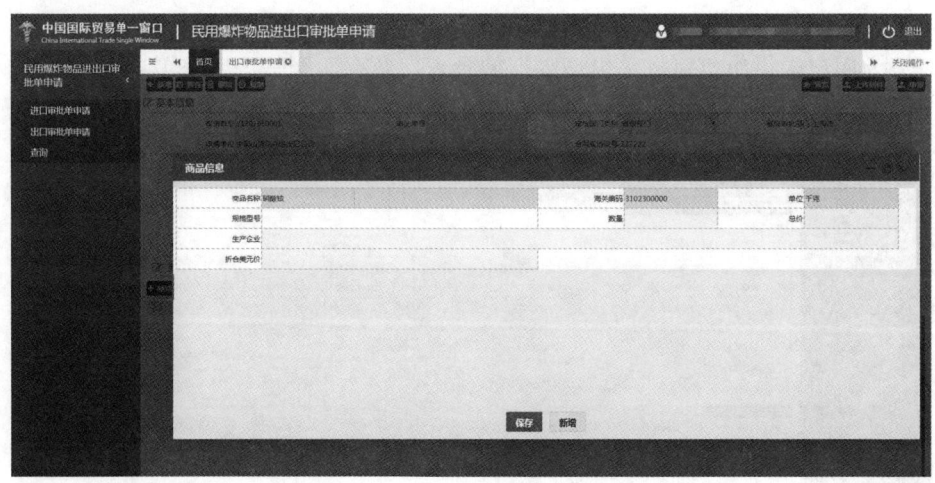

图 11-9　商品信息录入界面

（二）上传附件

点击"上传附件"按钮，系统弹出上传附件界面（见图 11-10），点击"上传"按钮选择文件后，系统自动上传附件，附件上传成功后，点击"下载"按钮与"删除"按钮，可对附件进行下载与删除。

图 11-10　上传附件

💡 小提示

所有的附件类别都为必填项，如不上传则无法对审批单数据进行申报。仅可上传 PDF 格式的附件，且文档大小需限制在 4M 以内。

（三）审批单申报

出口审批单的基本信息、商品信息、附件信息保存后，点击蓝色"申报"按钮，此时审批单状态由暂存变为待审核，即完成申报，等待审批部门进行审批。

（四）新增

点击界面最上方蓝色"新增"按钮，可以创建一份新的审批单，系统自动清空界面中的审批单基本信息、商品信息、附件信息。

（五）删除

点击界面最上方蓝色"删除"按钮，可删除整个审批单信息。

> 💡 **小提示**
>
> 用户可对暂存与未通过状态的审批单数据进行删除操作。

（六）复制

点击界面最上方蓝色"复制"按钮，系统自动打开新的标签页，点击界面最上方蓝色按钮"暂存"，生成新的审批单申请。

（七）预览

点击界面最上方蓝色"预览"按钮，系统自动生成审批单样式，便于企业查看审批单信息，预览无误后可提交申报。

三、查询

为用户提供审批单详情查看、审批单查询、审批单复制、审批单删除、审批单撤回、审批单打印、导出进出口审批单统计表功能。

（一）查询

点击菜单"查询"，展示查询界面（见图11-11），同时系统根据用户当前的信息自动进行查询，并将查询结果显示在下方列表中，用户也可自定义录入查询条件，点击蓝色"查询"按钮进行查询。点击蓝色"重置"按钮将清空查询条件，重新填写后查询。

国际贸易"单一窗口"：许可证件篇

图 11-11　审批单查询界面

💡 **小提示**

当申请单状态为"海关接收成功"时，企业可申报报关单。

（二）审批单详情查看

点击列表中申请单号蓝色字体，界面跳转至审批单详细信息，可根据当前通知单状态进行查看或编辑等操作。

（三）审批单申请复制

在查询列表中勾选一条任意状态的审批单，点击"复制"按钮，界面跳转至审批单详情，界面自动返填已复制的信息，点击"暂存"按钮可对新复制的审批单申请保存。

（四）审批单删除

在查询列表中勾选一条暂存或未通过状态的审批单申请，点击"删除"按钮，可对该审批单申请进行删除。

（五）审批单撤回

在查询列表中勾选一条待审核状态的审批单，点击"撤回"按钮，可对该审批单进行撤回。

💡 **小提示**

对于待审核状态的审批单，即审批人员在给出审批结论前，企业可以自行撤回申请数据，撤回成功后，审批单状态变为暂存。

（六）申请表打印

用户提交审批单申请后，待申请单状态为待提交材料时，企业需打印申请表并盖章后提交给管理部门。

查询列表中勾选一条已生成审批单号的审批单,点击"打印"按钮,可对该审批单进行打印并给出提示(见图11-12),用户需打印5份审批单,加盖企业公章后提交至业务主管部门。

图 11-12　提示信息

(七) 导出进口审批单统计表

点击"导出进口审批单统计表"按钮,系统自动生成并下载一份Excel格式进口审批单统计表(见图11-13)。

民用爆炸物品进口审批单统计表										
序号	审批单号	进口口岸	起运国(地区)	合同协议号	商品名称	数量	单位	总价	币制	折合美元价
1		天津关区	巴林	89232878-JKFDS	奥克托今(HMX)	121	千克	132121	印度尼西亚卢比	31324
2		天津关区	巴林	89232878-JKFDS	苦味酸/2,4,6-三硝基苯酚	121	千克	132121	印度尼西亚卢比	31324
3		天津关区	巴林	89232878-JKFDS	奥克托今(HMX)	121	千克	132121	印度尼西亚卢比	31324
4		天津关区	巴林	89232878-JKFDS	工业黑索今(RDX)/环三亚甲基三硝铵	121	千克	132121	印度尼西亚卢比	31324
5		天津关区	巴林	89232878-JKFDS	太安(PETN)/季戊四醇四硝酸酯	121	千克	132121	印度尼西亚卢比	31324
6		天津关区	巴林	89232878-JKFDS	苦味酸/2,4,6-三硝基苯酚	121	千克	132121	印度尼西亚卢比	31324

图 11-13　进口审批单统计表

(八) 出口审批单统计表

点击"导出出口审批单统计表"按钮,系统自动生成并下载一份Excel格式出口审批单统计表(见图11-14)。

民用爆炸物品出口审批单统计表										
序号	审批单号	出口口岸	最终目的国	合同协议号	商品名称	数量	单位	总价	币制	折合美元价
1		北京关区	巴林	222222	硝酸铵	12	千克	22	港币	222
2		北京关区	巴林	222222	硝酸铵	12	千克	222	港币	1212121212

图 11-14　出口审批单统计表

四、监管证件联网状态查询

同进口广播电影电视节目带（片）提取单申请的监管证件联网状态查询功能。

第三节　常见问题

问题1　报关被退单，提示"对应关系表为空"，怎么办？

答　使用审批单号录入报关单操作说明如下：以进口为例，请按照提示操作（见图11-15），在报关单中随附单证代码中录入"k"，选择民用爆炸物品进出口审批单，在随附单证编码栏目中录入审批单号，敲击回车键，弹出对应关系表录入界面（见图11-16），在界面中录入审批单商品与报关单商品对应关系。界面中"对应随附单证商品项号"填写该商品在审批单中的商品序号，用户可在审批单申请系统查询（见图11-17）。

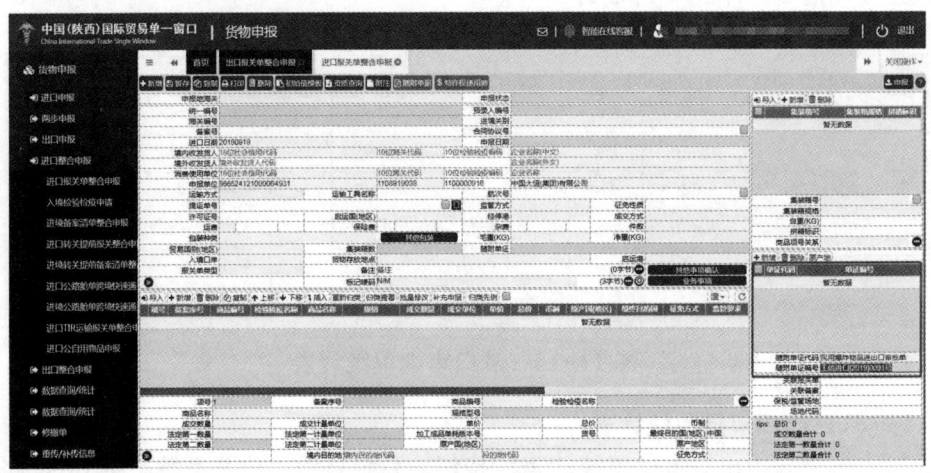

图11-15　进口报关单

第十一章　民用爆炸物品进出口审批单申请

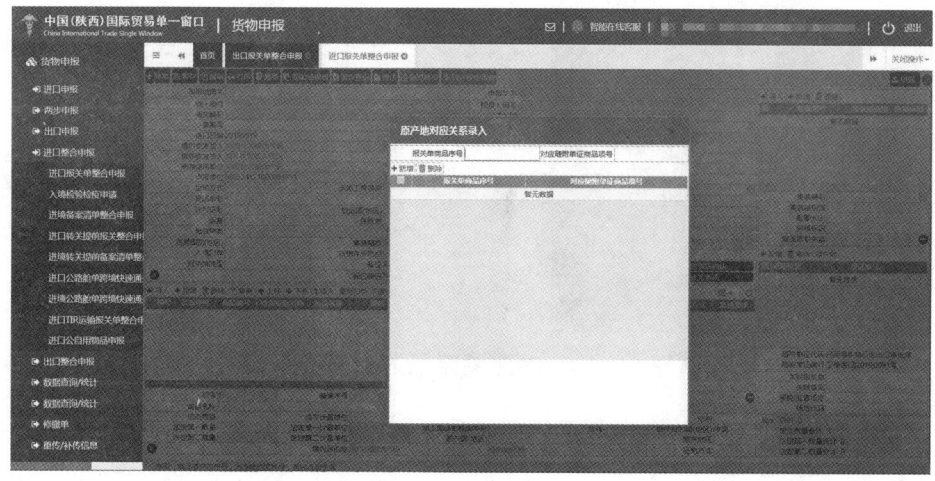

图 11-16　录入对应关系

图 11-17　进口审批单与报关单关联对应随附单证商品项号

小提示

1. 无论是进口还是出口，一个审批单号可多次使用，报关单申报的商品数量，不能超过审批单商品的数量，否则将退单。

2. 报关单中如同一商品需录入两条商品信息（规格不同），那么审批单中也要有两条同样的商品信息，区分不同规格，禁止同一商品报关单中录入两条商品信息，而只对应审批单中一条商品信息（见图 11-18）。

国际贸易"单一窗口":许可证件篇

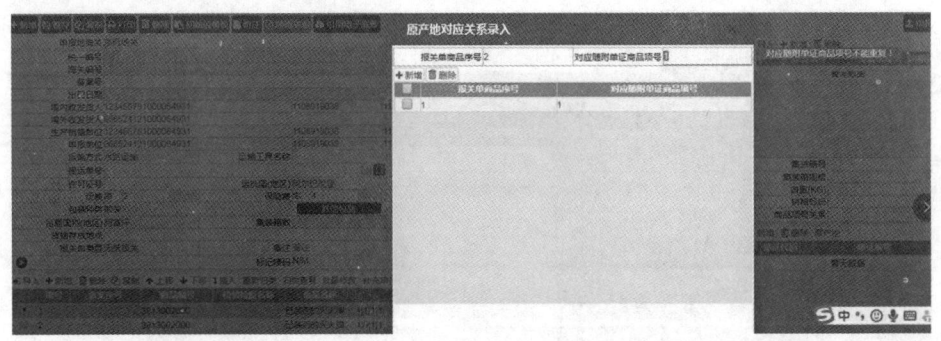

图 11-18 对应关系录入重复提示

3. 报关单中的运输方式与审批单中两个运输方式的其中一种一致,即可进入下一审单环节。

问题 2 是否需要使用电子口岸 IC 卡登录?

答 不需要,使用用户名密码即可登录。

问题 3 申报报关单时提示"无证书电子数据",怎么办?

答 先查看在随附单证栏是否已填写了正确的随附单证代码和随附单证编号,随附单证编号项填写审批单号,若已填写,查询审批单状态,若是审核通过状态,先联系业务管理部门在审批端将数据发往海关,待状态显示海关接收成功时可申报报关单。

问题 4 审批单数据状态显示海关接收成功时,还可以再修改贸易方式吗?

答 此时不可以修改审批单数据,若需要修改,请先作废审批单,再重新申请。

第十二章　合法捕捞产品通关证明申请

第一节　业务简介

"单一窗口"标准版合法捕捞产品通关证明申请系统，涵盖企业备案、通关证明申请、通关证明变更、通关证明注销、通关证明查询、通关证明打印等功能，实现国际贸易企业通过"单一窗口"一点接入、提交满足管理部门（农业农村部）要求的申请信息，管理部门按照相关规定进行审批，并将审批结果通过"单一窗口"统一反馈，便于企业查询。

合法捕捞产品通关证明已实现联网核查，企业使用通关证明报关时应在报关单"随附单证"代码栏填报监管证件代码"U"，在编号栏填报通关证明编号。

第二节　基本操作

因相关业务数据有严格的填制规范，如在系统录入数据的过程中，字段右侧弹出红色提示，代表用户当前录入的数据有误，需根据要求重新录入。

灰色字段表示不允许录入，系统自动返填，或根据企业备案的相关信息进行返填。

界面中黄色底色的录入框字段为必填项，务必填写。

界面中的 ❓ 图标，鼠标放上去，系统会提示录入说明。

界面中部分字段右侧带有三角形图标，表示该类字段需要在参数中进行调取，不允许用户随意录入。直接点击三角形图标，调出下拉菜单并在其中进行选择，也可将光标置于字段中，系统自动显示下拉菜单。如果用户已经知道相关参数的代码，也可直接输入相应数字、字母或汉字，迅速调出参数，使用上下箭头选择后，点击回车键确认录入。

一、企业备案

企业用户登录"单一窗口"进入系统后，首次申请通关证明需要向中国远洋渔业协会提交申报企业备案申请，备案申请审批通过后，企业才可申请通关证明。

国际贸易"单一窗口":许可证件篇

用户点击左侧菜单"企业备案",展开业务菜单,点击"企业备案申请",显示企业备案申请录入界面(见图12-1)。

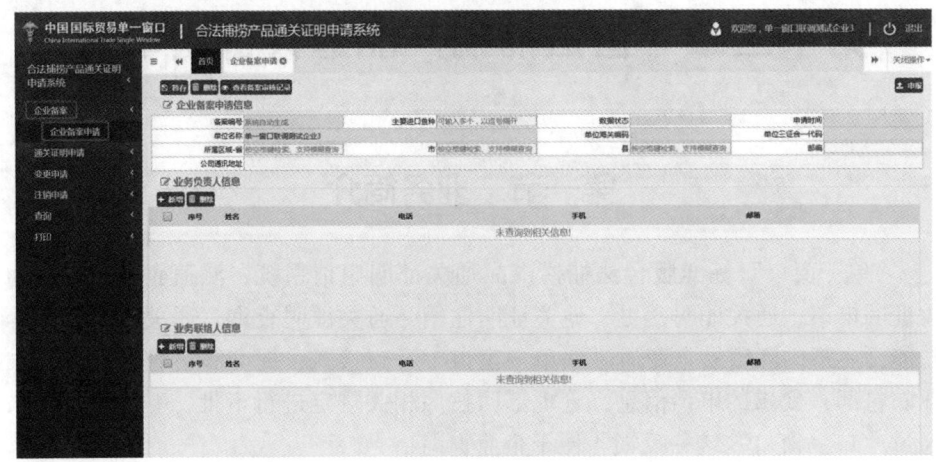

图 12-1　企业备案申请

(一) 企业备案申请信息

企业可在展开的界面录入备案申请信息(见图12-2)。

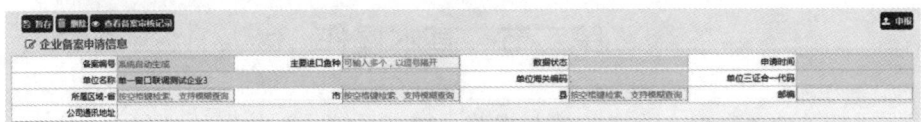

图 12-2　企业备案申请信息

录入字段说明如下。

● 公司通信地址限50个汉字以内,邮编限6个字符以内,主要进口鱼种限50个字符以内。

按钮说明如下。

● 暂存:点击 暂存 按钮,企业可对录入的数据进行保存。

● 删除:点击 删除 按钮,在弹出的提示框点选"确定",用户可对暂存、审批不通过的备案数据进行删除。

● 查看备案审核记录:点击 查看备案审核记录 按钮,用户可查看备案审核记录(见图12-3)。

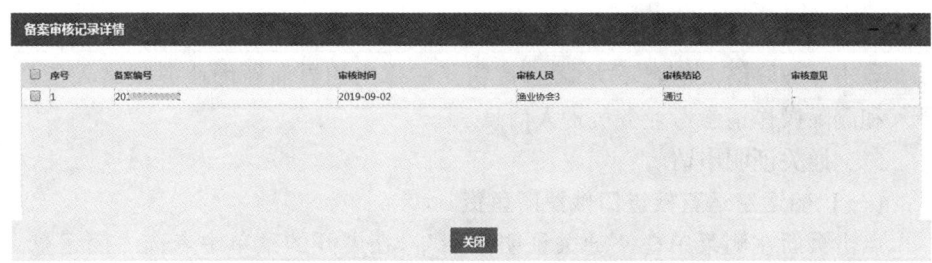

图 12-3　查看备案审核记录

● 申报：用户录入完备案申请信息后可点击 按钮提交申报，系统逻辑校验检查通过后，申报成功，系统将企业备案申请信息数据提交到中国远洋渔业协会进行审批。

（二）业务负责人信息

将备案单位基本信息填写完毕并暂存后，点击业务负责人信息下方 按钮，在弹出的界面中新增业务负责人信息（见图12-4）。

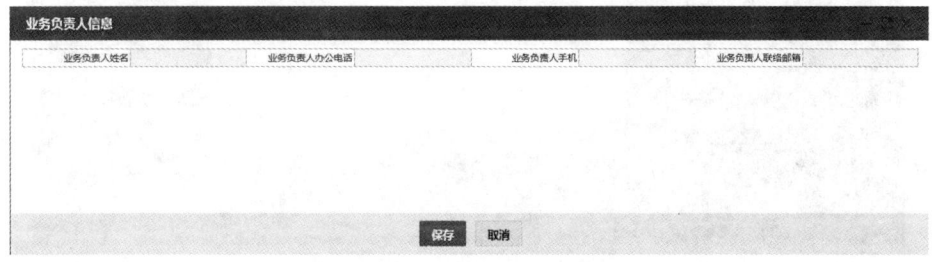

图 12-4　新增负责人信息

点击 按钮可将负责人信息保存成功，并在业务负责人信息列表中展示，用户选中已录入的负责人信息后，点击 按钮可将该条信息删除（见图 12-5）。

图 12-5　删除负责人

💡 小提示

新增负责人办公电话格式为区号+电话号码。最多允许有5条业务负责人信息，最少有1条负责人信息。

国际贸易"单一窗口":许可证件篇

(三)业务联络人信息

点击业务联络人信息下方 ➕新增 按钮,在弹出的界面新增业务联络人信息,录入和删除操作请参考业务负责人信息。

二、通关证明申请

(一)船运空运直接进口俄罗斯鱼货

点击页面左侧菜单栏"通关证明申请",在展开的菜单中点选"船运空运直接进口俄罗斯鱼货",弹出提示(见图12-6),用户点击"确定"后,进入录入界面(见图12-7),填写基本信息、通关证明份数信息、俄方签发的合法捕捞认证书信息、俄方签发的原产地证书信息、俄方签发的检验检疫证书信息、俄方签发的提单信息等。

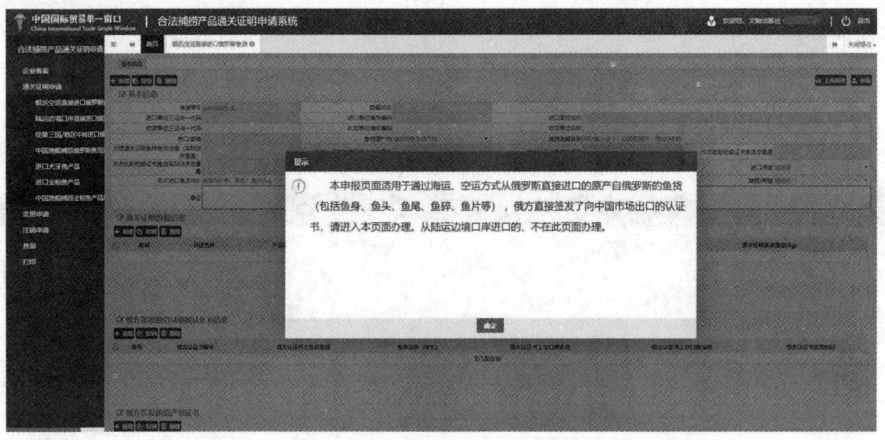

图12-6 船运空运直接进口俄罗斯鱼货适用范围

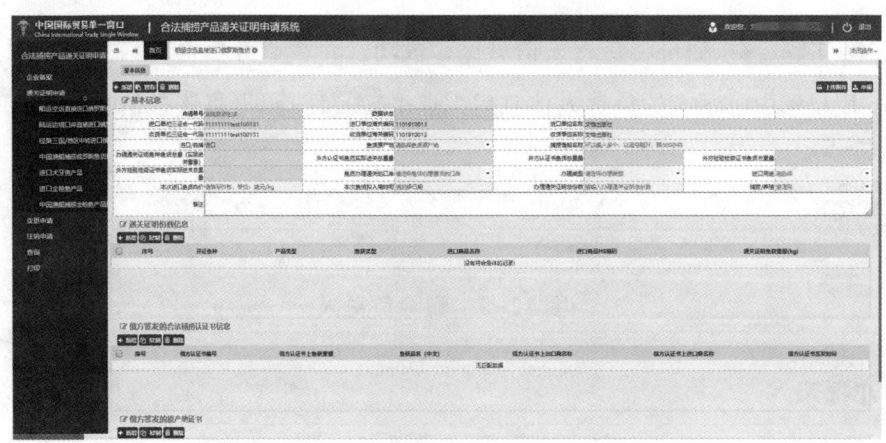

图12-7 船运空运直接进口俄罗斯鱼货

1. 基本信息

用户在船运空运直接进口俄罗斯鱼货基本信息中填写基本信息，基本信息包含新增、暂存、删除、上传附件、申报 5 个按钮（见图 12-8）。

图 12-8　船运空运直接进口俄罗斯鱼货基本信息

（1）新增

用户申报信息后点击 ![新增] 按钮，点击弹出窗口的"是"按钮，初始化通关证明申请录入界面，便于用户继续录入新的通关证明信息（见图 12-9）。

图 12-9　新增操作

（2）暂存

用户点击 ![暂存] 按钮可将已填写的信息保存入库，暂存完成后提示暂存成功（见图 12-10）。

图 12-10　暂存成功

（3）删除

用户点击 ![删除] 按钮弹出删除提示框，点击提示框内"确定"按钮，可将已入库的信息删除（见图 12-11）。

国际贸易"单一窗口"：许可证件篇

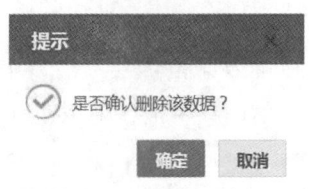

图 12-11　删除操作

（4）上传附件

用户点击 上传附件 按钮可打开附件上传页面，点击页面中的 上传 按钮，用户可从本地电脑中选取文件进行上传，点击 下载 按钮，用户可将已上传的文件下载到本地电脑，点击 删除 按钮，用户可将已上传的附件删除（见图 12-12）。

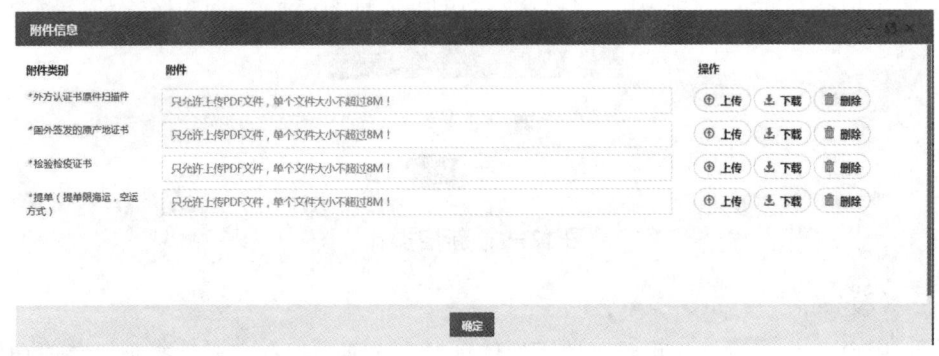

图 12-12　附件上传

（5）申报

用户录入完通关证明申请信息后可点击 申报 按钮提交申报，系统逻辑校验检查通过后，申报成功，系统将企业申请信息数据提交审核。

小提示

本次办理状态下拉菜单选择：一份俄方签发的认证书对应办理一份通关证明（一对一办理）；一份俄方签发的认证书办理多份通关证明（拆分办理）；俄方签发的几份认证书合并办理一份通关证明（合并办理）；俄方签发的几份认证书合并后再拆分办理好几份通关证明（合并后拆分办理）。

2. 通关证明份数信息

通关证明份数信息包含新增、复制、删除 3 个按钮及信息列表（见图12-13）。

第十二章 合法捕捞产品通关证明申请

图 12-13 通关证明份数信息

（1）新增

用户点击 ![新增] 按钮，显示录入弹窗，录入完整的信息后点击弹窗的 ![保存] 按钮，信息列表中即增加一条录入信息，点击 ![清空] 按钮会将已录入的信息清空（见图 12-14）。

图 12-14 新增操作

（2）复制

勾选一条通关证明份信息，点击 ![复制] 按钮后会弹出复制框体，修改可修改内容后点击 ![保存] 按钮，信息列表中即增加一条录入信息，点击 ![清空] 按钮会将已录入的信息清空（见图 12-15）。

图 12-15 复制操作

（3）删除

勾选一条信息，或点选左上角勾选所有信息，点击 ![删除] 按钮，即可删除该信息（见图 12-16）。

图 12-16 删除操作

3. 俄方签发的合法捕捞认证书信息

俄方签发的合法捕捞认证书信息包含新增、复制、删除3个按钮及信息列表（见图12-17）。

图12-17 俄方签发的合法捕捞认证书信息

（1）新增

用户点击 ![新增] 按钮，显示录入弹窗，录入完整的信息后点击弹窗的 ![保存] 按钮，信息列表中即增加一条录入信息，点击 ![清空] 按钮会将已录入的信息清空（见图12-18）。

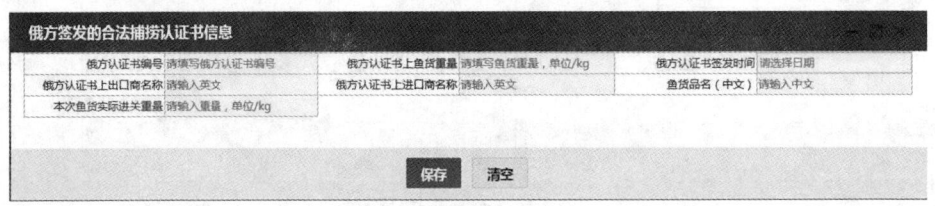

图12-18 新增操作

💡 **小提示**

俄方认证书编号填写英文+阿拉伯数字；鱼货品名（中文）限20字符以内；俄方认证书上出口商名称、俄方认证书上进口商名称限50字符以内。

（2）复制

勾选一条信息，点击 ![复制] 按钮后会弹出复制框体，修改可修改内容后点击 ![保存] 按钮，信息列表中即增加一条录入信息。

（3）删除

勾选一条信息，或点选左上角勾选所有信息，点击 ![删除] 按钮，即可删除该信息。

4. 俄方签发的原产地证书

俄方签发的原产地证书包含新增、复制、删除3个按钮及信息列表（见图12-19）。

图 12-19　俄方签发的原产地证书

（1）新增

用户点击 新增 按钮后，自动跳转到原产地信息录入界面（见图 12-20）。

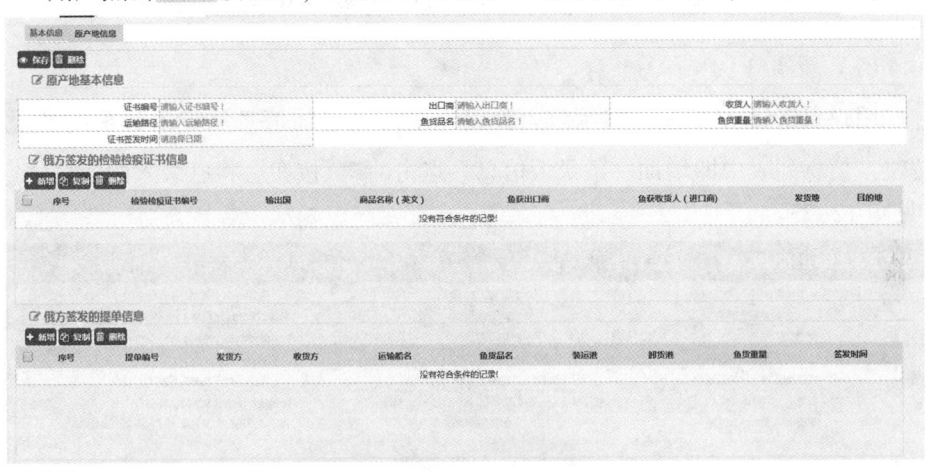

图 12-20　原产地信息

💡 小提示

证书编号填写英文+阿拉伯数字。

企业录入完整的原产地基本信息后，可点击该界面中的 保存 按钮进行保存，保存的信息会显示在原产地信息列表中（见图 12-21）。

图 12-21　原产地证书列表

（2）复制

勾选一条信息，点击 复制 按钮后会弹出复制框体，修改可修改内容后点击 保存 按钮，信息列表中即增加一条录入信息。

（3）删除

勾选一条信息，或点选左上角勾选所有信息，点击 删除 按钮，即可删除该信息。

191

5. 俄方签发的检验检疫证书信息

俄方签发的检验检疫证书信息包含新增、复制、删除3个按钮及信息列表（见图12-22）。

图12-22　俄方签发的检验检疫证书信息

（1）新增

用户点击 ➕新增 按钮，显示录入弹窗，录入完整的信息后点击弹窗的 保存 按钮，信息列表中即增加一条录入信息，点击 清空 按钮会将已录入的信息清空（见图12-23）。

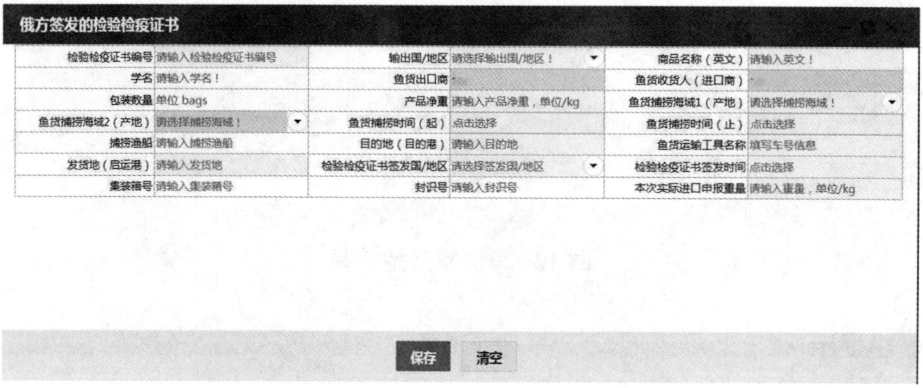

图12-23　新增操作

（2）复制

勾选一条信息，点击 复制 按钮后会弹出复制框体，修改可修改内容后点击 保存 按钮，信息列表中即增加一条录入信息。

（3）删除

勾选一条信息，或点选左上角勾选所有信息，点击 删除 按钮，即可删除该信息。

6. 俄方签发的提单信息

俄方签发的提单信息包含新增、复制、删除3个按钮及信息列表（见图12-24）。

图 12-24　俄方签发的提单信息

（1）新增

用户点击 ➕新增 按钮，显示录入弹窗，录入完整的信息后点击弹窗的 保存 按钮，信息列表中即增加一条录入信息，点击 清空 按钮会将已录入的信息清空（见图 12-25）。

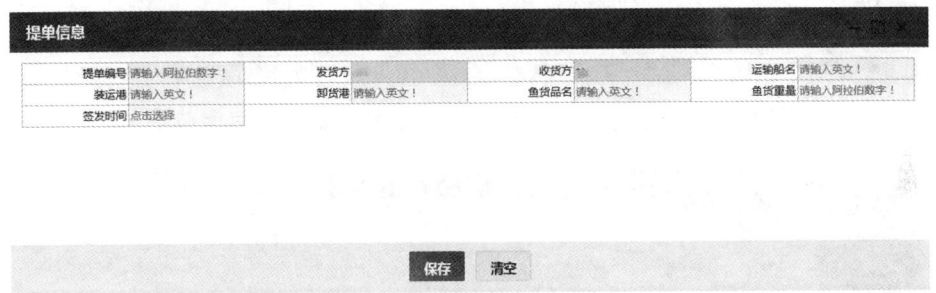

图 12-25　新增操作

（2）复制

勾选一条信息，点击 复制 按钮后会弹出复制框体，修改可修改内容后点击 保存 按钮，信息列表中即增加一条录入信息。

（3）删除

勾选一条信息，或点选左上角勾选所有信息，点击 删除 按钮，即可删除该信息。

（二）陆运边境口岸直接进口俄罗斯鱼货

点击页面左侧菜单栏"通关证明申请"，在展开的菜单中点选"陆运边境口岸直接进口俄罗斯鱼货"，弹出提示（见图 12-26），用户点击"确定"后，进入录入界面（见图 12-27）。

国际贸易"单一窗口":许可证件篇

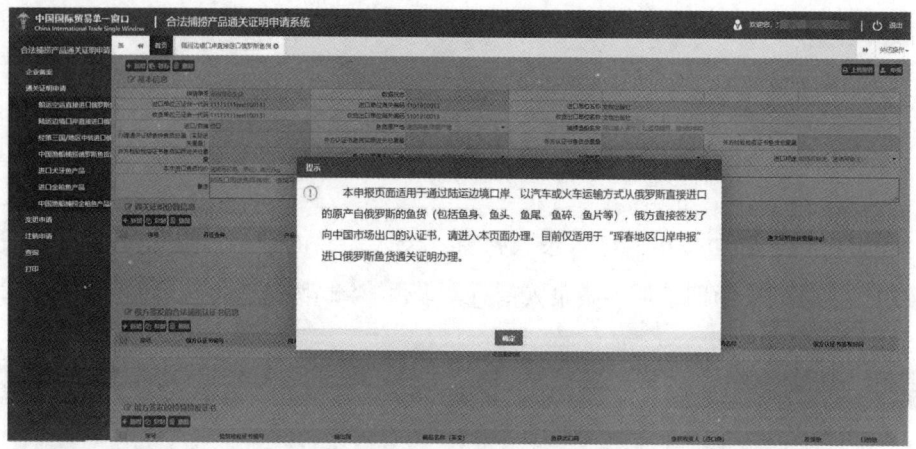

图 12-26　陆运边境口岸直接进口俄罗斯鱼货适用范围

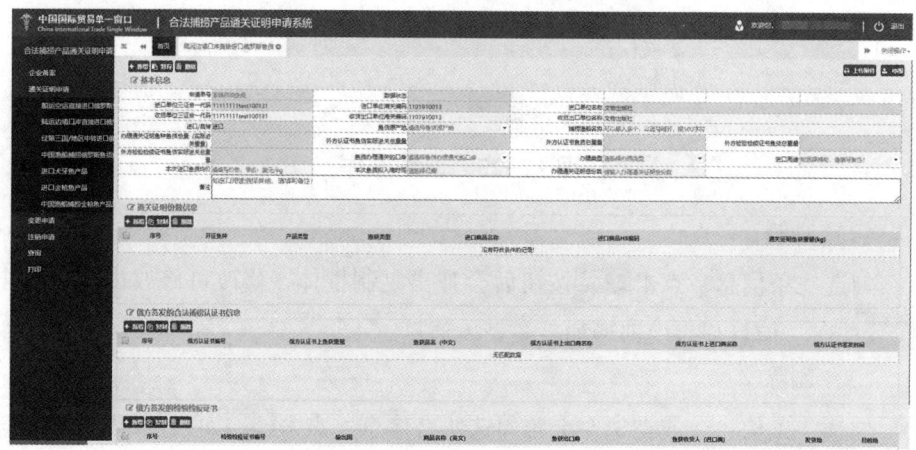

图 12-27　陆运边境口岸直接进口俄罗斯鱼货

1. 基本信息

陆运边境口岸直接进口俄罗斯鱼货基本信息包含新增、暂存、删除、上传附件、申报 5 个按钮(见图 12-28)。

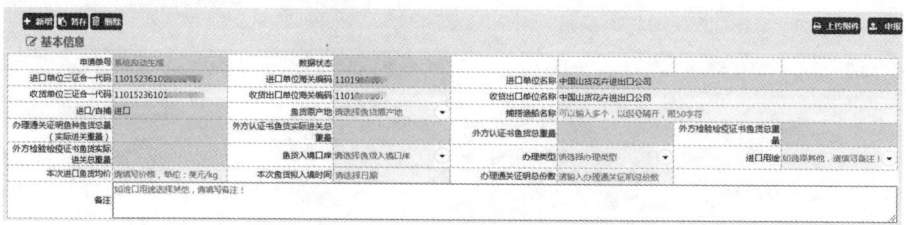

图 12-28　陆运边境口岸直接进口俄罗斯鱼货基本信息

(1) 新增

用户申报信息后点击 ➕新增 按钮，点击弹出窗口的"是"按钮，初始化通关证明申请录入界面，便于用户继续录入新的通关证明信息（见图12-29）。

图 12-29　新增操作

(2) 暂存

用户点击 暂存 按钮可将已填写的信息保存入库，暂存完成后提示暂存成功。

(3) 删除

用户点击 删除 按钮弹出删除提示框，点击提示框内"确定"按钮，可将已保存的信息删除。

(4) 上传附件

用户点击 上传附件 按钮可打开附件上传页面，点击页面中的 上传 按钮，用户可从本地电脑中选取文件进行上传，点击 下载 按钮，用户可将已上传的文件下载到本地电脑，点击 删除 按钮，用户可将已上传的附件删除（见图12-30）。

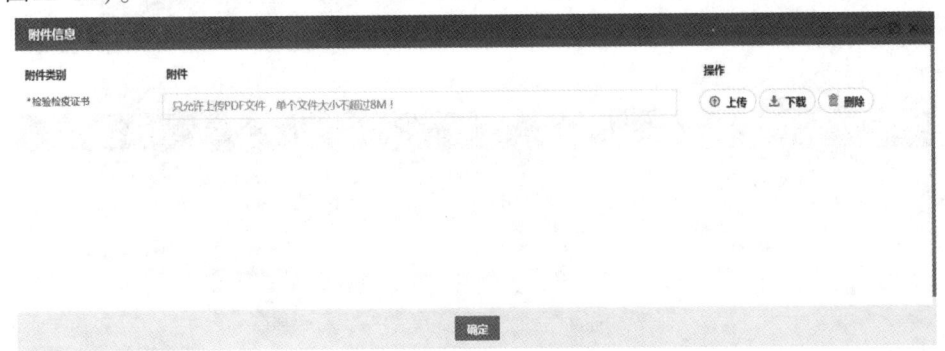

图 12-30　附件上传

(5) 申报

用户录入完通关证明申请信息后可点击 申报 按钮提交申报，系统逻辑校验检查通过后，申报成功，系统将企业申请信息数据提交审核。

2. 通关证明份数信息

通关证明份数信息操作请参考船运空运直接进口俄罗斯鱼货——通关证明份数信息。

3. 俄方签发的合法捕捞认证书信息

俄方签发的合法捕捞认证书信息操作请参考船运空运直接进口俄罗斯鱼货——合法捕捞认证书信息。

> 💡 小提示
>
> 俄方认证书编号填写英文+阿拉伯数字，允许添加多份、允许复制（涉及两份及以上的认证书时，如多份合并办理、多份合并再拆分等，允许添加多份认证书分别填报，每份认证书仅对应一个重量）。

4. 俄方签发的检验检疫证书

俄方签发的检验检疫证书包含新增、复制、删除3个按钮及信息列表（见图12-31）。

图12-31 俄方签发的检验检疫证书

（1）新增

用户点击 ➕新增 按钮，显示录入弹窗，录入完整的信息后点击弹窗的 保存 按钮，信息列表中即增加一条录入信息，点击 清空 按钮会将已录入的信息清空（见图12-32）。

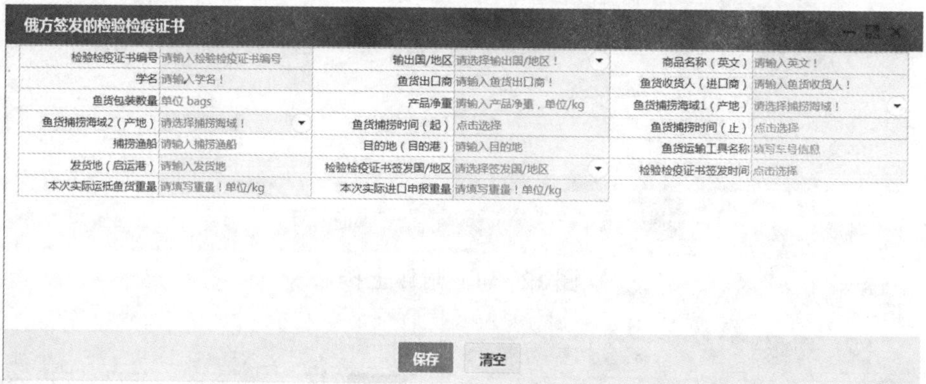

图12-32 新增操作

(2) 复制

具体操作请参考船运空运直接进口俄罗斯鱼货——俄方签发的检验检疫证书。

(3) 删除

具体操作请参考船运空运直接进口俄罗斯鱼货——俄方签发的检验检疫证书。

💡 **小提示**

所有填报重量的计量单位：系统统一计量单位均为kg，填报时设置千位分隔符，以逗号隔开。

可存在多份俄方合法捕捞证书，多份俄方检验检疫证书。

俄方认证书鱼货总量≥俄方检验检疫证书产品总净重（珲春地区陆运运输会出现这种情况，证书签发是一个重量，实际运输会出现短装的情况）。

通关证明鱼种鱼货总重量≤俄方认证书鱼货总量，俄方检验检疫证书鱼货总量。

通关证明鱼种鱼货总重量=俄方认证书鱼货实际进口总量=俄方卫检证书鱼货实际进口总量。

(三) 经第三国/地区中转进口俄罗斯鱼货

点击页面左侧菜单栏"通关证明申请"，在展开的菜单中点选"经第三国/地区中转进口俄罗斯鱼货"，弹出提示（见图12-33），用户点击"确定"后，进入录入界面（见图12-34）。

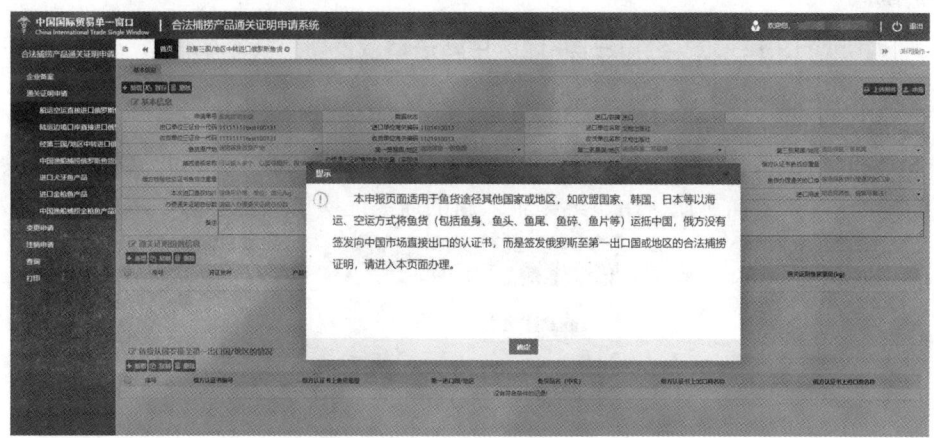

图12-33 经第三国/地区中转进口俄罗斯鱼货适用范围

国际贸易"单一窗口":许可证件篇

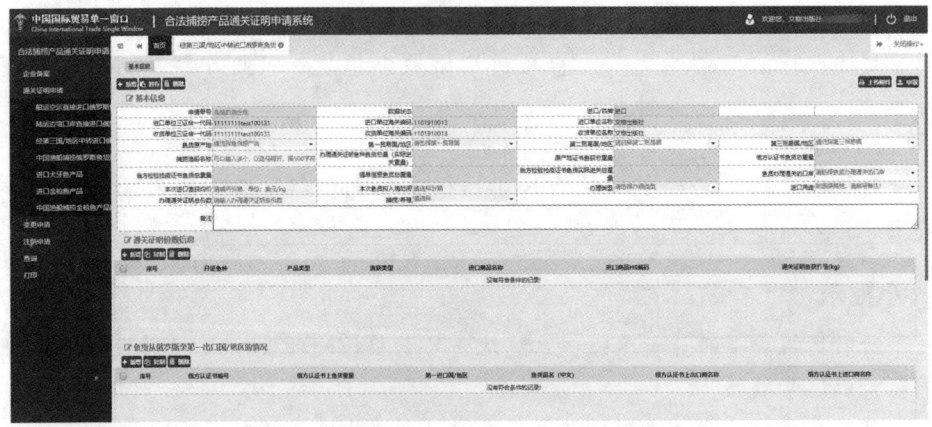

图 12-34　经第三国/地区中转进口俄罗斯鱼货

1. 基本信息

经第三国/地区中转进口俄罗斯鱼货基本信息包含新增、暂存、删除、上传附件、申报 5 个按钮（见图 12-35）。

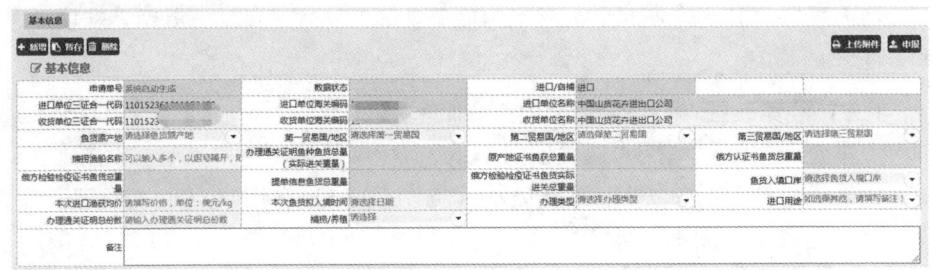

图 12-35　经第三国/地区中转进口俄罗斯鱼货基本信息

（1）新增

用户申报信息后点击 +新增 按钮，点击弹出窗口的"是"按钮，初始化通关证明申请录入界面，便于用户继续录入新的通关证明信息（见图 12-36）。

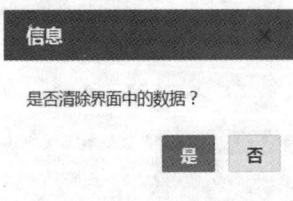

图 12-36　新增操作

（2）暂存

用户点击 暂存 按钮可将已填写的信息保存入库，暂存完成后提示暂存成功。

（3）删除

用户点击 按钮弹出删除提示框，点击提示框内"确定"按钮，可将已保存的信息删除。

（4）上传附件

用户点击 按钮可打开附件上传页面，点击页面中的 按钮，用户可从本地电脑中选取文件进行上传，点击 按钮，用户可将已上传的文件下载到本地电脑，点击 按钮，用户可将已上传的附件删除（见图12-37）。

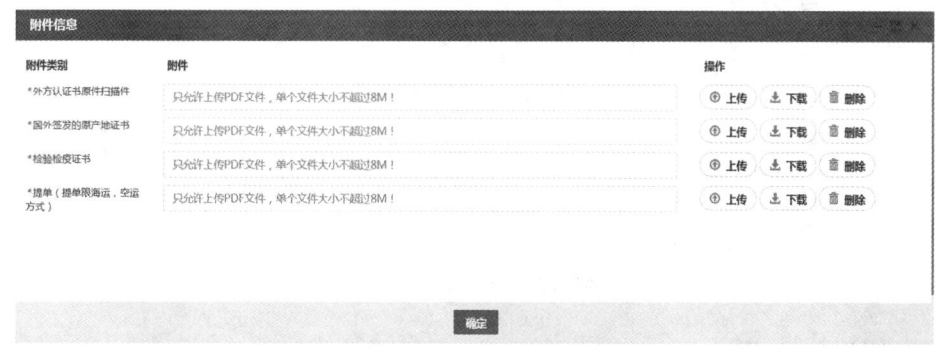

图 12-37　附件上传

（5）申报

用户录入完通关证明申请信息后可点击 按钮提交申报，系统逻辑校验检查通过后，申报成功，系统将企业申请信息数据提交审核。

2. 通关证明份数信息

通关证明份数信息操作请参考船运空运直接进口俄罗斯鱼货——通关证明份数信息。

3. 鱼货从俄罗斯至第一出口国/地区的情况

鱼货从俄罗斯至第一出口国/地区的情况包含新增、复制、删除3个按钮及信息列表（见图12-38）。

图 12-38　鱼货从俄罗斯至第一出口国/地区的情况

国际贸易"单一窗口":许可证件篇

（1）新增

用户点击 新增 按钮,显示录入弹窗,录入完整的信息后点击弹窗的 保存 按钮,信息列表中即增加一条录入信息,点击 清空 按钮会将已录入的信息清空（见图12-39）。

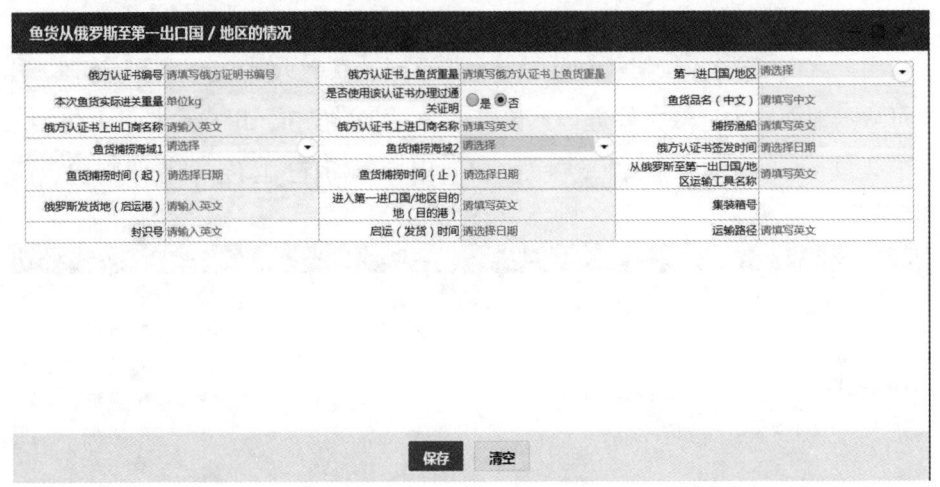

图12-39 新增操作

（2）复制

勾选一条信息,点击 复制 按钮后会弹出复制框体,修改可修改内容后点击 保存 按钮,信息列表中即增加一条录入信息。

（3）删除

勾选一条信息,或点选左上角勾选所有信息,点击 删除 按钮,即可删除该信息。

4. 鱼货从第一贸易国/地区进入第二贸易国/地区的情况

如果用户在基本信息中填写了第二贸易国/地区,便可以在鱼货从第一贸易国/地区进入第二贸易国/地区的情况进行操作,包含新增、复制、删除3个按钮及信息列表（见图12-40）。

图12-40 鱼货从第一贸易国/地区进入第二贸易国/地区的情况

（1）新增

用户点击 新增 按钮,显示录入弹窗,录入完整的信息后点击弹窗的 保存按钮，信息列表中即增加一条录入信息，点击 清空 按钮会将已录入的信息清空（见图12-41）。

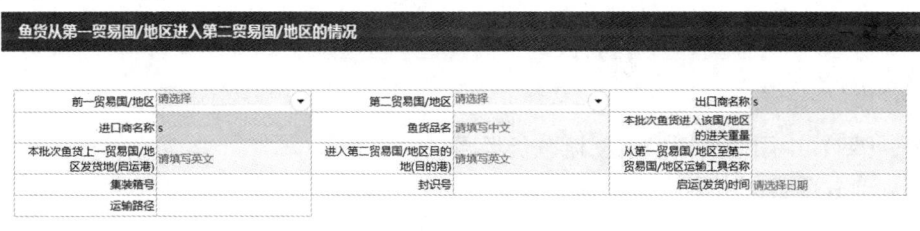

图 12-41 新增操作

（2）复制

勾选一条信息，点击 复制 按钮后会弹出复制框体，修改可修改内容后点击 保存 按钮，信息列表中即增加一条录入信息。

（3）删除

勾选一条信息，或点选左上角勾选所有信息，点击 删除 按钮，即可删除该信息。

5. 鱼货从第二贸易国/地区进入第三贸易国/地区的情况

鱼货从第二贸易国/地区进入第三贸易国/地区的情况的操作方法请参考鱼货从第一贸易国/地区进入第二贸易国/地区的情况 。

6. 鱼货从上一贸易国进入中国时签发的原产地证书信息

鱼货从上一贸易国进入中国时签发的原产地证书信息包含新增、复制、删除3个按钮及信息列表（见图12-42）。

图 12-42 鱼货从上一贸易国进入中国时签发的原产地证书信息

鱼货从上一贸易国进入中国时签发的原产地证书信息的操作方法请参考船运空运直接进口俄罗斯鱼货—俄方签发的原产地证书。

国际贸易"单一窗口":许可证件篇

> 💡 **小提示**
>
> 第二贸易国、第三贸易国为选填项;当基本信息填写后才可录入鱼货从第一贸易国/地区进入第二贸易国/地区的情况、鱼货从第二贸易国/地区进入第三贸易国/地区信息。

(四)中国渔船捕捞俄罗斯鱼货运回

点击页面左侧菜单栏"通关证明申请",在展开的菜单中点选"中国渔船捕捞俄罗斯鱼获运回",弹出提示(见图12-43),用户点击"确定"后,进入录入界面(见图12-44)。

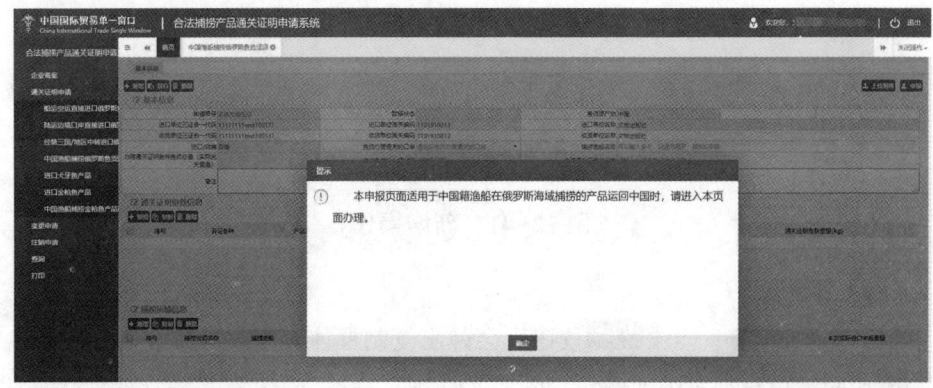

图12-43 中国渔船捕捞俄罗斯鱼货运回适用范围

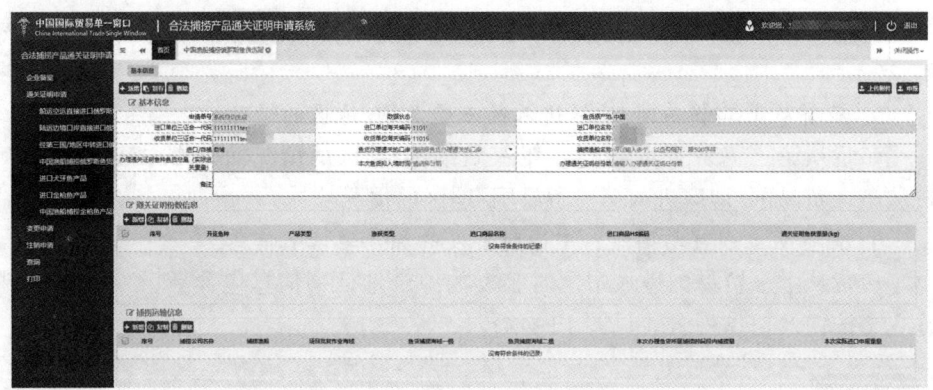

图12-44 中国渔船捕捞俄罗斯鱼货运回

1. 基本信息

中国渔船捕捞俄罗斯鱼货运回包含新增、暂存、删除、上传附件、申报5个按钮(见图12-45)。

第十二章　合法捕捞产品通关证明申请

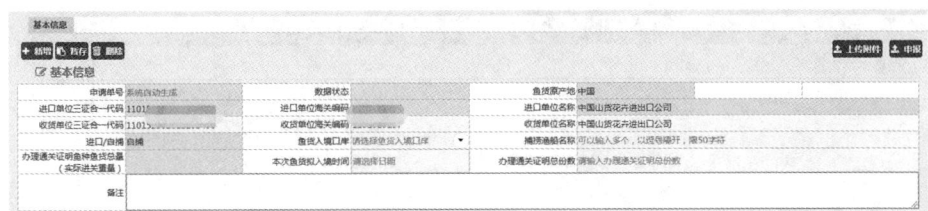

图 12-45　中国渔船捕捞俄罗斯鱼货运回基本信息

（1）新增

用户申报信息后点击 ➕新增 按钮，点击弹出窗口的"是"按钮，初始化通关证明申请录入界面，便于用户继续录入新的通关证明信息（见图 12-46）。

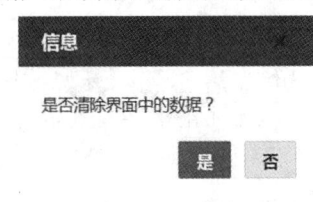

图 12-46　新增操作

（2）暂存

用户点击 暂存 按钮可将已填写的信息保存入库，暂存完成后提示暂存成功。

（3）删除

用户点击 删除 按钮弹出删除提示框，点击提示框内"确定"按钮，可将已保存的信息删除。

（4）上传附件

用户点击 上传附件 按钮可打开附件上传页面，点击页面中的 上传 按钮，用户可从本地电脑中选取文件进行上传，点击 下载 按钮，用户可将已上传的文件下载到本地电脑，点击 删除 按钮，用户可将已上传的附件删除（见图12-47）。

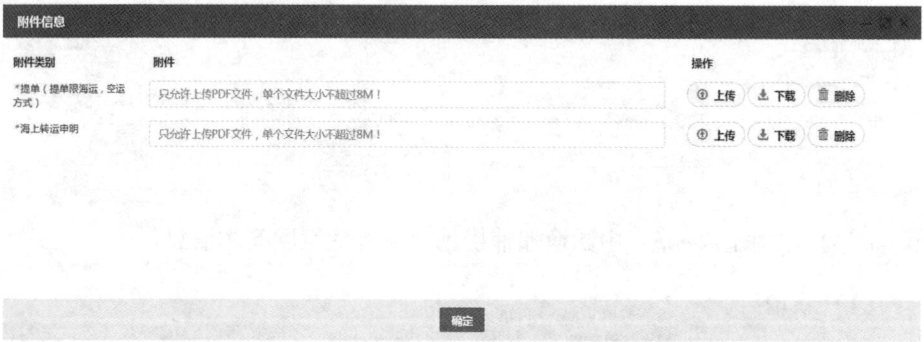

国际贸易"单一窗口":许可证件篇

图 12-47 附件上传

(5) 申报

用户录入完通关证明申请信息后可点击 ![申报] 按钮提交申报,系统逻辑校验检查通过后,申报成功,系统将企业申请信息数据提交审核。

2. 通关证明份数信息

通关证明份数信息操作请参考船运空运直接进口俄罗斯鱼货——通关证明份数信息。

3. 捕捞运输信息

捕捞运输信息包含新增、复制、删除 3 个按钮及信息列表(见图 12-48)。

图 12-48 捕捞运输信息

(1) 新增

用户点击 ![新增] 按钮,自动跳转到捕捞运输信息页面,录入完整的信息后点击弹窗的 ![保存] 按钮,信息列表中即增加一条录入信息,点击"删除"会将已录入的信息清空(见图 12-49)。

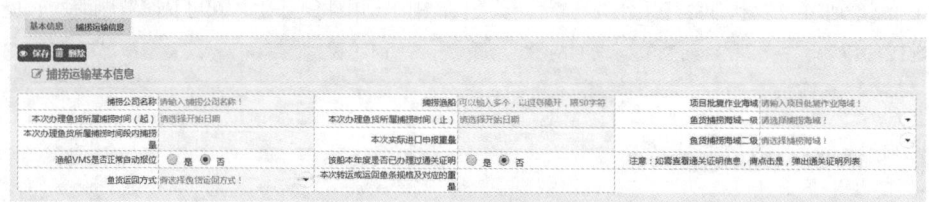

图 12-49 录入捕捞运输信息

（2）复制

勾选一条信息，点击 [复制] 按钮后会弹出复制框体，修改可修改内容后点击 [保存] 按钮，信息列表中即增加一条录入信息。

（3）删除

勾选一条信息，或点选左上角勾选所有信息，点击 [删除] 按钮，即可删除该信息。

💡 小提示

捕捞、运输信息与通关证明是1对多的关系，一个申请单中只允许有1套捕捞、运输环节信息，可有多份通关证明信息。

（五）进口犬牙鱼产品

点击页面左侧菜单栏"通关证明申请"，在展开的菜单中点选"进口犬牙鱼产品"，弹出提示（见图12-50），用户点击"确定"后，进入录入界面（见图12-51）。

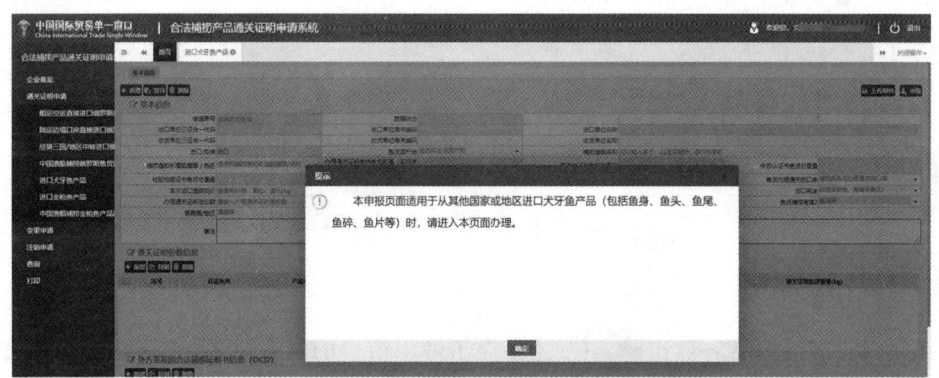

图12-50　进口犬牙鱼产品适用范围

国际贸易"单一窗口":许可证件篇

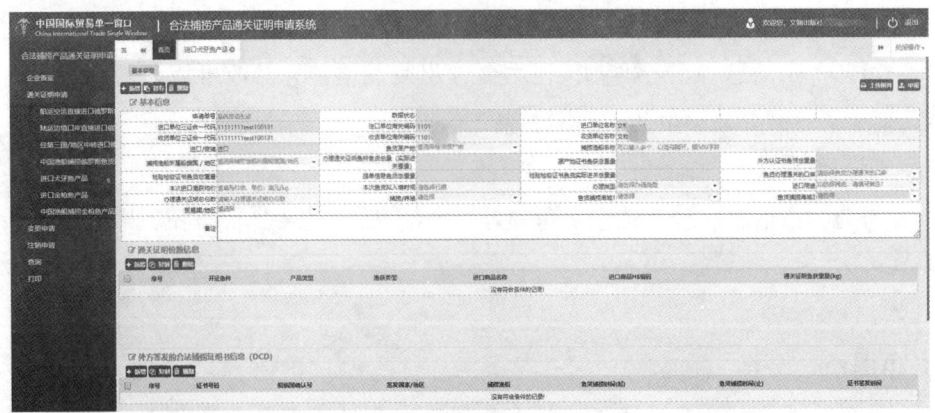

图 12-51 进口犬牙鱼产品

1. 基本信息

进口犬牙鱼产品包含新增、暂存、删除、上传附件、申报 5 个按钮(见图 12-52)。

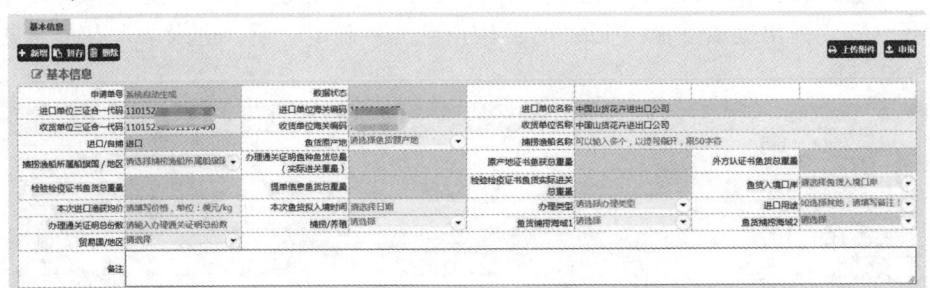

图 12-52 进口犬牙鱼产品基本信息

(1) 新增

用户申报信息后点击 _{+ 新增} 按钮,点击弹出窗口的"是"按钮,初始化通关证明申请录入界面,便于用户继续录入新的通关证明信息(见图 12-53)。

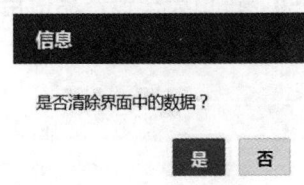

图 12-53 新增操作

第十二章 合法捕捞产品通关证明申请

（2）暂存

用户点击 ![暂存] 按钮可将已填写的信息保存入库，暂存完成后提示暂存成功。

（3）删除

用户点击 ![删除] 按钮弹出删除提示框，点击提示框内"确定"按钮，可将已保存的信息删除。

（4）上传附件

用户点击 ![上传附件] 按钮可打开附件上传页面，点击页面中的 ![上传] 按钮，用户可从本地电脑中选取文件进行上传，点击 ![下载] 按钮，用户可将已上传的文件下载到本地电脑，点击 ![删除] 按钮，用户可将已上传的附件删除（见图12-54）。

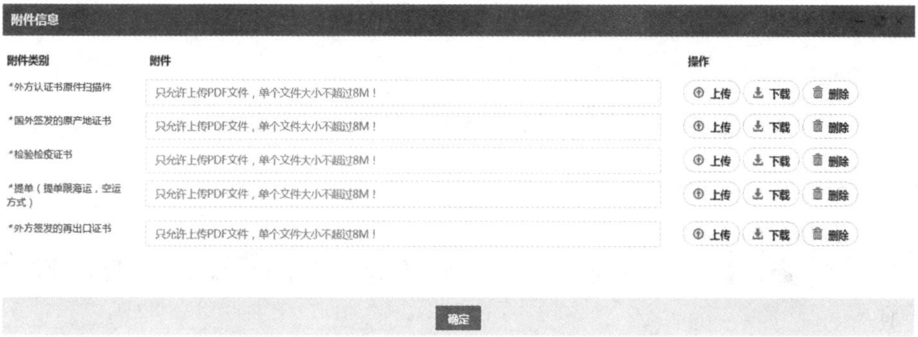

图 12-54　附件上传

（5）申报

用户录入完通关证明申请信息后可点击 ![申报] 按钮提交申报，系统逻辑校验检查通过后，申报成功，系统将企业申请信息数据提交审核。

2. 通关证明份数信息

通关证明份数信息操作请参考船运空运直接进口俄罗斯鱼获货——通关证明份数信息。

3. 外方签发的合法捕捞证明书信息

外方签发的合法捕捞证明书信息包含新增、复制、删除3个按钮及信息列表（见图12-55）。

图 12-55　外方签发的合法捕捞证明书信息

国际贸易"单一窗口":许可证件篇

（1）新增

用户点击 新增 按钮，显示录入弹窗，录入完整的信息后点击弹窗的 保存 按钮，信息列表中即增加一条录入信息，点击 清空 按钮会将已录入的信息清空（见图12-56）。

图12-56 新增操作

（2）复制

勾选一条信息，点击 复制 按钮后会弹出复制框体，修改可修改内容后点击 保存 按钮，信息列表中即增加一条录入信息。

（3）删除

勾选一条信息，或点选左上角勾选所有信息，点击 删除 按钮，即可删除该信息。

4. 外方签发的再出口证书信息

外方签发的再出口证书信息包含新增、复制、删除3个按钮及信息列表（见图12-57）。

图12-57 外方签发的再出口证书信息

（1）新增

用户点击 新增 按钮，显示录入弹窗，录入完整的信息后点击弹窗的 保存 按钮，信息列表中即增加一条录入信息，点击 清空 按钮会将已录入的信息清空（见图12-58）。

第十二章　合法捕捞产品通关证明申请

图 12-58　新增操作

（2）复制

勾选一条信息，点击 复制 按钮后会弹出复制框体，修改可修改内容后点击 保存 按钮，信息列表中即增加一条录入信息。

（3）删除

勾选一条信息，或点选左上角勾选所有信息，点击 删除 按钮，即可删除该信息。

5. 前一出口国签发的原产地证书信息

前一出口国签发的原产地证书信息包含新增、复制、删除3个按钮及信息列表（见图12-59）。

图 12-59　前一出口国签发的原产地证书信息

（1）新增

用户点击 新增 按钮后，自动跳转到前一出口国签发的原产地证书信息录入界面（见图12-60）。

国际贸易"单一窗口":许可证件篇

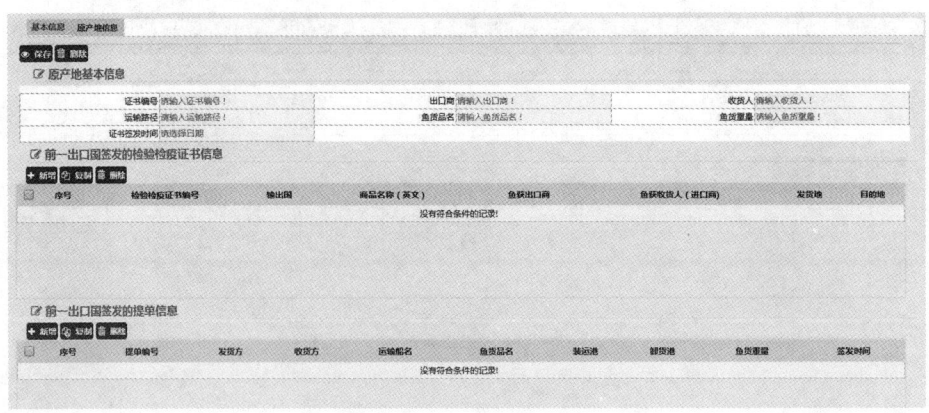

图 12-60　新增操作

(2) 复制

勾选一条信息,点击 复制 按钮后会弹出复制框体,修改可修改内容后点击 保存 按钮,信息列表中即增加一条录入信息。

(3) 删除

勾选一条信息,或点选左上角勾选所有信息,点击 删除 按钮,即可删除该信息。

6. 前一出口国签发的检验检疫证书信息

前一出口国签发的检验检疫证书信息包含新增、复制、删除 3 个按钮及信息列表(见图 12-61)。

图 12-61　前一出口国签发的检验检疫证书信息

(1) 新增

用户点击 新增 按钮,显示录入弹窗,录入完整的信息后点击弹窗的 保存 按钮,信息列表中即增加一条录入信息,点击 清空 按钮会将已录入的信息清空(见图 12-62)。

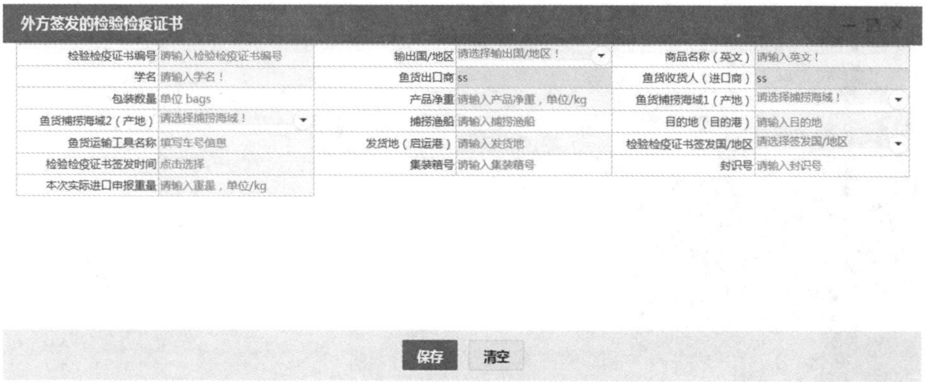

图 12-62　新增操作

（2）复制

勾选一条信息，点击 按钮后会弹出复制框体，修改可修改内容后点击 按钮，信息列表中即增加一条录入信息。

（3）删除

勾选一条信息，或点选左上角勾选所有信息，点击 按钮，即可删除该信息。

7. 前一出口国签发的提单信息

前一出口国签发的提单信息包含新增、复制、删除 3 个按钮及信息列表（见图 12-63）。

图 12-63　前一出口国签发的提单信息

前一出口国签发的提单信息操作方法请参考船运空运直接进口俄罗斯鱼货——俄罗斯签发的提单信息。

（六）进口金枪鱼产品

点击页面左侧菜单栏"通关证明申请"，在展开的菜单中点选"进口金枪鱼产品"，弹出提示（见图 12-64），用户点击"确定"后，进入录入界面（见图 12-65）。

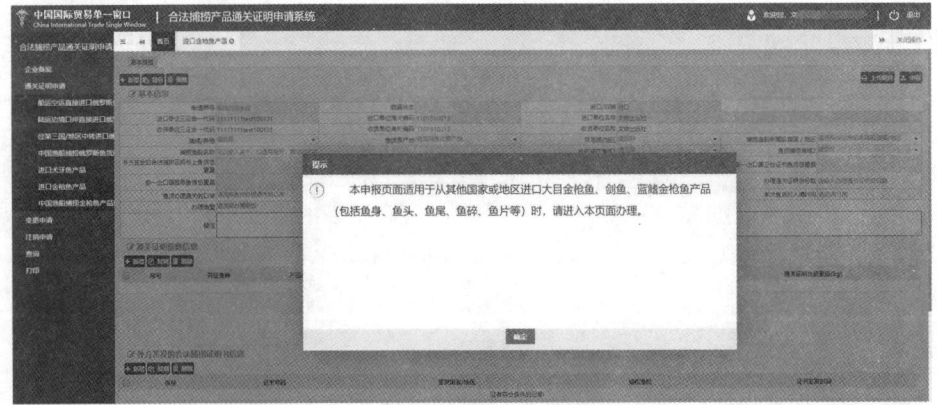

图 12-64　进口金枪鱼产品适用范围

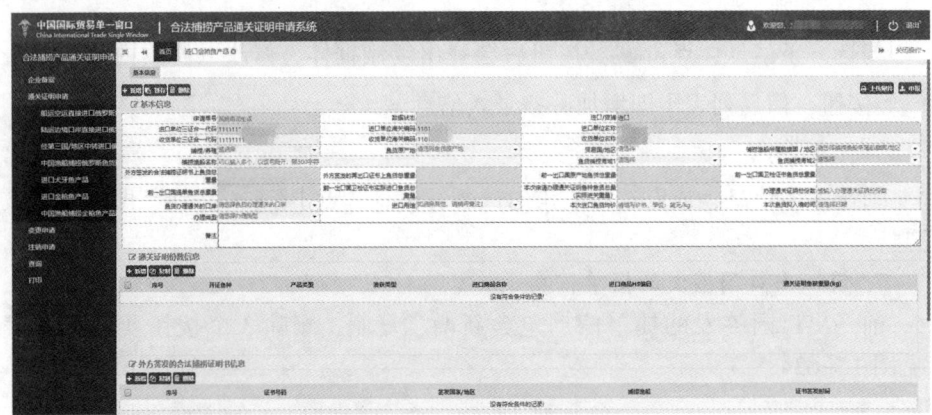

图 12-65　进口金枪鱼产品

1. 基本信息

进口金枪鱼产品包含新增、暂存、删除、上传附件、申报 5 个按钮（见图 12-66）。

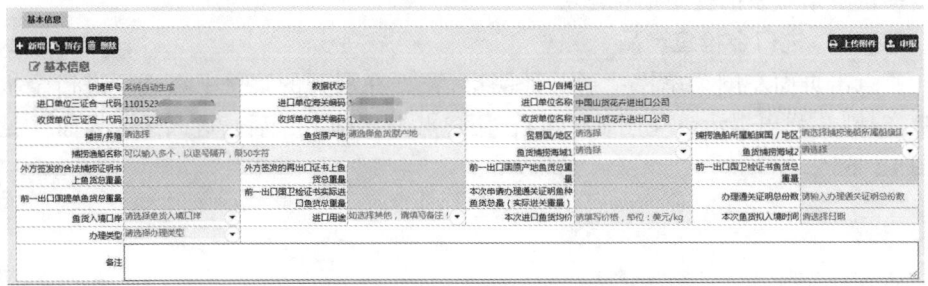

图 12-66　进口金枪鱼产品基本信息

第十二章 合法捕捞产品通关证明申请

（1）新增

用户申报信息后点击 ✚新增 按钮，点击弹出窗口的"是"按钮，初始化通关证明申请录入界面，便于用户继续录入新的通关证明信息（见图12-67）。

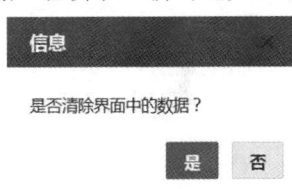

图 12-67 新增操作

（2）暂存

用户点击 暂存 按钮可将已填写的信息保存入库，暂存完成后提示暂存成功。

（3）删除

用户点击 删除 按钮弹出删除提示框，点击提示框内"确定"按钮，可将已保存的信息删除。

（4）上传附件

用户点击 上传附件 按钮可打开附件上传页面，点击页面中的 上传 按钮，用户可从本地电脑中选取文件进行上传，点击 下载 按钮，用户可将已上传的文件下载到本地电脑，点击 删除 按钮，用户可将已上传的附件删除（见图12-68）。

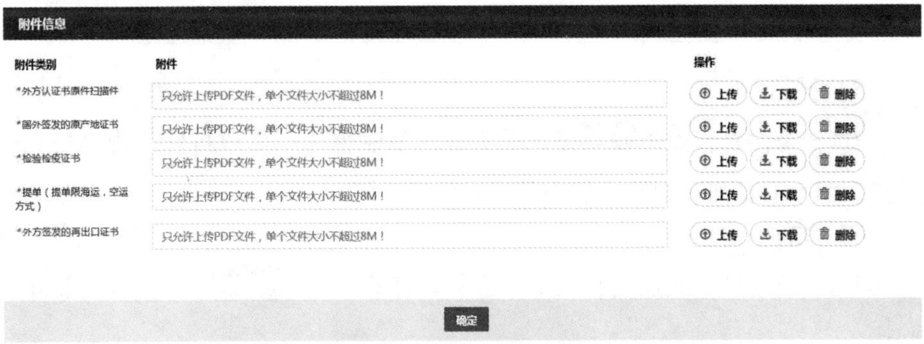

图 12-68 附件上传

（5）申报

用户录入完通关证明申请信息后可点击 申报 按钮提交申报，系统逻辑校验检查通过后，申报成功，系统将企业申请信息数据提交审核。

2. 通关证明份数信息

通关证明份数信息操作请参考船运空运直接进口俄罗斯鱼货——通关证明份数信息。

3. 外方签发的合法捕捞证明书信息

外方签发的合法捕捞证明书信息包含新增、复制、删除 3 个按钮及信息列表（见图 12-69）。

图 12-69 外方签发的合法捕捞证明书信息

（1）新增

用户点击 **+新增** 按钮，显示录入弹窗，录入完整的信息后点击弹窗的 **保存** 按钮，信息列表中即增加一条录入信息，点击 **清空** 按钮会将已录入的信息清空（见图 12-70）。

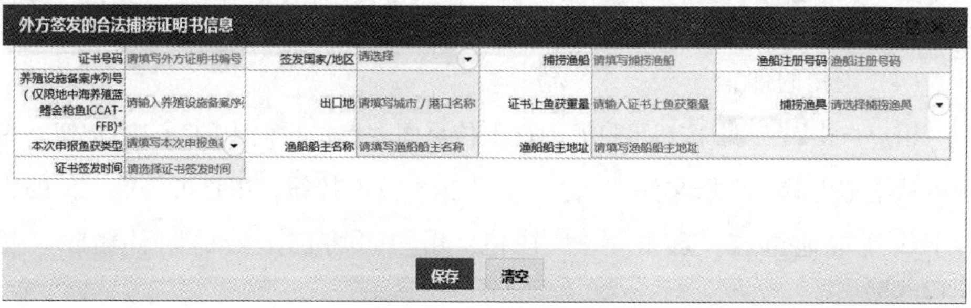

图 12-70 新增操作

（2）复制

勾选一条信息，点击 **复制** 按钮后会弹出复制框体，修改可修改内容后点击 **保存** 按钮，信息列表中即增加一条录入信息。

（3）删除

勾选一条信息，或点选左上角勾选所有信息，点击 **删除** 按钮，即可删除该信息。

4. 外方签发的再出口证书信息

外方签发的再出口证书信息包含新增、复制、删除 3 个按钮及信息列表（见图 12-71）。

图 12-71　外方签发的再出口证书信息

（1）新增

用户点击 ![新增] 按钮，显示录入弹窗，录入完整的信息后点击弹窗的 ![保存] 按钮，信息列表中即增加一条录入信息，点击 ![清空] 按钮会将已录入的信息清空（见图 12-72）。

图 12-72　新增操作

（2）复制

勾选一条信息，点击 ![复制] 按钮后会弹出复制框体，修改可修改内容后点击 ![保存] 按钮，信息列表中即增加一条录入信息。

（3）删除

勾选一条信息，或点选左上角勾选所有信息，点击 ![删除] 按钮，即可删除该信息。

5. 前一出口国签发的原产地证书信息

前一出口国签发的原产地证书信息请参考进口犬牙鱼产品——前一出口国签发的原产地证书。

6. 前一出口国签发的检验检疫证书信息

前一出口国签发的检验检疫证书信息包含新增、复制、删除 3 个按钮及信息列表（见图 12-73）。

图 12-73　前一出口国签发的检验检疫证书信息

国际贸易"单一窗口":许可证件篇

（1）新增

用户点击 ➕新增 按钮,显示录入弹窗,录入完整的信息后点击弹窗的 保存 按钮,信息列表中即增加一条录入信息,点击 清空 按钮会将已录入的信息清空（见图12-74）。

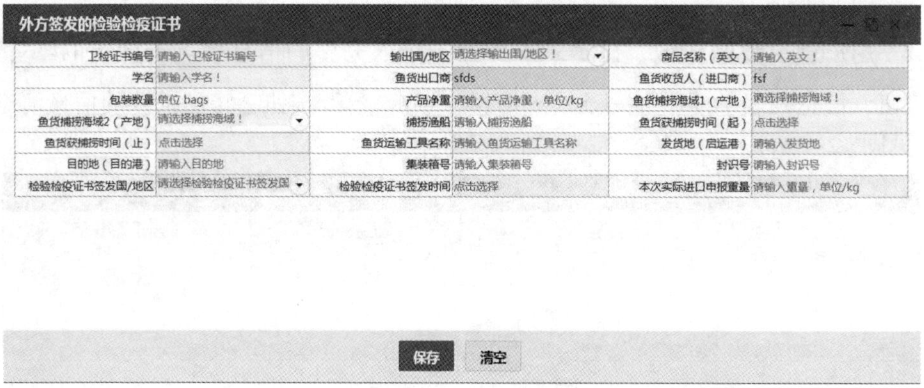

图 12-74 新增操作

（2）复制

勾选一条信息,点击 复制 按钮后会弹出复制框体,修改可修改内容后点击 保存 按钮,信息列表中即增加一条录入信息。

（3）删除

勾选一条信息,或点选左上角勾选所有信息,点击 删除 按钮,即可删除该信息。

7. 前一出口国签发的提单信息

前一出口国签发的提单信息操作方法请参考进口犬牙鱼产品——前一出口国签发的提单信息。

（七）中国渔船捕捞金枪鱼产品运回

点击页面左侧菜单栏"通关证明申请",在展开的菜单中点选"中国渔船捕捞金枪鱼产品运回",弹出提示（见图12-75）,用户点击"确定"后,进入录入界面（见图12-76）。

第十二章 合法捕捞产品通关证明申请

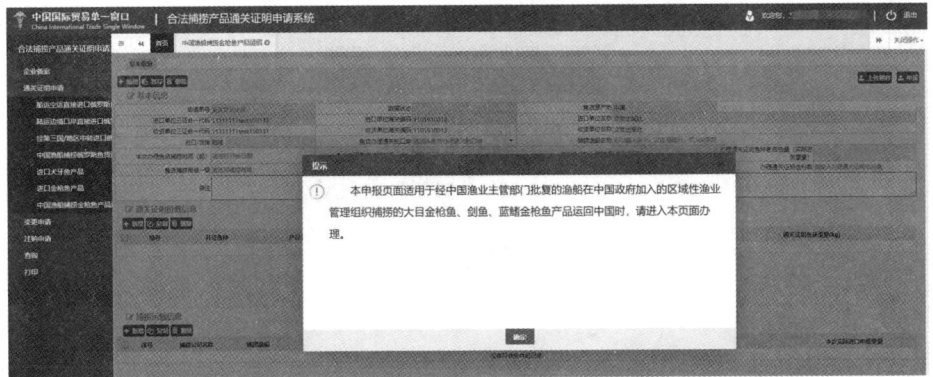

图 12-75 中国渔船捕捞金枪鱼产品运回适用范围

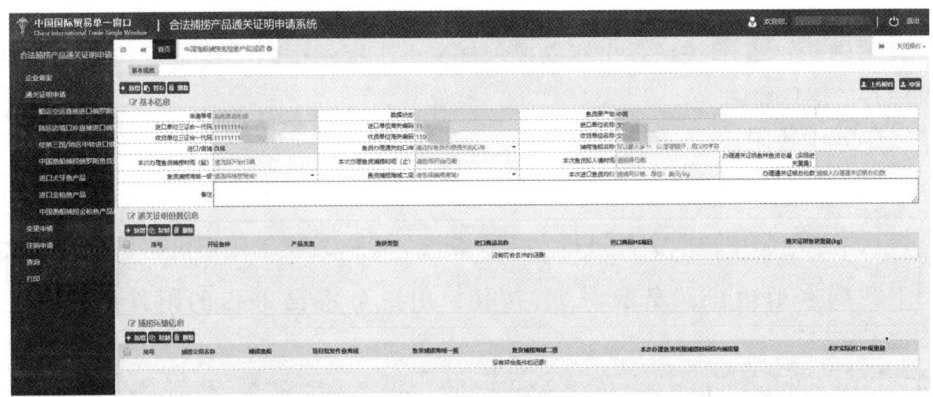

图 12-76 中国渔船捕捞金枪鱼产品运回

1. 基本信息

中国渔船捕捞金枪鱼产品运回包含新增、暂存、删除、上传附件、申报 5 个按钮（见图 12-77）。

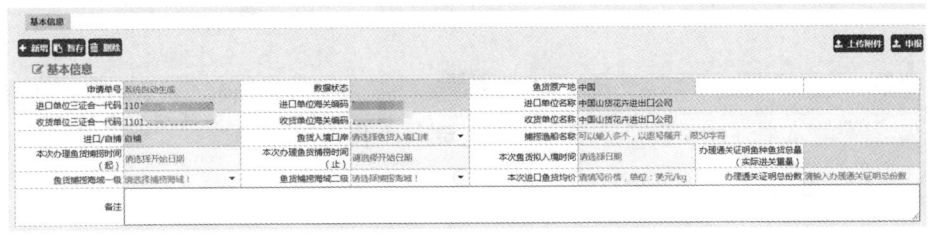

图 12-77 中国渔船捕捞金枪鱼产品运回基本信息

（1）新增

用户申报信息后点击 ➕新增 按钮，点击弹出窗口的"是"按钮，初始化通关

217

国际贸易"单一窗口":许可证件篇

证明申请录入界面,便于用户继续录入新的通关证明信息(见图12-78)。

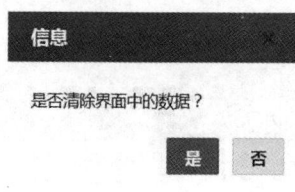

图 12-78 新增操作

(2)暂存

用户点击 [暂存] 按钮可将已填写的信息保存入库,暂存完成后提示暂存成功。

(3)删除

用户点击 [删除] 按钮弹出删除提示框,点击提示框内"确定"按钮,可将已保存的信息删除。

(4)上传附件

用户点击 [上传附件] 按钮可打开附件上传页面,点击页面中的 [上传] 按钮,用户可从本地电脑中选取文件进行上传,点击 [下载] 按钮,用户可将已上传的文件下载到本地电脑,点击 [删除] 按钮,用户可将已上传的附件删除(见图12-79)。

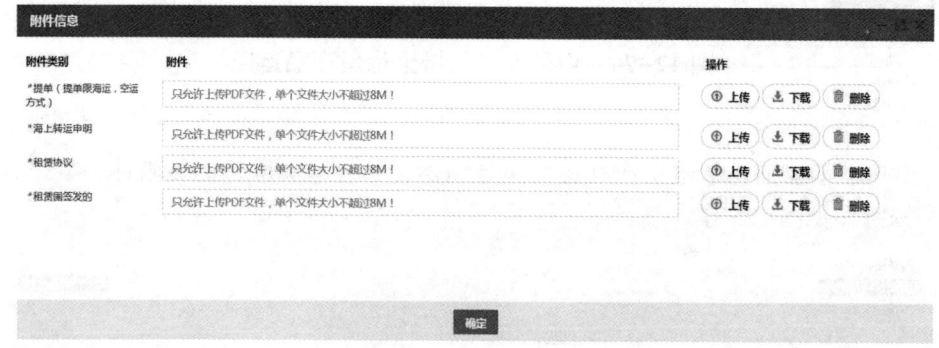

图 12-79 附件上传

(5)申报

用户录入完通关证明申请信息后可点击 [申报] 按钮提交申报,系统逻辑校验检查通过后,申报成功,系统将企业申请信息数据提交审核。

2. 通关证明份数

通关证明份数包含新增、复制、删除3个按钮及信息列表(见图12-80)。

图 12-80　通关证明份数

（1）新增

用户点击 ➕新增 按钮，显示录入弹窗，录入完整的信息后点击弹窗的 保存 按钮，信息列表中即增加一条录入信息，点击 清空 按钮会将已录入的信息清空（见图 12-81）。

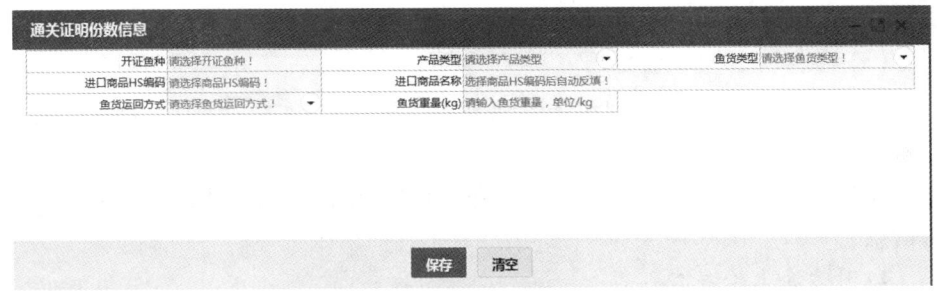

图 12-81　新增操作

（2）复制

勾选一条信息，点击 复制 按钮后会弹出复制框体，修改可修改内容后点击 保存 按钮，信息列表中即增加一条录入信息。

（3）删除

勾选一条信息，或点选左上角勾选所有信息，点击 删除 按钮，即可删除该信息。

3. 捕捞运输信息

捕捞运输信息包含新增、复制、删除 3 个按钮及信息列表（见图 12-82）。

图 12-82　捕捞运输信息

（1）新增

用户点击 ➕新增 按钮，自动跳转到捕捞运输信息页面，录入完整的信息后点击弹窗的 保存 按钮，信息列表中即增加一条录入信息，点击"删除"会将已录入的信息清空（见图 12-83）。

国际贸易"单一窗口":许可证件篇

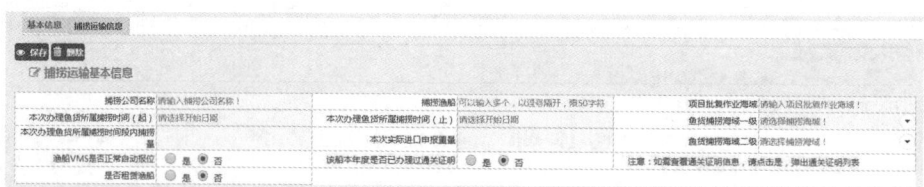

图12-83 录入捕捞运输信息

(2) 复制

勾选一条信息,点击 ![复制] 按钮后会弹出复制框体,修改可修改内容后点击 ![保存] 按钮,信息列表中即增加一条录入信息。

(3) 删除

勾选一条信息,或点选左上角勾选所有信息,点击 ![删除] 按钮,即可删除该信息。

捕捞运输信息的操作方法请参考中国渔船捕捞俄罗斯鱼货运回——捕捞运输信息。

4. 外方海上转运信息

外方海上转运信息包含新增、复制、删除3个按钮及信息列表(见图12-84)。

图12-84 外方海上转运信息

(1) 新增

用户点击 ![新增] 按钮,显示录入弹窗,录入完整的信息后点击弹窗的 ![保存] 按钮,信息列表中即增加一条录入信息,点击 ![清空] 按钮会将已录入的信息清空(见图12-85)。

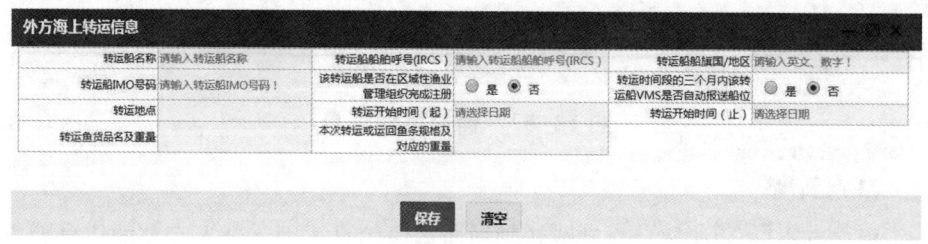

图12-85 新增操作

(2) 复制

勾选一条信息，点击 复制 按钮后会弹出复制框体，修改可修改内容后点击 保存 按钮，信息列表中即增加一条录入信息。

(3) 删除

勾选一条信息，或点选左上角勾选所有信息，点击 删除 按钮，即可删除该信息。

三、变更申请

点击页面左侧菜单栏"变更申请"，在展开的菜单中点选"通关证明变更申请"（见图 12-86）。

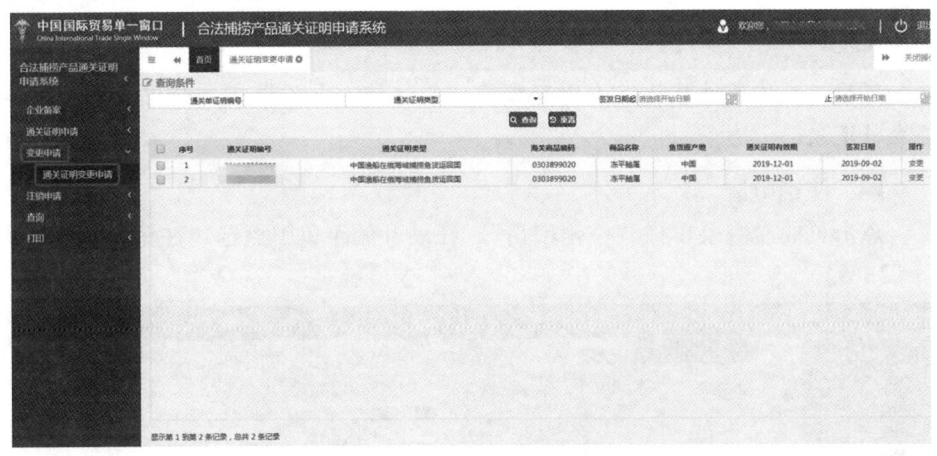

图 12-86　通关证明变更申请

用户可通过查询条件查询到通关证明信息，查询条件包括通关证明编号、通关证明类型、签发日期起始日、签发日期截止日，条件设置完成后，点击 查询 按钮进行查询，点击 重置 按钮可清空所有查询条件信息；如果没有符合条件的数据，页面会显示"没有符合条件的记录"，如果有符合条件的数据，会以列表的形式显示（见图 12-87）。

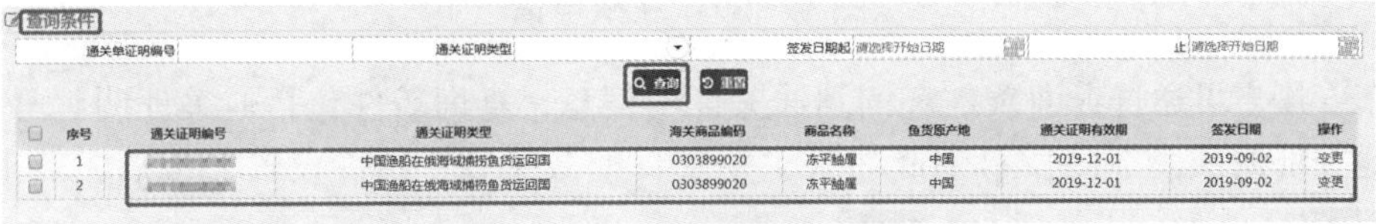

图 12-87　通过查询条件进行查询操作

选择其中一条记录，点击信息列表的 变更 按钮进入详情页面，其中部分内容可做变更，完成信息填写后点击 提交变更申请 按钮进行提交（见图 12-88）。

国际贸易"单一窗口"：许可证件篇

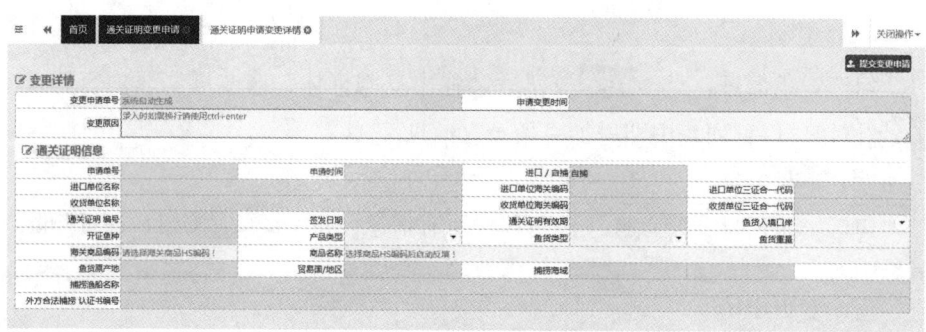

图 12-88　申请变更详情页面

💡小提示

不输入查询条件默认查询所有数据；已注销，或已提交注销申请的通关单不允许变更。

四、注销申请

点击页面左侧菜单栏"注销申请"，在展开的菜单中点选"注销申请"（见图 12-89）。

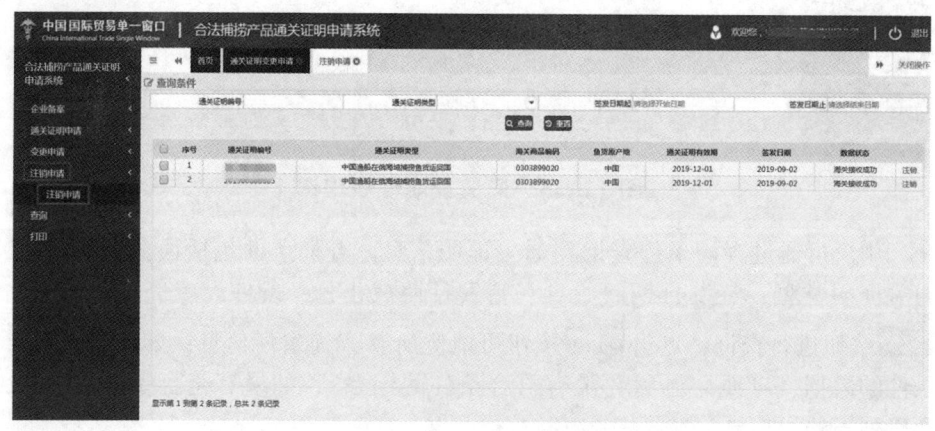

图 12-89　注销申请

用户可通过查询条件查询到通关证明信息，查询条件包括通关证明编号、通关证明类型、签发日期起始日、签发日期截止日，条件设置完成后，点击 按钮进行查询，点击 按钮可清空所有查询条件信息；如果没有符合条件的数据，页面会显示"没有符合条件的记录"，如果有符合条件的数据，会以列表的形式显示（见图 12-90）。

第十二章 合法捕捞产品通关证明申请

图 12-90 通过查询条件进行查询操作

选择其中一条记录，点击信息列表的 注销 按钮会弹出注销原因弹框，输入注销原因后点击 提交 按钮完成注销提交，不进行注销可点击 关闭 按钮（见图12-91）。

图 12-91 注销原因弹框

💡 小提示

查出企业用户所有未提交过注销申请的通关证明，可提交注销申请。注销申请审批部门为原通关证明的出证部门。

已提交变更申请的通关单不允许提交注销申请。

五、通关证明查询

（一）通关证明申请数据查询

点击页面左侧菜单栏"查询"，在展开的菜单中点选"通关证明申请数据查询"（见图 12-92）。

国际贸易"单一窗口"：许可证件篇

图 12-92 通关证明申请数据查询

用户可通过查询条件查询到通关证明信息，查询条件包括申请单号、通关证明编号、通关证明类型、进口/自捕、状态、申请日期起始日、申请日期截止日，条件设置完成后，点击 [查询] 按钮进行查询，点击 [重置] 按钮可清空所有查询条件信息；如果没有符合条件的数据，页面会显示"没有符合条件的记录"，如果有符合条件的数据，会以列表的形式显示（见图12-93）。

图 12-93 通过查询条件进行查询操作

选择一条数据，点击 [删除] 按钮可将其删除，其中待审批、同意、补正材料、不予受理、不同意的数据不允许删除；点击 [撤回] 按钮可将其撤回，其中已进入流程的数据无法撤回；点击 [查看] 按钮可查看其审核意见（见图12-94）。

第十二章 合法捕捞产品通关证明申请

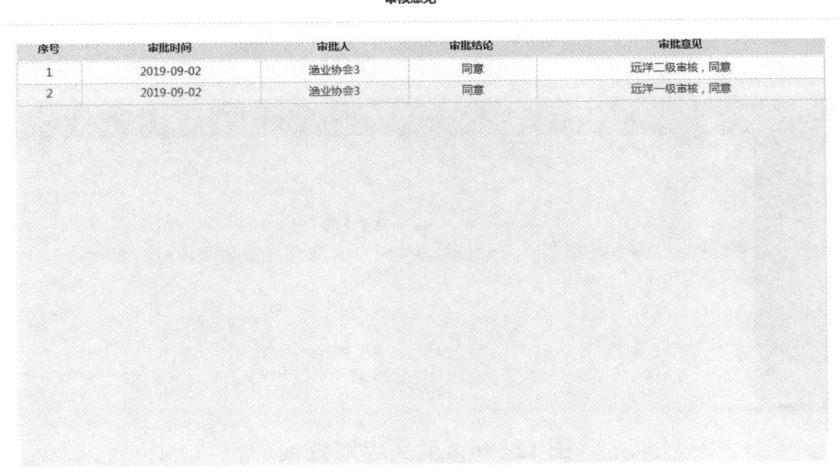

图 12-94 审核意见详情

（二）注销申请查询

点击页面左侧菜单栏"查询"，在展开的菜单中点选"注销申请查询"（见图 12-95）。

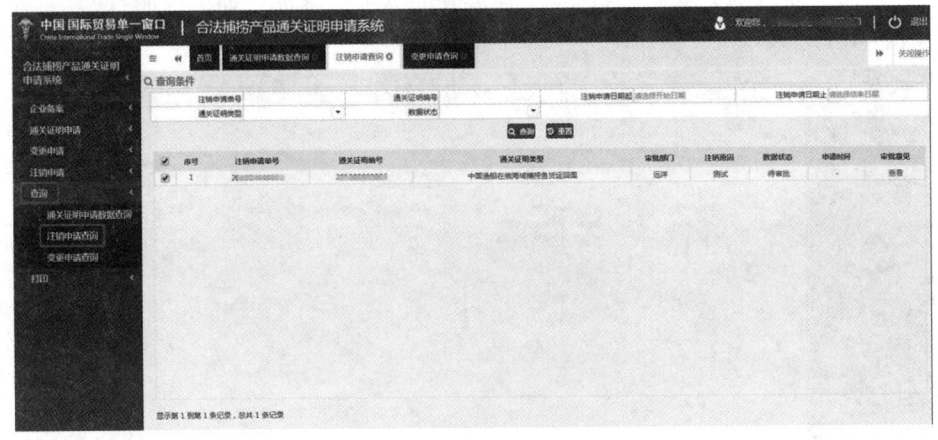

图 12-95 注销申请查询

用户可查询通关证明注销申请数据的审核状态，用户设定查询条件后，系统进行查询，在结果列表显示栏内显示符合条件的申请数据，用户选中某条记录后，可以点击 查看 按钮查看该申请的审核意见。

(三) 变更申请查询

点击页面左侧菜单栏"查询",在展开的菜单中点选"注销申请查询"(见图 12-96)。

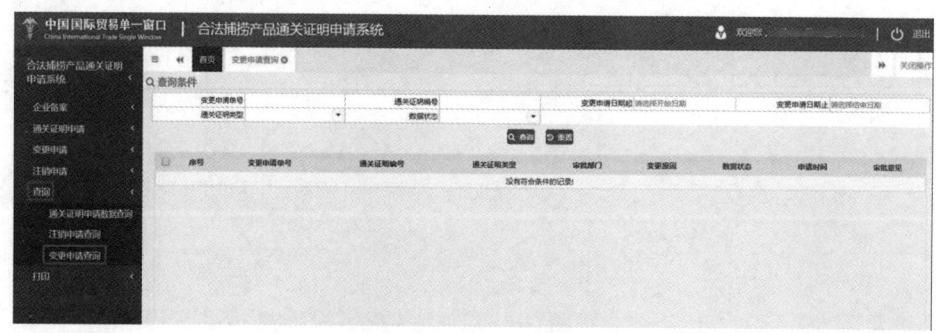

图 12-96　变更申请查询

用户可查询提交的通关证明变更申请数据的审核状态,用户设定查询条件后,系统进行查询,在结果列表显示栏内显示符合条件的申请数据,用户选中某条记录后,点击注销申请单号,可以查看该申请的详细信息,点击 查看 按钮可查看该申请的审核意见。

六、通关证明打印

点击页面左侧菜单栏"打印",在展开的菜单中点选"通关证明打印"(见图 12-97)。

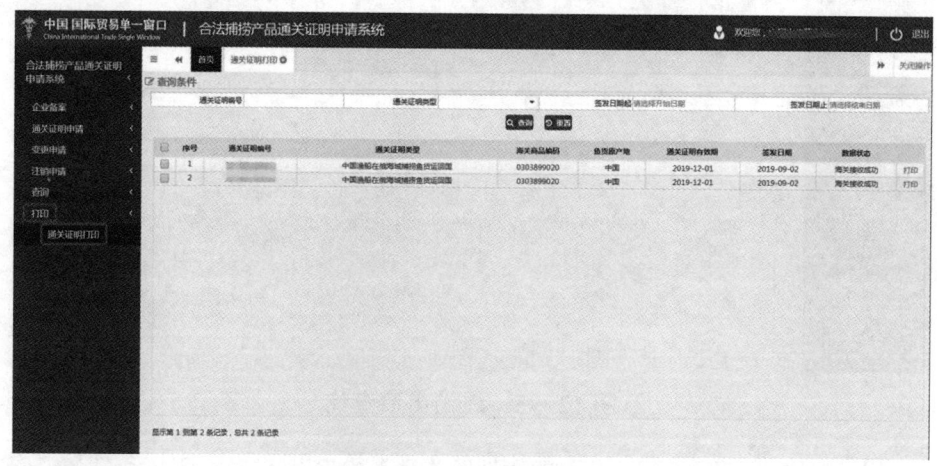

图 12-97　通关证明打印

用户可通过查询条件查询到通关证明信息,查询条件包括通关证明编号、通关证明类型、签发日期起始日、签发日期截止日,条件设置完成后,点击

第十二章 合法捕捞产品通关证明申请

[查询] 按钮进行查询,点击 [重置] 按钮可清空所有查询条件信息;如果没有符合条件的数据,页面会显示"没有符合条件的记录",如果有符合条件的数据,会以列表的形式显示,选择一条,点击 [打印] 按钮,可将该票通关证明数据以 PDF 格式显示,供用户打印(见图 12-98)。

合法捕捞通关证明

通关证明编号:201900009602

自捕/进口	进口	有效期截止日期	2019-12-26
进口单位名称	中国山货花卉进出口公司		
收货单位名称	中国山货花卉进出口公司		
开证鱼种	我的鱼	海关商品编码	0303311000
商品名称	冻格陵兰庸鲽鱼(马舌鲽)		
进口数量	123kg	口岸	北京关区
捕捞海域	西北太平洋,		
捕捞渔船	12323		
合法捕捞认证书编号	qwewqewqeqwe		

图 12-98 合法捕捞通关证明打印

第十三章 药品进出口准许证申请

第一节 业务简介

药品进出口准许证,是指国家食品药品监督管理总局依法对列入兴奋剂目录的蛋白同化制剂、肽类激素等供医疗使用的兴奋剂实施进出口管理,签发准予进出口的许可证件,药品进(出)口准许证监管证件代码为"L"。药品进出口准许证已实现联网核查,企业使用准许证报关时应在报关单"随附单证"代码栏填报监管证件代码为"L",在编号栏填报准许证编号。

"单一窗口"标准版药品进出口准许证(蛋白同化制剂、肽类激素)申请系统,涵盖进口准许证申请、出口准许证申请、查询、打印申请表等功能,实现国际贸易企业通过"单一窗口"一点接入、提交满足管理部门(国家食品药品监督管理总局)要求的申请信息,管理部门按照相关规定进行审批,并将审批结果通过"单一窗口"统一反馈,便于企业查询。

系统对应的审批部门为国家食品药品监督管理总局授权机构。

一、管理要求

国家对蛋白同化制剂、肽类激素实行进出口准许证管理,进口蛋白同化制剂、肽类激素,进口单位应当向国家食品药品监督管理总局提出申请获取准许证,企业可参考《蛋白同化制剂、肽类激素进出口管理办法》要求向国家食品药品监督管理总局提交相应证明材料申请准许证。

二、适用范围

兴奋剂是指兴奋剂目录所列的禁用物质,包括蛋白同化制剂品种、肽类激素品种、麻醉药品品种、刺激剂(含精神药品)品种、药品类易制毒化学品品种、医疗用毒性药品品种及其他品种兴奋剂。对兴奋剂目录中第七类"其他品种",海关暂不按照兴奋剂实行管理。实行进(出)口准许证管理的蛋白同化制剂、肽类激素品种详见《2010年兴奋剂目录》。

兴奋剂目录所列禁用物质属于麻醉药品、精神药品、医疗用毒性药品和易制毒化学品的,其生产、销售、进口、运输和使用,依照药品管理法和有关行政法规的规定实行特殊管理。

三、监管要求

药品进口准许证、出口准许证实行"一批一证",只能在有效期内一次性使用,只可用于一批次报关。

药品进口准许证有效期为 1 年,药品出口准许证有效期不超过 3 个月(有效期时限不跨年度),企业应在证书有效期内进行报关。

第二节 基本操作

因相关业务数据有严格的填制规范,如在系统录入数据的过程中,字段右侧弹出红色提示,代表用户当前录入的数据有误,需根据要求重新录入。

灰色字段表示不允许录入,系统自动返填,或根据企业备案的相关信息进行返填。

界面中黄色底色的录入框字段为必填项,务必填写。

界面中的❓图标,鼠标放上去,系统会提示录入说明。

界面中部分字段右侧带有三角形图标,表示该类字段需要在参数中进行调取,不允许用户随意录入。直接点击三角形图标,调出下拉菜单并在其中进行选择,也可将光标置于字段中,系统自动显示下拉菜单。如果用户已经知道相关参数的代码,也可直接输入相应数字、字母或汉字,迅速调出参数,使用上下箭头选择后,点击回车键确认录入。

一、进口准许证申请

首次登录药品进出口准许证(蛋白同化制剂肽类激素)系统,系统将校验企业对外贸易经营者备案资质,业务部门要求只有具备资质的用户才可申请药品进出口准许证,否则登录后首页将会出现弹框提示(见图 13-1)。

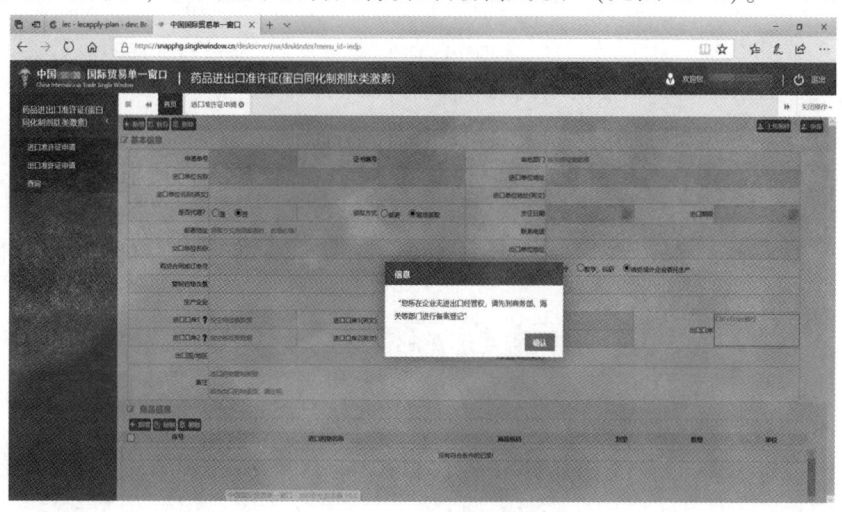

图 13-1 提示截图

国际贸易"单一窗口":许可证件篇

具备资质的企业可进行进口准许证申请的录入、暂存、申报等操作。进入左侧菜单"进口准许证申请",展开业务菜单(见图 13-2)。

图 13-2 进口准许证申请

界面字段录入说明如下。

- 进口单位名称(英文)、进口单位地址(英文):系统自动获取用户在商务部备案信息返填,用户可修改。
- 审批部门:按空格键显示所有审批部门,可滚动选择,也可输入汉字模糊搜索。如果所选审批部门未进行后台设置则无法申报成功,申报时提示"请联系审批部门进行初始值设置",用户需联系审批部门咨询。
- 是否代理:用户需根据实际情况选择"是"或"否",如选择"是",还需填写委托人统一社会信用代码和委托企业名称。
- 发证日期、进口期限:由审批端审批后返填。
- 备注:如录入数据涉及管制药品或为出口药物退货,请根据实际情况在备注字段进行注明。
- 用途:可选医疗、教学、科研或者接受境外企业委托生产,选择不同的用途,所需上传的附件也不同。
- 领取方式:用户可根据需要选择邮寄或现场领取证书,如选择邮寄,则邮寄地址字段为必填项。
- 进口口岸 1、进口口岸 2:按空格键选择相应城市,所列城市名为国家药品监督管理局公布的药品指定进口口岸,参见国家药品监督管理局公告〔2019〕27 号中附件药品(药材)进口口岸城市(边境口岸)规范名称表,用户不确定实际进口口岸时,可填写两个进口口岸。

关区1、关区2：根据用户所选的进口口岸自动返填关区，用户无须填写。

界面上方蓝色按钮（见图13-3），影响进口准许证数据。具体操作说明参见下文新增、申报等内容。

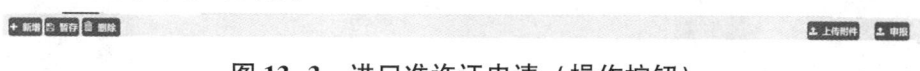

图13-3　进口准许证申请（操作按钮）

● 暂存：基本信息录入完毕后，点击"暂存"蓝色按钮，录入数据将被保存至进口准许证申请中（见图13-4）。

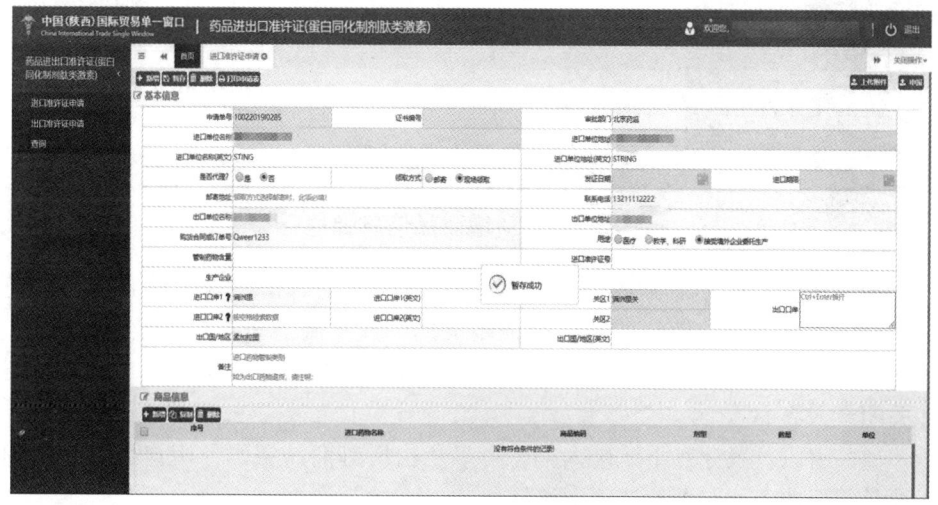

图13-4　暂存成功提示

若用户有必填项没有填写完毕，直接点击"暂存"按钮，界面会提示相应信息，用户需将页面信息录入完整再点击"暂存"。若系统对录入的内容逻辑检查未通过，界面也会提示相应错误信息。

小提示

在商品信息中点击"新增"按钮，界面也会自动保存表头信息。

● 新增：界面顶端的"新增"蓝色按钮始终为激活状态。点击后，界面字段全部清空，可重新录入一票新数据。商品信息中的"新增"蓝色按钮，需将基本信息录入完毕后才可以点击，点击的同时，系统自动暂存基本信息，并弹出弹框（见图13-5）。

国际贸易"单一窗口":许可证件篇

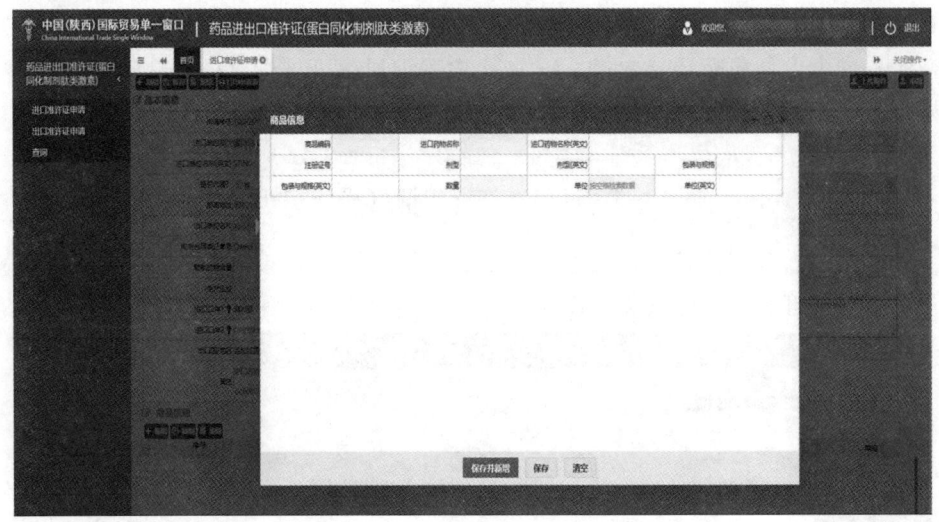

图 13-5　新增商品信息弹框

其中标黄字段为必填项,用户按实际情况录入后点击"保存并新增"蓝色按钮,保存该条商品信息的同时界面不关闭,并复制上一条商品信息至界面,用户可修改后继续保存,也可直接点击"保存"白色按钮,保存该条录入数据并关闭录入界面。

商品编码:鼠标点击该录入框,可显示出所有商品编码,用户也可直接输入商品编码搜索,在下拉选项中选择。

💡 小提示

1. 商品信息项最多可录入保存 4 条表体。
2. 录入第一条商品信息后,后续新增的商品信息项中的商品编码、进口药物名称、进口药物名称(英文)、剂型、剂型(英文)字段置灰不可更改。如需更改,需勾选已录入的商品信息并点击"删除"按钮,删除后重新新增录入。

● 打印申请表:申请单暂存成功后,界面显示"打印申请表"按钮,用户可以在申请单填写完成后,打印申请表并盖章扫描成 PDF 文件,再点击"上传附件"按钮上传申请表 PDF。

● 上传附件:用户需先录入基本信息,并点击"暂存",校验必填项是否均填写完毕后才可以上传附件。如没有提前暂存基本信息,点击"上传附件",系统会有相应提示(见图 13-6)。

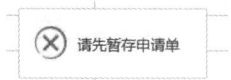

图13-6　暂存申请单提示

暂存成功后点击"上传附件"按钮，界面弹出上传附件弹框（见图13-7），选择教学、科研用途附件信息（见图13-8），选择接受境外企业委托生产附件信息所示（见图13-9）。

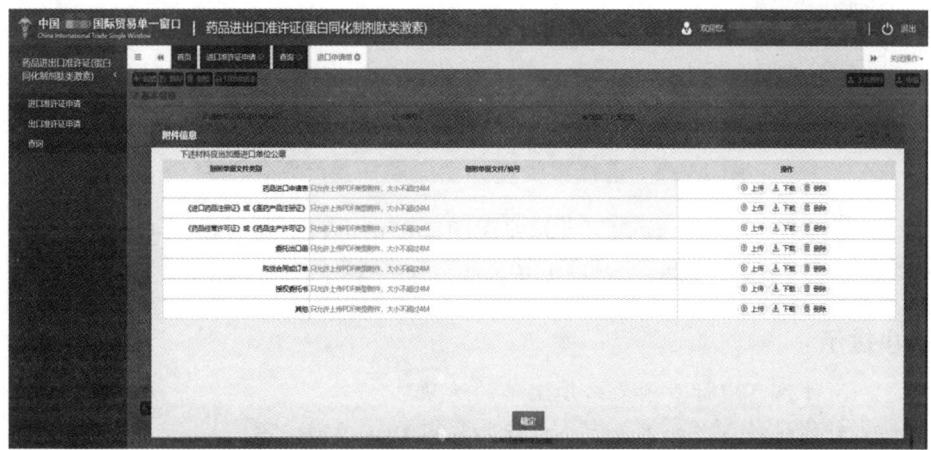

图13-7　选择医疗用途附件信息

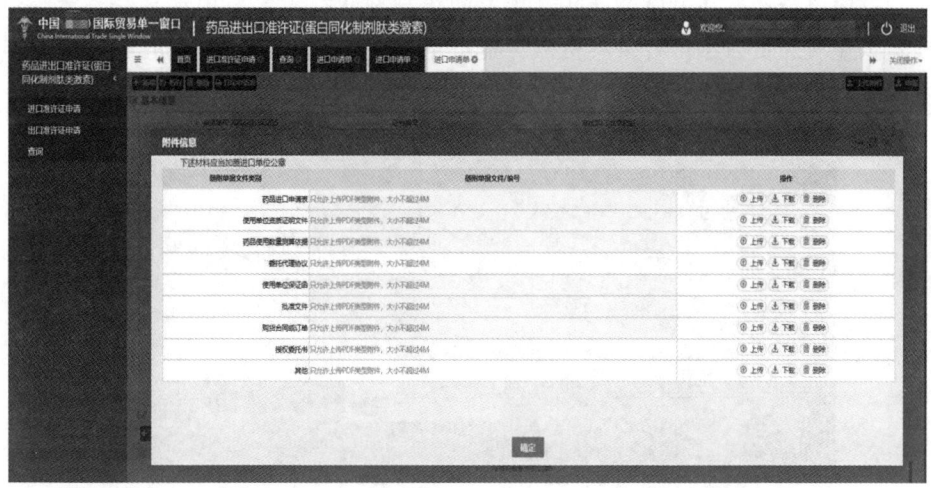

图13-8　选择教学、科研用途附件信息

国际贸易"单一窗口":许可证件篇

图 13-9　选择接受境外企业委托生产附件信息

点击白色"上传"按钮,选择对应附件即可进行上传,用户也可点击白色"下载"或"删除"按钮,对已上传的附件进行下载或删除操作。

💡 小提示

1. 附件信息中标黄项为必须上传的选项。
2. 附件材料应当加盖单位公章后扫描成 PDF 文件上传。

二、出口准许证申请

首次登录药品进出口准许证(蛋白同化制剂肽类激素)申请系统,系统将校验企业对外贸易经营者备案资质,业务部门要求只有具备资质的用户才可申请药品进出口准许证,否则登录后首页将会出现弹框提示(见图 13-10)。

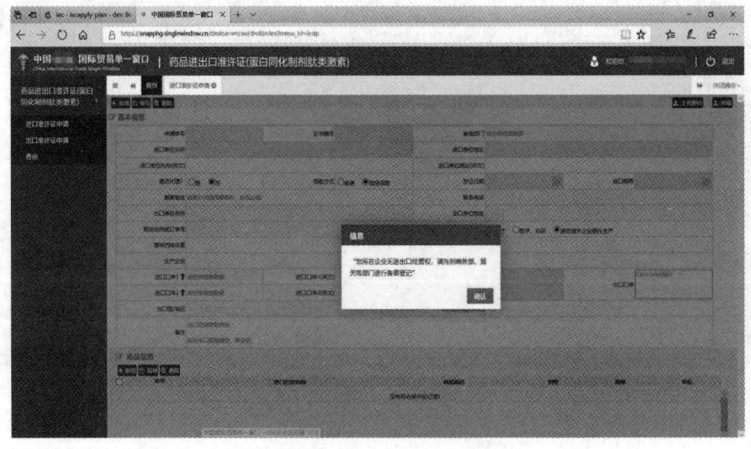

图 13-10　提示截图

第十三章　药品进出口准许证申请

具备资质的企业可进行出口准许证申请的录入、暂存、申报等操作。进入左侧菜单"出口准许证申请",展开业务菜单(见图13-11)。

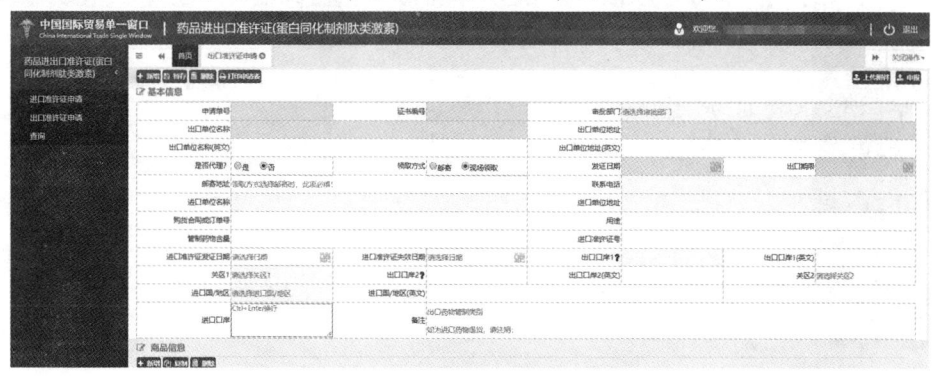

图 13-11　出口准许证申请

界面字段录入说明如下。

• 出口单位名称(英文)、出口单位地址(英文):系统自动获取用户在商务部备案信息返填,用户可修改。

• 审批部门:按空格键显示所有审批部门,可滚动选择,也可输入汉字模糊搜索。如果所选审批部门未进行后台设置则无法申报成功,申报时提示"请联系审批部门进行初始值设置",用户需联系审批部门咨询。

• 出口口岸1、出口口岸2:用户录入标准的城市名,不能通过下拉参数进行调取。

• 关区1、关区2:用户按空格键,显示下拉参数,选中参数后将关区返填至界面。注意:申请准许证时,只需要选择直属关区,报关时可选择直属关区下的任一关区出口。

界面中的操作按钮,可参考上文进口准许证的操作按钮录入说明,此处不再赘述。

💡小提示

如进口国家或者地区对蛋白同化制剂、肽类激素进口尚未实行许可证管理制度,需提供进口国家的药品管理机构提供的该类药品进口无须核发进口准许证的证明文件以及以下文件之一:

1. 进口国家或者地区的药品管理机构提供的同意进口该药品的证明文件。
2. 进口单位合法资质的证明文件和该药品用途合法的证明文件。

附件材料应当加盖单位公章后进行上传。

三、查询

药品进出口准许证暂存或申报后,可进入该菜单项下查询。

国际贸易"单一窗口":许可证件篇

进入左侧菜单"查询",右侧展示查询界面(见图13-12)。

图13-12 查询界面

用户可在图查询界面中输入对应条件查询具体单据,如不输入任何条件,界面默认显示所有申请单。

操作按钮录入说明如下。

• 复制:勾选对应申请单数据,点击"复制"蓝色按钮,可复制一票新的申请单,跳转至申请单录入界面。用户可对字段进行修改、暂存、申报等操作。

💡 小提示

需选择单条数据进行复制,不可同时勾选多条。

• 删除:勾选对应申请单数据,点击"删除"蓝色按钮,系统弹出"确定删除?"弹框,如确认删除数据,点击"确定"按钮,即可对勾选的数据进行删除。

💡 小提示

只可删除暂存状态的申请单。

删除的单据不可恢复,请用户谨慎操作。

• 撤回:勾选对应申请单数据,点击"撤回"蓝色按钮,系统弹出"确认撤回?"弹框,如确认撤回数据,点击"确定"按钮,即可对勾选的申请单数据进行撤回。

💡 小提示

不予受理、补正材料、审批通过、审批不通过、已作废状态下的申请单,不可以进行撤回。

• 打印申请表:勾选对应申请单数据,点击"打印申请表"蓝色按钮,即可对已申报的数据进行打印（见图 13-13）。

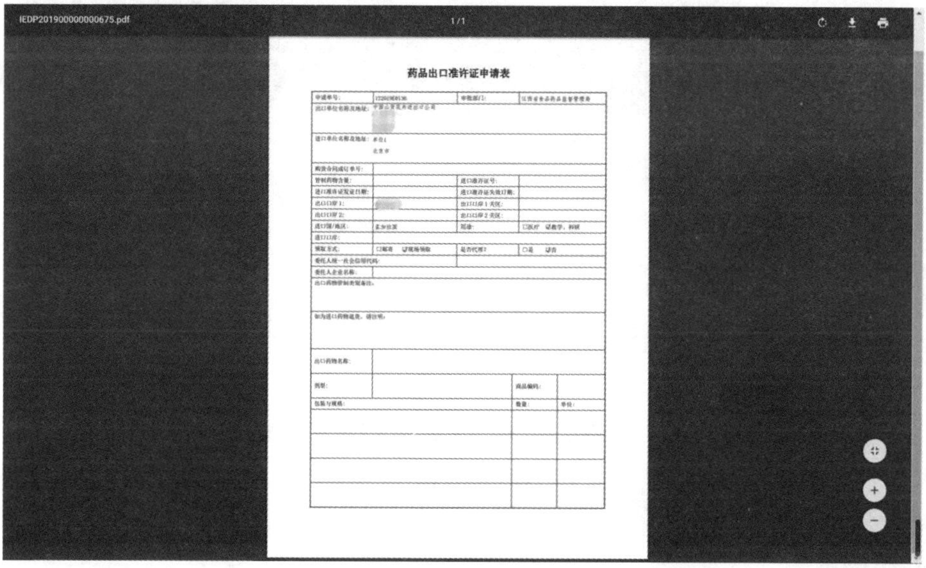

图 13-13　申请表预览界面

• 查看通知书：用户点击查询列表最后一列的蓝色"查看通知书"链接，可查看或打印审批部门出具的通知书电子版。查看通知书需要安装控件，若没有安装，系统自动弹出提示（见图 13-14），用户可点击弹出框中的"执行安装"链接下载并安装控件，控件安装完成后刷新查询界面，即可点击"查看通知书"链接查看。

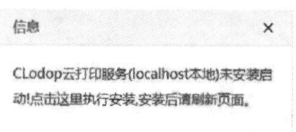

图 13-14　安装控件

如用户申报后，查询状态为"补正材料"，则可以重新修改申报数据并按照审批部门的补正意见重新提交附件。在查询界面中，点击蓝色申请单号，将跳转至该票申请单的详情界面。点击右上角"上传附件"蓝色按钮，可查看审批端需用户补正的附件（见图 13-15）。

国际贸易"单一窗口":许可证件篇

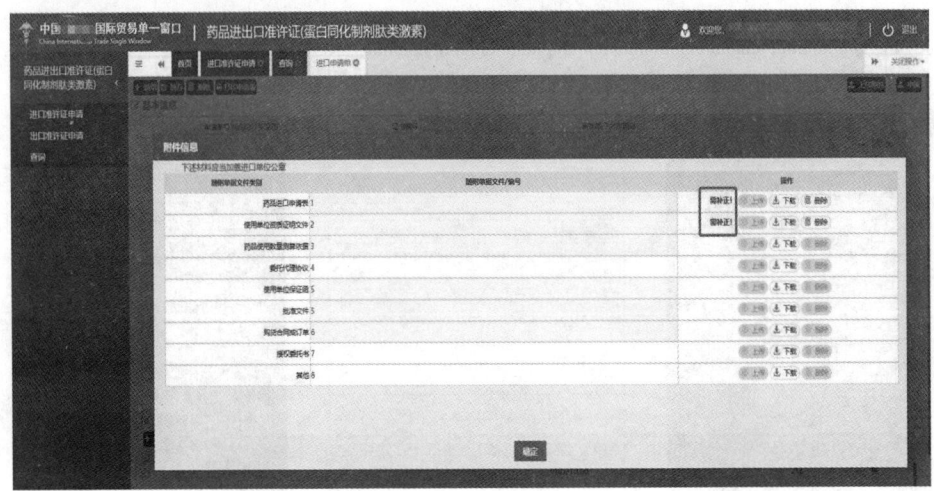

图 13-15　附件补正界面

💡 **小提示**

用户需删除之前上传的附件,才可进行重新上传。

第三节　常见问题

问题 1　申报时提示"请联系审批部门设置审批级别",怎么办?

答　因所选的审批部门未完成相应设置,故无法使用系统进行申报,请联系审批部门。

问题 2　如何使用准许证通关?

答　请按照进口报关单中提示操作(见图 13-16),在报关单中随附单证代码中录入"L",选择药品进出口准许证,在随附单证编码栏目中录入准许证编号,敲击回车键。

第十三章　药品进出口准许证申请

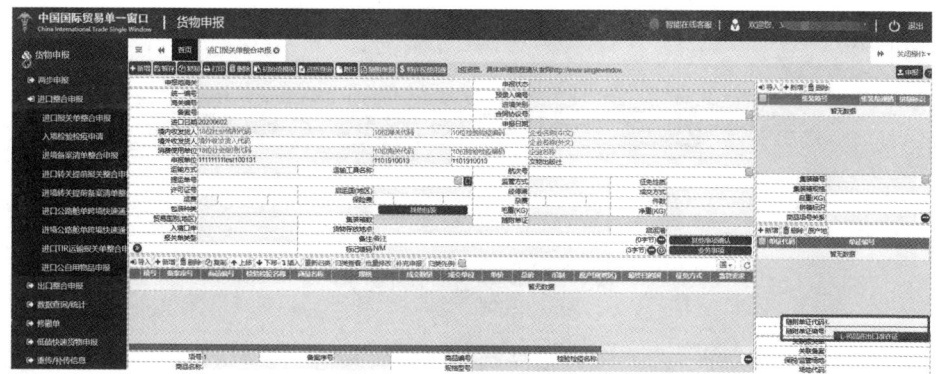

图 13-16　进口报关单

💡小提示

1. 报关单中的商品顺序需要与准许证中的商品顺序完全一致。
2. 1 份报关单应只能填写 1 个准许证编号。
3. 1 个准许证编号只能使用 1 次。

第十四章 进口药品通关单申请

第一节 业务简介

进口药品通关单,是指国家食品药品监督管理总局及其授权发证机关依法对进口药品实施监督管理所签发的准予药品进口的许可证件。进口药品通关单监管证件代码为"Q"。进口药品通关单已实现联网核查,企业使用通关单报关时应在报关单"随附单证"代码栏填报监管证件代码"Q",在编号栏填报通关单编号。

"单一窗口"标准版进口药品通关单申请系统,涵盖进口药品报验单申请、进口药材报验单申请、进口药品报验单/进口药材报验单查询、通关单查询、检验通知书查询、抽样记录单查询、检验报告书查询、通关单变更查询等功能,实现国际贸易企业通过"单一窗口"一点接入、提交满足管理部门(国家食品药品监督管理总局)要求的申请信息,管理部门按照相关规定进行审批,并将审批结果通过"单一窗口"统一反馈,便于企业查询。

一、适用范围

(一) 进口药品通关单适用范围

(1) 药品指用于预防、治疗、诊断人的疾病,有目的地调节人的生理机能并规定有适应症或者功能主治、用法和用量的物质,包括中药材、中药饮片、中成药、化学原料药及其制剂、抗生素、生化药品、放射性药品、血清、疫苗、血液制品和诊断药品等。

(2) 纳入《进口药品目录》管理的进口药品详见国家食品药品监督管理局、海关总署公告〔2003〕9号文附件(四)、国食药监注〔2005〕655号文附件4,以及国食药监注〔2006〕544号文。

(3) 从境外进入保税仓库、保税区、出口加工区的药品,免于办理进口备案和口岸检验等进口手续。从保税仓库、出口监管仓库、保税区、出口加工区出库或出区进入国内的药品,海关验核进口药品通关单,并按规定办理通关手续。

(二) 进口药品通关单不适用范围

(1) 出口药品因残损、短少、品质不良或者规格不符等原因,原状退货复运进境的药品。

（2）经批准以加工贸易方式进口的原料药、药材，免于办理进口备案和口岸检验等进口手续，其原料药及制成品禁止转为内销。确因特殊情况无法出口的，移交地方药品监督管理部门按规定处理，海关予以核销。

（3）在展览会、技术交流会或类似活动中展示或演示用的进口展览药品属海关监管的暂时进口货物，进口时不需办理药品进口备案手续和口岸检验。货物所有人放弃的展览药品，经海关认可后，由海关移交当地药品监督管理部门监督销毁。

二、管理规定

（1）药品必须经由国务院批准的允许药品进口的口岸进口，进口药品的口岸必须与进口药品通关单核准的口岸一致。国家食品药品监督管理总局确定的口岸/边境口岸（食品）药品监督管理局，以及口岸/边境口岸（食品）药品监督管理局与口岸/边境口岸的对应关系详见《关于进口药材登记备案等有关事宜的公告》（国食药监注〔2005〕655号）附件1和附件2。

（2）进口药品通关单实行"一批一证"制度，只适用于一批次报关。

（3）证书有效期为15天，企业需要在证书有效期内报关。

第二节 基本操作

因相关业务数据有严格的填制规范，如在系统录入数据的过程中，字段右侧弹出红色提示，代表用户当前录入的数据有误，需根据要求重新录入。

灰色字段表示不允许录入，系统自动返填，或根据企业备案的相关信息进行返填。

界面中黄色底色的录入框字段为必填项，务必填写。

界面中的 ❓ 图标，鼠标放上去，系统会提示录入说明。

界面中部分字段右侧带有三角形图标，表示该类字段需要在参数中进行调取，不允许用户随意录入。直接点击三角形图标，调出下拉菜单并在其中进行选择，也可将光标置于字段中，系统自动显示下拉菜单。如果用户已经知道相关参数的代码，也可直接输入相应数字、字母或汉字，迅速调出参数，使用上下箭头选择后，点击回车键确认录入。

一、报验单申请

在药品药材进口备案管理系统界面中，点击左侧菜单栏"报验单申请"，可展开业务菜单（见图14-1）。

国际贸易"单一窗口":许可证件篇

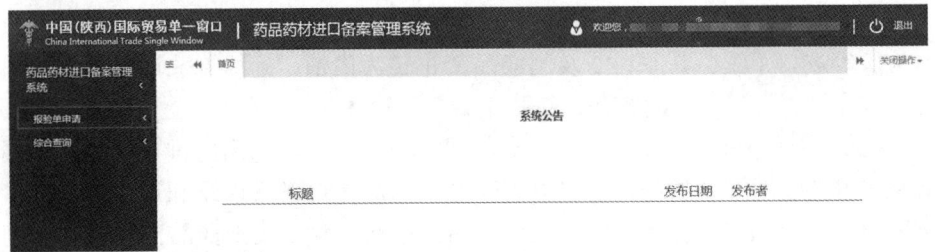

图 14-1　药品药材进口备案管理系统—报验单申请

(一) 进口药品报验单申请

1. 进口药品报验单基本信息录入

在进口药品报验单申请—基本信息录入中,选择进口药品报验单申请,需根据业务主管部门要求,如实填写相关内容。

点击"进口药品报验单申请"图标,界面跳转至基本信息录入详情(见图14-2)。

图 14-2　进口药品报验单申请—基本信息录入

💡 小提示

进口药品报验单基本信息录入需要先选择申请类别!

注册证号、进口药品批件号的录入框会根据申请类别的选择而改变,支持下拉选择。

到岸港(地)按标准城市名规范填写,参见国家药品监督管理局公告〔2019〕27号文的附件——药品(药材)进口口岸城市(边境口岸)规范名称表（见表14-1）。

表14-1 药品（药材）进口口岸城市（边境口岸）规范名称表

序号	口岸城市和边境口岸名称	适用
1	北京	药品和药材
2	天津	药品和药材
3	大连	药品和药材
4	上海	药品和药材
5	南京	药品和药材
6	杭州	药品和药材
7	宁波	药品和药材
8	福州	药品和药材
9	厦门	药品和药材
10	青岛	药品和药材
11	武汉	药品和药材
12	广州	药品和药材
13	深圳	药品和药材
14	珠海	药品和药材
15	海口	药品和药材
16	重庆	药品和药材
17	成都	药品和药材
18	西安	药品和药材
19	南宁	药品和药材
20	苏州	药品
21	济南	药品
22	长沙	药品
23	黑河	药材
24	东宁	药材
25	集安	药材
26	长白	药材

表14-1 续

序号	口岸城市和边境口岸名称	适用
27	图们	药材
28	三合	药材
29	二连浩特	药材
30	满洲里	药材
31	凭祥	药材
32	东兴	药材
33	龙邦	药材
34	瑞丽	药材
35	天保	药材
36	景洪	药材
37	河口	药材
38	阿拉山口	药材
39	霍尔果斯	药材
40	吐尔尕特	药材
41	红其拉普	药材
42	樟木	药材
43	吉隆	药材
44	普兰	药材

注：出口药品其他口岸城市填写方式以此类推。

部分字段右侧带有三角形图标（如申请类别、药品类别、通关方式等）表示该类字段需要在参数中进行调取，不允许用户随意录入。

部分按钮操作说明如下。

- 新增：点击 [+ 新增] 后用户可以创建一份新的药品报验单。

- 暂存：点击 [暂存] 对当前录入信息进行暂存。

- 申报：点击 [申报] 将当前信息向通关备案单位方申报。根据业务类型在申报时如有必填项未录入，会有相关提示。

- 删除：用户可对暂存状态的报验单数据进行删除操作。点击 [删除] 按钮，系统将提示用户是否删除当前数据，删除的数据将不可恢复，需重新录入，请谨慎操作。

• 复制：点击复制将当前信息进行复制，避免重复录入问题。

• 预览：用户将申请数据保存成功后，可点击预览按钮预览报验单，便于企业核对录入数据。

• 上传附件：点击上传附件进入附件上传界面，根据业务需要上传附件信息。

2. 批次信息

在进口药品报验单申请—批次信息录入界面中可录入本次申报药品的批次信息（见图 14-3）。

点击添加批次信息按钮进入批次信息录入界面。

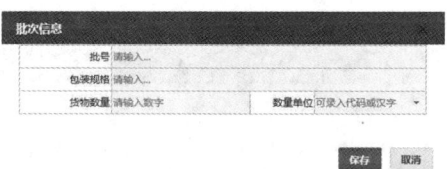

图 14-3　进口药品报验单申请—批次信息录入

录入完成批次信息内容，点击取消按钮数据不保存，录入界面关闭；点击保存按钮数据保存并在基本信息录入界面展示（见图 14-4）。

添加批次信息

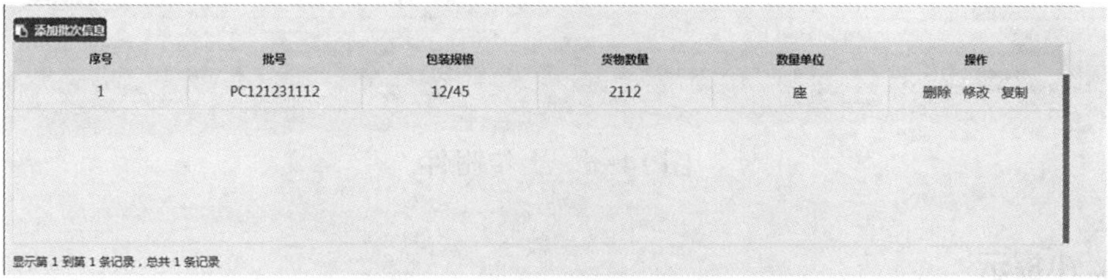

序号	批号	包装规格	货物数量	数量单位	操作
1	PC121231112	12/45	2112	座	删除 修改 复制

显示第 1 到第 1 条记录，总共 1 条记录

图 14-4　批次信息展示列表

用户可在批次信息列表中对当前数据进行删除、修改、复制等功能操作。

3. 收货单位/报验单位信息录入

用户可以根据自身业务填写收货单位信息和报验单位信息（见图 14-5）。

国际贸易"单一窗口":许可证件篇

图 14-5　收货单位/报验单位信息录入

4. 上传附件

基本信息录入完成点击"暂存"按钮,系统自动生成报验申请单号后点击"上传附件",根据申请类型上传报验单相关附件信息,用户可对暂存、已撤回、待补正状态下的附件信息进行 上传 及 删除 操作,对附件信息可点击 预览 下载 查看附件详情(见图 14-6)。

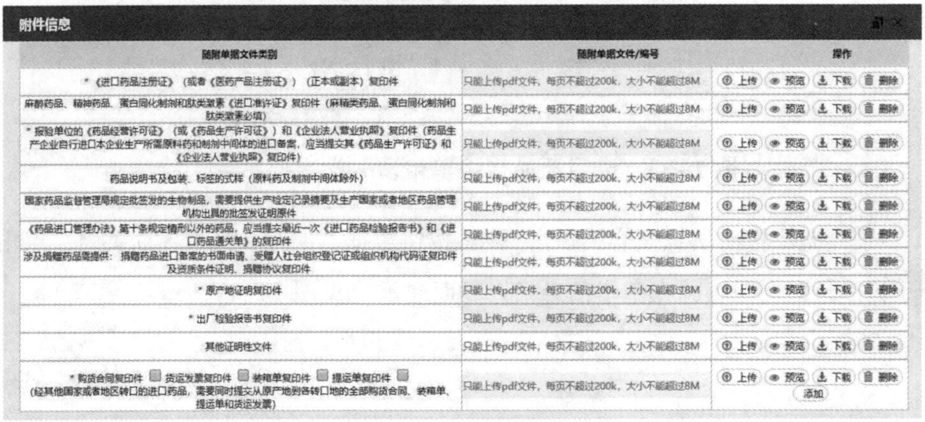

图 14-6　上传附件

💡 **小提示**

附件类别的展示根据申请类别的更改而变化。

5. 打印控件安装

打印控件安装步骤如下。

若首次使用打印功能,需先安装 CLodop 云打印服务控件。点击"预览"按钮,系统将给出提示(见图 14-7)。

第十四章　进口药品通关单申请

图 14-7　安装 CLodop 云打印服务控件提示

点击**执行安装**下载该控件，弹出下载界面，根据下载路径找到下载完成的控件（见图 14-8）。

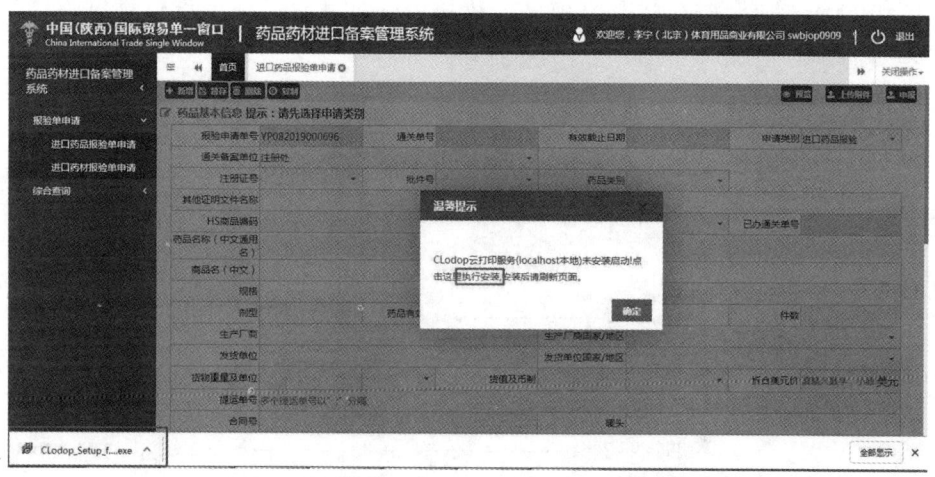

图 14-8　下载 CLodop 云打印服务控件

点击下载好的控件将执行安装操作（见图 14-9），点击 Next > 继续安装操作。

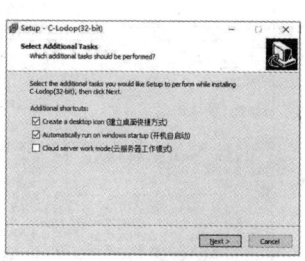

图 14-9　安装设置

安装成功后，系统会弹出提示（见图 14-10），刷新界面可正常使用打印功能。

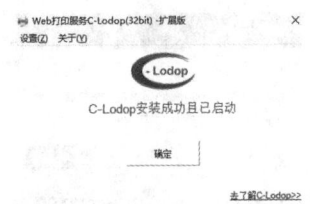

图 14-10 安装成功提示

6. 报验单预览

信息录入完毕后，点击“预览”按钮，可对当前报验单进行预览、打印（见图 14-11）。

小提示

如打印不清晰，可在本地浏览器打印中设置为高质量打印。

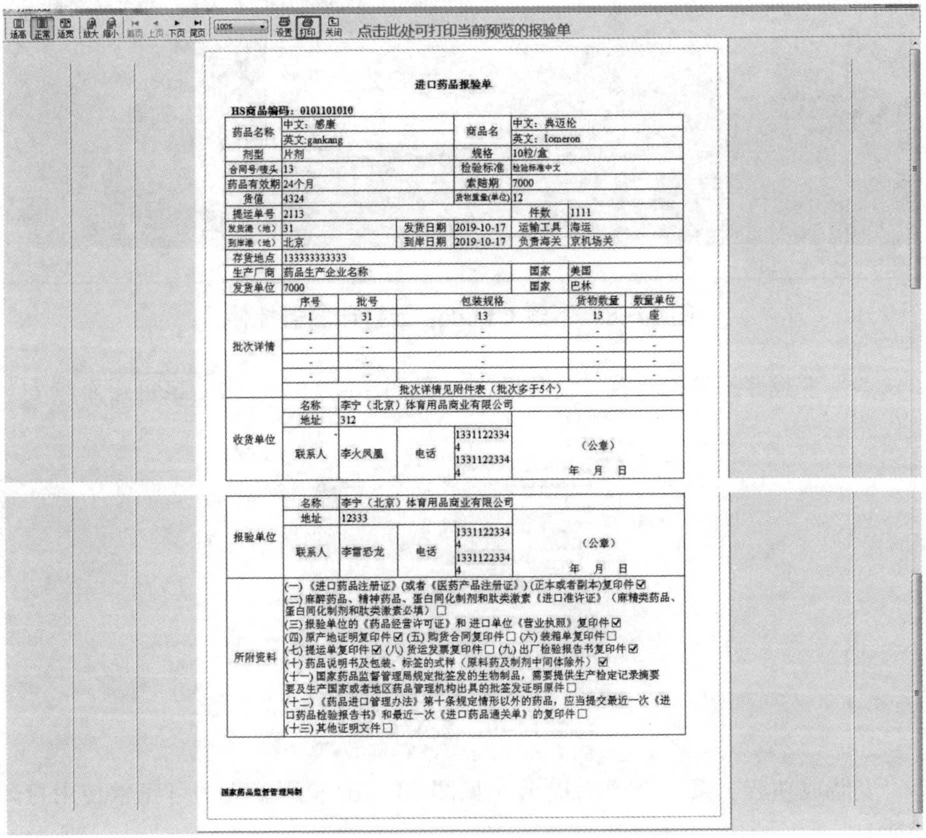

进口药品报验单

HS商品编码：0101101010

药品名称	中文：感康 英文:gankang		商品名	中文：典迈伦 英文：Iomeron	
剂型	片剂		规格	10粒/盒	
合同号/唛头	13		检验标准	检验标准中文	
药品有效期	24个月		索赔期	7000	
货值	4324		货物重量(单位)	12	
提运单号	2113			件数	1111
发货港（地）	31	发货日期	2019-10-17	运输工具	海运
到岸港（地）	北京	到岸日期	2019-10-17	负责海关	京机场关
存货地点	133333333333				
生产厂商	药品生产企业名称			国家	美国
发货单位	7000			国家	巴林
批次详情	序号	批号	包装规格	货物数量	数量单位
	1	31	13	13	座
	-	-	-	-	-
	-	-	-	-	-
	-	-	-	-	-
	-	-	-	-	-
	批次详情见附件表（批次多于5个）				
收货单位	名称	李宁（北京）体育用品商业有限公司			
	地址	312			（公章） 年 月 日
	联系人	李火凤凰	电话	13311223344 13311223344	
报验单位	名称	李宁（北京）体育用品商业有限公司			
	地址	12333			（公章） 年 月 日
	联系人	李雷恐龙	电话	13311223344 13311223344	
所附资料	(一)《进口药品注册证》(或者《医药产品注册证》)(正本或者副本)复印件☑ (二)麻醉药品、精神药品、蛋白同化制剂和肽类激素《进口准许证》（麻精类药品、蛋白同化制剂和肽类激素必填）☐ (三)报验单位的《药品经营许可证》和 进口单位《营业执照》复印件☑ (四)原产地证明复印件☑ (五)购货合同复印件☐ (六)装箱单复印件☐ (七)提运单复印件☑ (八)货运发票复印件☐ (九)出厂检验报告书复印件☑ (十)药品说明书及包装、标签的式样（原料药及制剂中间体除外）☑ (十一)国家药品监督管理局规定批签发的生物制品，需要提供生产检定记录摘要要及生产国家或者地区药品管理机构出具的批签发证明原件☐ (十二)《药品进口管理办法》第十条规定情形以外的药品，应当提交最近一次《进口药品检验报告书》和最近一次《进口药品通关单》的复印件☐ (十三)其他证明文件☐				

国家药品监督管理局制

图 14-11 报验单预览

(二）进口药材报验单申请

1. 进口药材报验单基本信息录入

在进口药材报验单申请—基本信息录入中，选择进口药材报验单申请，需根据业务主管部门要求，如实填写相关内容。

点击"进口药材报验单申请"图标，界面跳转至基本信息录入详情（见图14-12）。

图14-12　进口药材报验单申请—基本信息录入

部分字段右侧带有三角形图标（如申请类别、批件号、HS商品编码等）表示该类字段需要在参数中进行调取，不允许用户随意录入。

2. 货物信息

在进口药材报验单申请—货物信息中可录入本次申报药材的批次信息（见图14-13）。

点击 添加货物信息 按钮进入货物信息录入界面。

图14-13　进口药材报验单申请—货物信息

货物信息内容录入完成后，点击 取消 按钮数据不保存，录入界面关闭；点击 保存 按钮数据保存并在基本信息录入界面展示（见图14-14）。

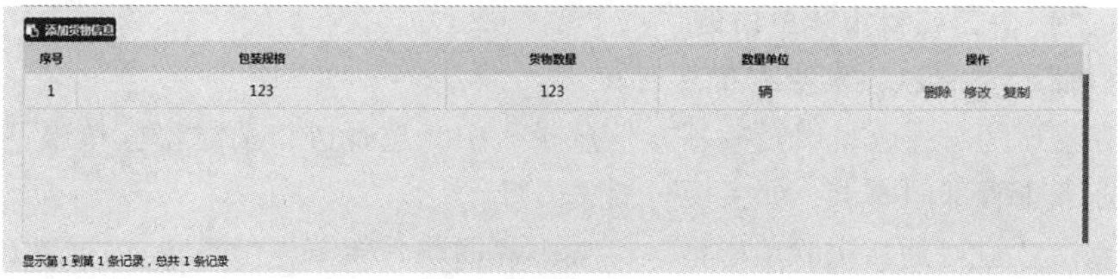

国际贸易"单一窗口"：许可证件篇

图 14-14 货物信息展示列表

用户可在货物信息列表对当前数据进行删除、修改、复制等功能操作。

3. 进口单位信息/进口代理单位信息录入

用户可以根据自身业务填写进口代理单位信息和进口单位信息（见图14-15）。

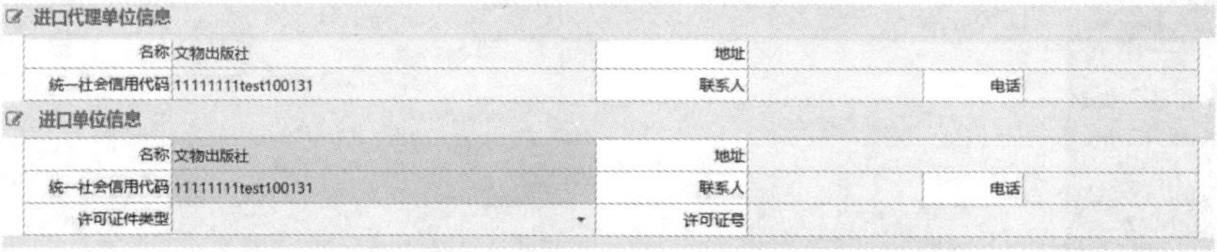

图 14-15 进口代理单位/进口单位信息录入

4. 上传附件

基本信息录入完成点击"暂存"按钮系统自动生成报验申请单号后点击"上传附件"，根据申请类型上传报验单相关附件信息，用户可对暂存、已撤回、待补正状态下的附件信息进行 上传 及 删除 操作，对附件信息可点击 预览 下载 查看附件详情（见图14-16）。

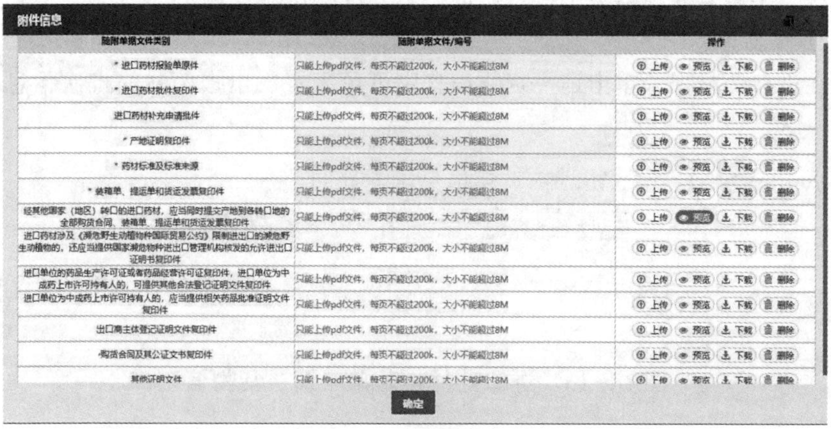

图 14-16 上传附件

💡 小提示

附件类别的展示根据申请类别的更改而变化。

5. 报验单预览

进口药材报验单预览,可参考进口药品报验单中的打印控件安装相关描述。

信息录入完毕点击"预览"按钮,可对报验单进行预览、打印(见图14-17)。

💡 小提示

如打印不清晰,可在本地浏览器打印中设置为高质量打印。

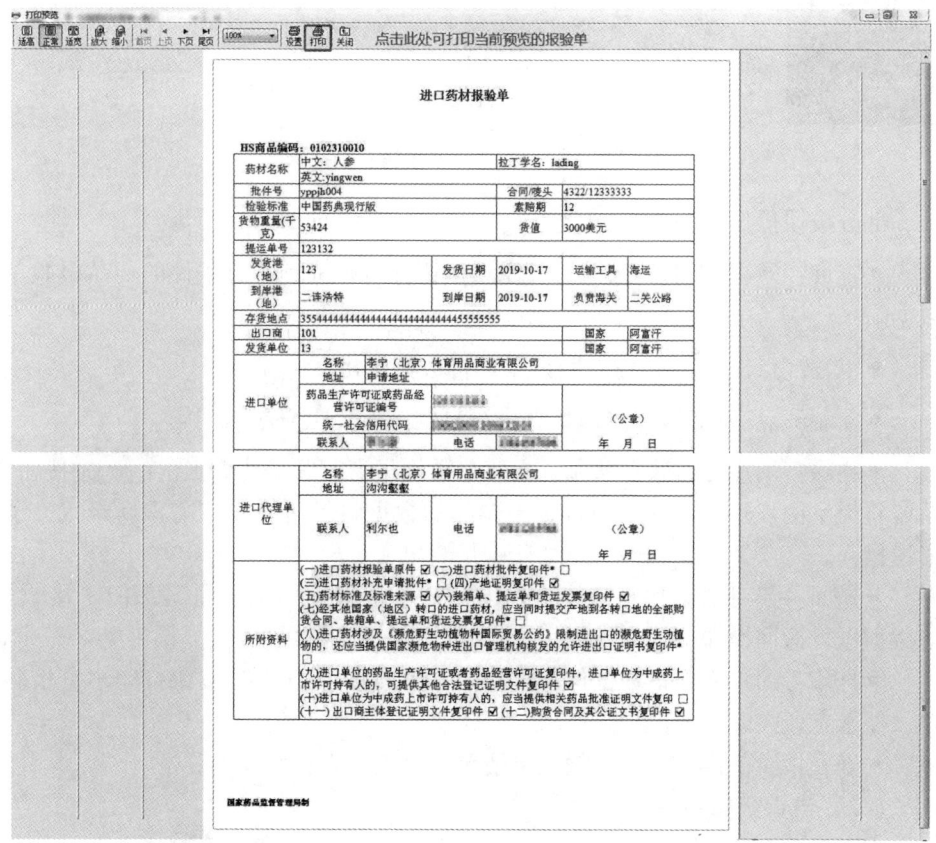

图 14-17 报验单预览

二、综合查询

(一)进口药品报验单查询

点击界面左侧"综合查询"—"进口药品报验单查询"菜单,进入报验单

251

查询界面，列表默认显示该企业的药品报验单数据（见图14-18）。

图14-18　进口药品报验单查询

部分按钮操作说明如下：

• 查询：录入查询条件，点击 查询 按钮，可查询到符合条件的药品报验单数据。

• 重置：点击 重置 按钮，查询条件将被初始化。

• 复制：点击 复制 将当前信息进行复制，避免重复录入问题。

• 删除：用户可对暂存状态的报验单数据进行删除操作。点击 删除 按钮，系统将提示用户是否删除当前数据，删除的数据将不可恢复，需重新录入，请谨慎操作。

• 撤回：仅对数据状态为待受理以及补正待审核（通关备案部门未接收）的数据进行撤回操作，撤回数据可进行修改，重新申报。

• 打印：用户将申请数据保存成功后，可点击"打印"按钮打印预览报验单，便于企业核对录入数据。

• 查看报验单详情：点击报验申请单号可查看该报验单的详情。

(二) 进口药材报验单查询

点击界面左侧"综合查询"—"进口药材报验单查询"菜单，进入报验单查询界面，列表默认显示该企业的药材报验单数据（见图14-19）。

第十四章　进口药品通关单申请

图 14-19　进口药材报验单查询

部分按钮操作说明如下：

● 查询：录入查询条件，点击 [查询] 按钮，可查询到符合条件的药材报验单数据。

● 重置：点击 [重置] 按钮，查询条件将被初始化。

● 复制：点击 [复制] 将当前信息进行复制，避免重复录入问题。

● 删除：用户可对暂存状态的报验单数据进行删除操作。点击 [删除] 按钮，系统将提示用户是否删除当前数据，删除的数据将不可恢复，需重新录入，请谨慎操作。

● 撤回：仅对数据状态为待受理以及补正待审核（通关备案部门未接收）的数据进行撤回操作，撤回数据可进行修改重新申报。

● 打印：用户将申请数据保存成功后，可点击"打印"按钮打印预览报验单，便于企业核对录入数据。

● 查看报验单详情：点击报验申请单号可查看该报验单的详情。

（三）通关单查询

点击界面左侧"综合查询"—"通关单查询"菜单，进入通关单查询界面，列表默认显示所有本企业审核通过的通关单数据（见图 14-20）。

部分按钮操作说明如下。

国际贸易"单一窗口"：许可证件篇

图 14-20　通关单查询

●查询：录入查询条件，点击 查询 按钮，可查询到符合条件的通关单数据。

●重置：点击 重置 按钮，查询条件将被初始化。

●查看通关单详情：点击通关单号可查看该通关单的详情。

●变更：仅审核通过待打印、海关接收成功或变更通过状态的通关单可执行变更操作。点击"变更"进入通关单变更界面（见图 14-21）。

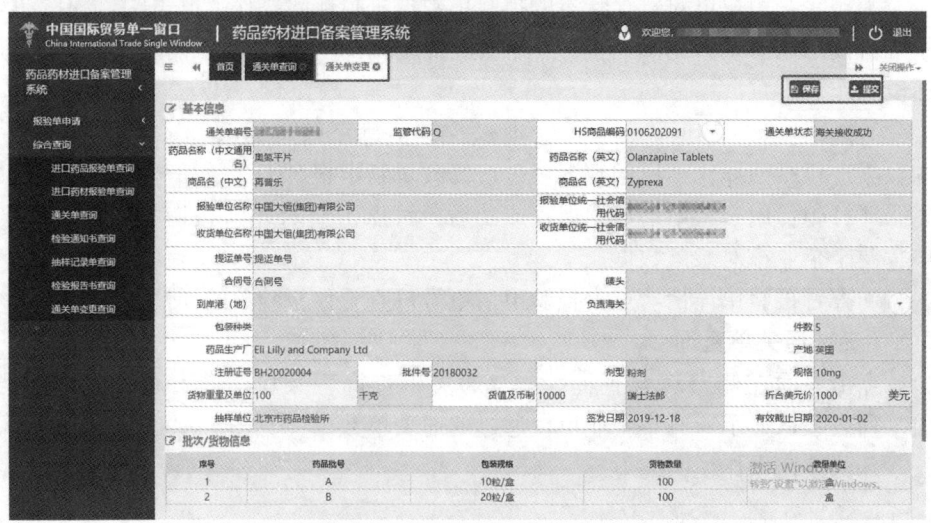

图 14-21　变更录入界面

第十四章 进口药品通关单申请

仅未置灰的字段可变更,修改完成后点击 保存 按钮,该通关单变更状态为变更中。点击 提交 按钮,该变更申请将发送至通关备案单位,该通关单变更状态更新为变更待审核。

企业发起的通关单变更申请,可在"综合查询"—"通关单变更查询"中查询通关单变更状态。

小提示

若通关单变更查询中存在变更中或变更待审核的变更在途数据,则该变更单不可再次提起变更(见图14-22)。

图14-22 相关提示

(四)检验通知书查询

点击界面左侧"综合查询"—"检验通知书查询"菜单,进入检验通知书查询界面,列表默认显示所有本企业的检验通知书数据(见图14-23)。

图14-23 检验通知书查询

部分按钮操作说明如下:

- 查询:录入查询条件,点击 查询 按钮,可查询到符合条件的检验通知书

255

数据。

- 重置：点击 重置 按钮，查询条件将被初始化。
- 查看检验通知书号详情：点击检验通知书号可查看该检验通知书的详情。

(五) 抽样记录单查询

点击界面左侧"综合查询"—"抽样记录单查询"菜单，进入抽样记录单查询界面，列表默认显示所有本企业的抽样记录单数据（见图14-24）。

图14-24 抽样记录单查询

部分按钮操作说明如下：

- 查询：录入查询条件，点击 查询 按钮，可查询到符合条件的抽样记录单数据。
- 重置：点击 重置 按钮，查询条件将被初始化。
- 查看抽样记录单详情：点击操作列的查看抽样记录单可查看抽样记录单详情。

(六) 检验报告书查询

点击界面左侧"综合查询"—"检验报告书查询"菜单，进入检验报告书查询界面，列表默认显示所有本企业的检验报告书数据（见图14-25）。

第十四章　进口药品通关单申请

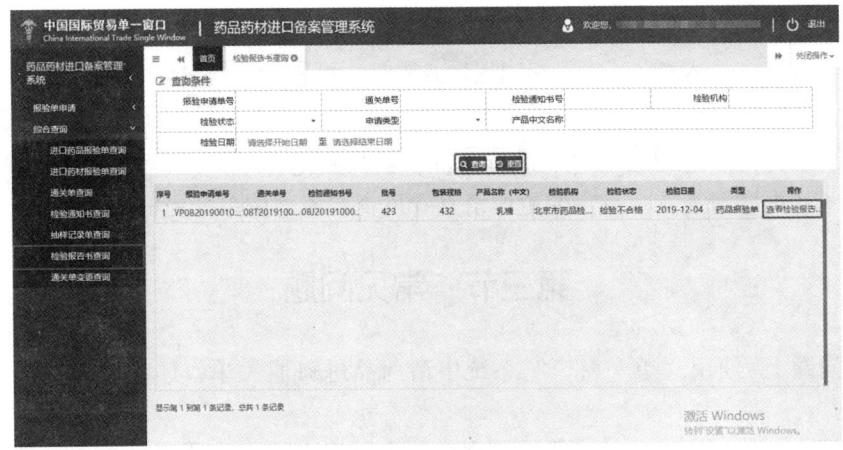

图 14-25　检验报告书查询

部分按钮操作说明如下：

• 查询：录入查询条件，点击 [查询] 按钮，可查询到符合条件的检验报告书数据。

• 重置：点击 [重置] 按钮，查询条件将被初始化。

• 查看检验报告书详情：点击操作列的查看检验报告书可查看该检验报告书的详情信息。

（七）通关单变更查询

点击界面左侧"综合查询"—"通关单变更查询"菜单，进入通关单变更查询界面，列表默认显示所有本企业的通关单变更记录数据（见图14-26）。

图 14-26　通关单变更查询

257

部分按钮操作如下。

- 查询：录入查询条件，点击 🔍查询 按钮，可查询到符合条件的通关单变更数据。
- 重置：点击 ↻重置 按钮，查询条件将被初始化。
- 变更详情查看：点击变更详情查看可查看该通关单变更的详情信息。

第三节 常见问题

问题1 使用"单一窗口"系统申请药品进口通关单，还需要提交纸质材料吗？

答 "单一窗口"申请系统实现申请人可以在线提交资料，管理人员在线审批并返回审核结果，但并不排除邮寄纸质资料供存档、提交注册证原件供核验并返还，具体是否需提交纸质材料请咨询业务管理部门。

问题2 药品药材进口备案管理系统操作手册地址是什么？

答 http://www.singlewindow.cn/xzlm/4841.jhtml。

问题3 报验单查询界面，列表中查看不到完整的审核意见怎么办？

答 将鼠标置于想要查看的审核意见文字上停留，系统可以显示完整的审核意见详情。

问题4 报验单申请界面，报验单位信息置灰，是否无法修改？

答 报验单位信息获取的是当前登录单位的信息，不可修改。若录入企业为代理单位，可使用报验申请单位的账号进行申报。

问题5 药品报验单申报时，提示"该药品一次性批件号已被使用，不可重复使用"，怎么办？

答 药品一次性批件在有效期内仅可使用一次，若因特殊情况需要重新申报，可作废之前审核通过的通关单后再次进行报验单申报。

问题6 申报时提示"该通关备案单位暂未设置审批级别，无法申报！请联系通关备案单位"，怎么办？

答 请企业联系通关备案单位告知该提示，待通关备案单位设置完成后方可使用"单一窗口"申请系统。

问题7 报验单申请界面注册证号、药品批件号、药材批件号下拉列表未查询到相关数据或申报提示"该数据的批件信息已过期"或"没有批件信息",怎么办?

答 报验单申请时,注册证、药品批件号和药材批件号等数据信息,均取自国家药品监督管理局传输的信息,若存在以上情况,可能是信息更新不及时,请联系国家药品监督管理局。

问题8 药材申报时提示"该药材一次性批件已被使用,请重新选择申请类别",怎么办?

答 该提示说明该一次性药材批件已申报过报验单且已完成过实际通关,申请类别应选择"《非首次进口药材品种目录》外再次进口的品种"。

问题9 药材申报时提示"该药材一次性批件号未进行首次申报,请重新选择申请类别",怎么办?

答 该提示说明该一次性药材批件未申报过报验单或已申报过但未完成过实际通关,申请类别应选择"首次进口药材"。

第十五章 黄金及黄金制品进出口准许证申请

第一节 业务简介

黄金及黄金制品进出口准许证，是指中国人民银行总行或其授权的中国人民银行分支机构依法对列入《黄金及其制品进出口管理商品目录》的进出口黄金及其制品实施监督管理，并签发准予进出口的许可证件，其监管证件代码为"J"。黄金及黄金制品进出口准许证已实现联网核查，企业使用准许证报关时应在报关单"随附单证"代码栏填报监管证件代码"J"，在编号栏填报准许证编号。

"单一窗口"标准版黄金及黄金制品进出口准许证申请系统，涵盖用户备案、进出口准许证申请、被代理人、证书查询、核销信息查询等功能，实现国际贸易企业通过"单一窗口"一点接入、提交满足管理部门（中国人民银行）要求的申请信息，管理部门按照相关规定进行审批，并将审批结果通过"单一窗口"统一反馈，便于企业查询。

审批部门为中国人民银行及其分支机构。

一、管理要求

（1）中国人民银行是黄金及黄金制品进出口主管部门，对黄金及黄金制品进出口实行准许证制度，中国人民银行根据国家宏观经济调控需求，可以对黄金及黄金制品进出口的数量进行限制性审批。详情可参见"中国人民银行、海关总署联合令〔2015〕1号《黄金及黄金制品进出口管理办法》"。

（2）对列入《黄金及黄金制品进出口管理目录》的黄金及黄金制品进口或出口通关时，应当向海关提交中国人民银行及其分支机构签发的中国人民银行黄金及黄金制品进出口准许证。

（3）法人、其他组织以下列贸易方式进出口黄金及黄金制品的，应当办理中国人民银行黄金及黄金制品进出口准许证：

①一般贸易；
②加工贸易转内销及境内购置黄金原料以加工贸易方式出口黄金制品的；
③海关特殊监管区域、保税监管场所与境内区外之间进出口的。

二、监管要求

（1）在北京、上海、广州、南京、青岛、深圳、天津、成都、武汉、西安

10个海关进出口黄金及黄金制品时,实行"非一批一证"中国人民银行黄金及黄金制品进出口准许证管理。其他海关,仍按照现行规定办理。详情参见"中国人民银行、海关总署公告〔2016〕9号"。

(2)"非一批一证"准许证自签发之日起6个月内有效,报关批次最多不超过12次。

第二节 基本操作

因相关业务数据有严格的填制规范,如在系统录入数据的过程中,字段右侧弹出红色提示,代表用户当前录入的数据有误,需根据要求重新录入。

灰色字段表示不允许录入,系统自动返填,或根据企业备案的相关信息进行返填。

界面中黄色底色的录入框字段为必填项,务必填写。

界面中的 图标,鼠标放上去,系统会提示录入说明。

界面中部分字段右侧带有三角形图标,表示该类字段需要在参数中进行调取,不允许用户随意录入。直接点击三角形图标,调出下拉菜单并在其中进行选择,也可将光标置于字段中,系统自动显示下拉菜单。如果您已经知道相关参数的代码,也可直接输入相应数字、字母或汉字,迅速调出参数,使用上下箭头选择后,点击回车键确认录入。

一、用户备案

点击左侧菜单中"用户备案"—"用户备案申请",右侧区域展示界面(见图15-1),企业在申请黄金准许证之前应先进行用户备案。

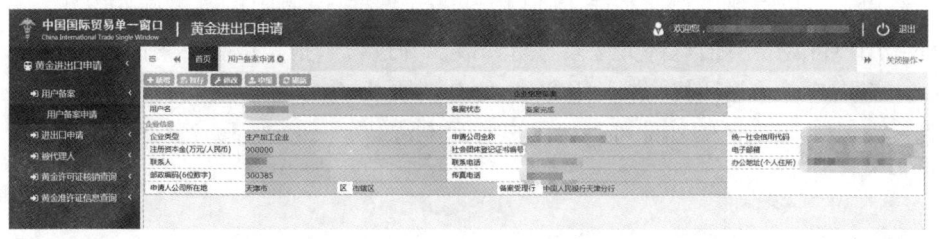

图15-1 用户备案申请

用户备案申请审核通过后,企业可以变更用户信息,在用户备案申请——修改界面(见图15-2),点击"修改"按钮,部分可修改字段变为黄色底框,用户可以修改备案申请。

国际贸易"单一窗口"：许可证件篇

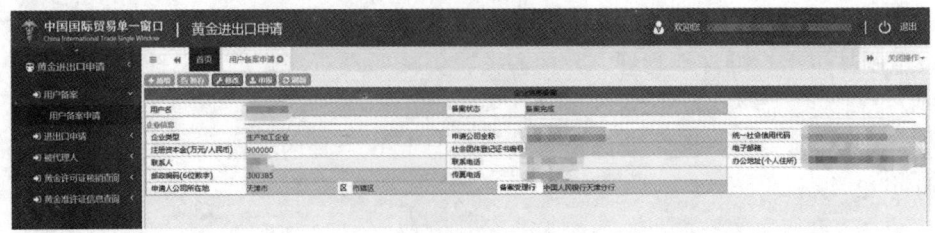

图 15-2　用户备案申请—修改

黄金矿山企业、金币公司、公益事业、生产加工企业、外贸企业、教育及科研研究机构 6 种类型（见图 15-3）的申请单位在登录"单一窗口"后，系统提供企业信息备案录入、申报和修改功能。

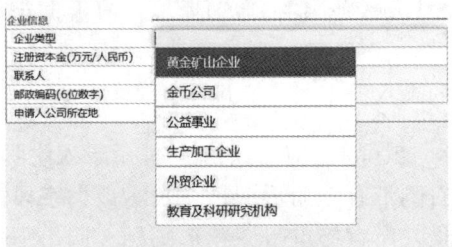

图 15-3　企业类型

申请单位完成企业信息备案，方可申请黄金/黄金制品进出口许可证。其中，已在"单一窗口"备案的企业，登录黄金及其制品进出口准许证申请系统，进入企业信息备案录入界面，界面自动返填已备案信息。用户录入完企业备案信息，进行申报操作。系统对用户申报的数据，进行校验，校验通过后，系统提示用户申报成功；校验不通过，提示用户错误原因，申报操作终止。此外，用户可对备案信息部分字段进行修改，并进行申报，更新备案信息。

当用户未备案时，进入用户备案申请页面，页面会弹出提示框（见图 15-4），企业点击已阅知即可进行用户备案申请。

第十五章 黄金及黄金制品进出口准许证申请

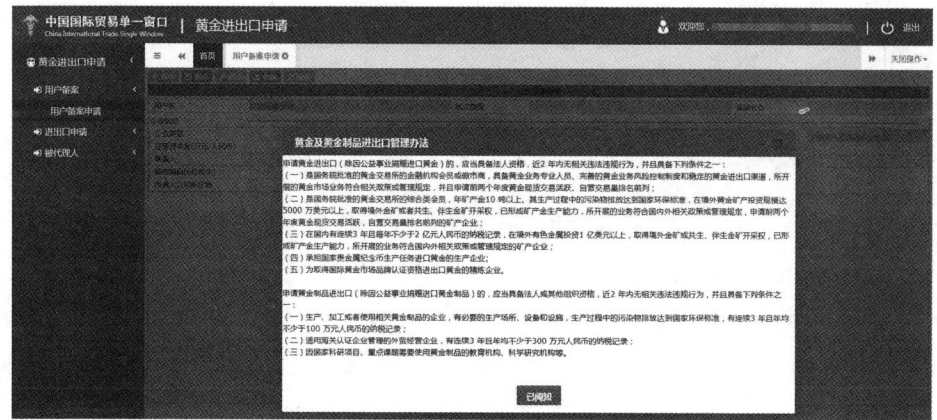

图 15-4　企业未备案弹出提示

二、进出口准许证申请

（一）黄金及制品进出口申请

点击左侧菜单中"黄金及制品进出口申请",右侧区域展示界面(见图15-5)。在黄金及制品进出口申请界面提供是否授权"一批一证"录入框,即"批次类型",返填人行授权回执。当人民银行撤销"非一批一证"授权后,企业不再能申报"非一批一证"。

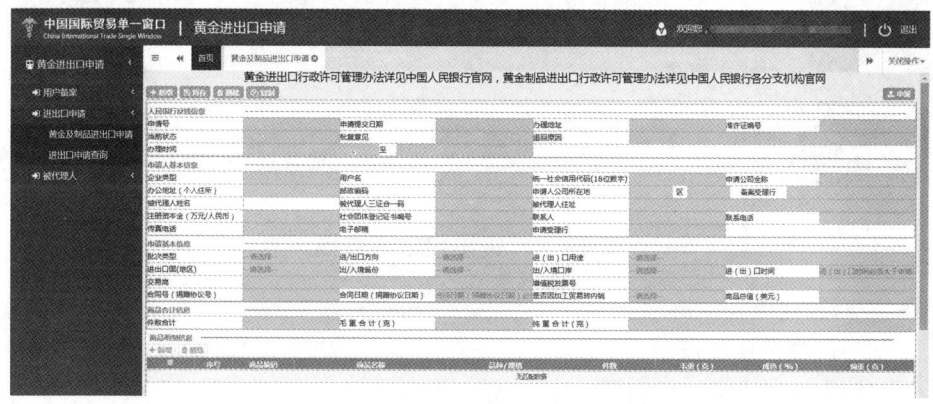

图 15-5　黄金及制品进出口申请

当用户未备案时,进入黄金及其制品进出口申请系统,如直接申请黄金及其制品进出口许可证或录入被代理人信息,则弹出提示框"您还未进行用户备案,请先录入企业备案信息"(见图15-6)。

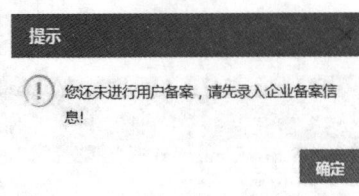

图 15-6 提示录入备案信息

（二）进出口申请查询

点击左侧菜单中"进出口申请查询"，右侧区域展示界面（见图 15-7）。点击"查询"按钮，即可查到全部申请状态的数据。用户也可以通过查询条件（申请号、申请状态、申请日期）来进行查询。可以选中某条记录，点击"查看"，进入黄金/黄金制品进出口信息录入界面。对于暂存和审核不通过状态的数据可以进行查看详情和修改；对于资料审核中和审核通过状态的数据只能查看详情。

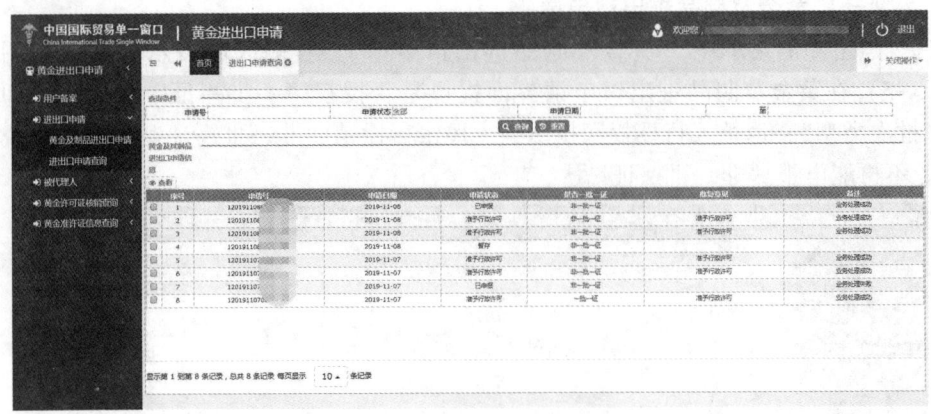

图 15-7 进出口申请查询

三、被代理人

（一）被代理人维护

点击左侧菜单中"被代理人维护"，右侧区域展示界面（见图 15-8）。申请单位登录"单一窗口"黄金及其制品进出口申请系统，系统提供被代理人信息的录入（新增）、申报、删除功能。用户进入被代理人维护界面，录入被代理人信息，通过申报按钮实现增加被代理人信息，并同步至人民银行货发二代系统。此外，当不再需要某条被代理人信息时，通过删除按钮，实现被代理人信息的清除。

第十五章　黄金及黄金制品进出口准许证申请

图 15-8　被代理人维护

(二) 被代理人维护查询

点击左侧菜单中"被代理人维护查询",右侧区域展示界面(见图 15-9)。系统提供被代理人信息的查询功能。用户输入查询条件并点击"查询"后,系统会显示符合查询条件的被代理人信息数据,以列表方式展现,用户可以选中某条记录,通过查看详情进入被代理人信息录入界面,查看被代理人信息或对被代理人信息进行修改、申报。

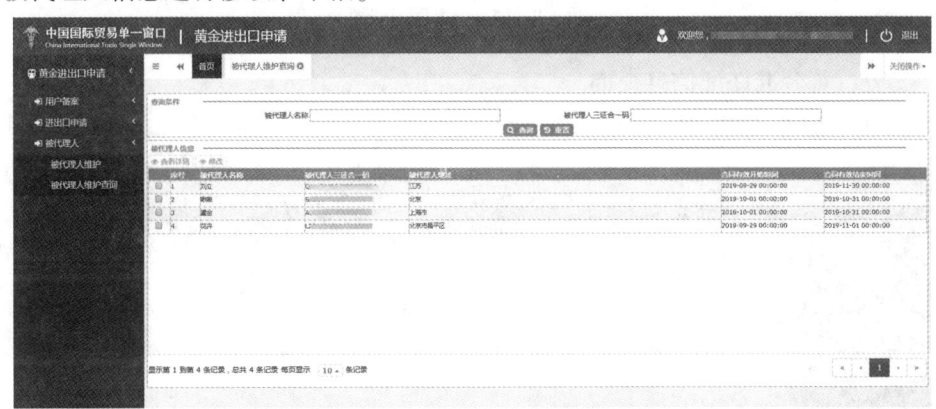

图 15-9　被代理人维护查询

用户可以选中某条记录,通过点击"查看详情"进入被代理人信息录入界面,查看被代理人信息或对被代理人信息进行修改、申报(见图 15-10)。

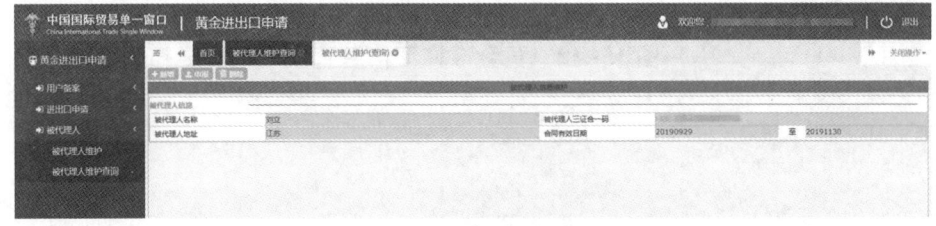

图 15-10　被代理人维护查询详情

四、黄金准许证核销查询

点击左侧菜单中"黄金准许证核销查询"—"结果查询",右侧区域展示界面(见图15-11)。

可根据黄金准许证编号查询证书关联的报关单核销数据。

图 15-11　结果查询

五、黄金准许证信息查询

点击左侧菜单中"黄金准许证信息查询",右侧区域展示界面(见图15-12)。

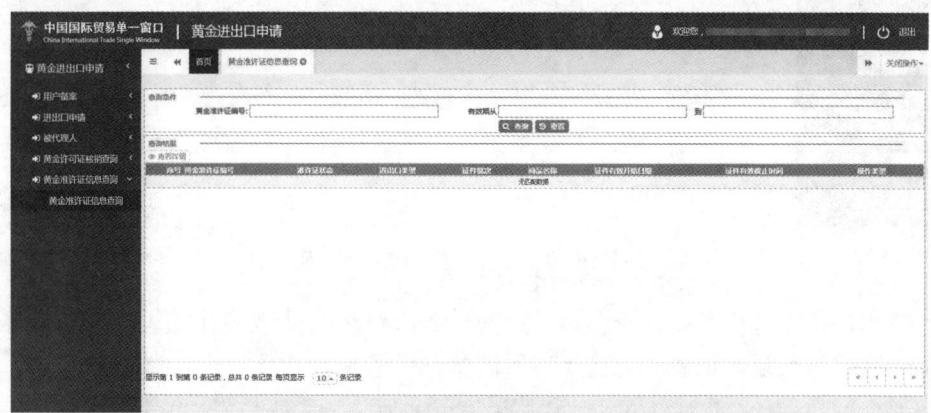

图 15-12　黄金准许证信息查询

第十六章　人民币现钞进出境证明管理系统

第一节　业务简介

银行调运人民币现钞进出境证明，是中国人民银行总行及其授权的分行依法对银行调运进出境在流通中使用的货币现钞实施监督管理，签发准予调运人民币进出境的许可证件，监管证件代码为"T"，银行调运人民币现钞进出境证明实行"一批一证"，证面内容不得更改，如需更改，应到发证部门换发新证。银行调运人民币现钞进出境证明已实现联网核查，企业使用进出境证明报关时应在报关单"随附单证"代码栏填报监管证件代码"T"，在编号栏填报进出境证明编号。

"单一窗口"标准版人民币现钞进出境证明管理系统，涵盖进出口证明文件申请、查询和统计功能，实现企业（商业银行）通过"单一窗口"一点接入、提交满足管理部门（中国人民银行）要求的申请信息，管理部门按照相关规定进行审批，并将审批结果通过"单一窗口"统一反馈，便于企业查询。

第二节　基本操作

因相关业务数据有严格的填制规范，如在系统录入数据的过程中，字段右侧弹出红色提示，代表用户当前录入的数据有误，需根据要求重新录入。

灰色字段表示不允许录入，系统自动返填，或根据企业备案的相关信息进行返填。

界面中黄色底色的录入框字段为必填项，务必填写。

界面中的 ❓ 图标，鼠标放上去，系统会提示录入说明。

界面中部分字段右侧带有三角形图标，表示该类字段需要在参数中进行调取，不允许用户随意录入。直接点击三角形图标，调出下拉菜单并在其中进行选择，也可将光标置于字段中，系统自动显示下拉菜单。如果用户已经知道相关参数的代码，也可直接输入相应数字、字母或汉字，迅速调出参数，使用上下箭头选择后，点击回车键确认录入。

国际贸易"单一窗口":许可证件篇

一、进出口证明文件申请

点击左侧菜单中"进出口证明文件申请",右侧区域展示录入界面(见图16-1)。

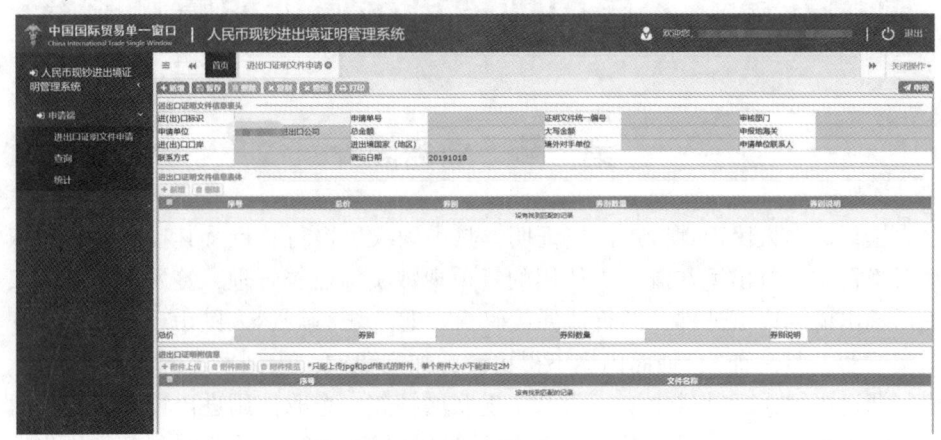

图 16-1 进出口证明文件申请

界面中,申请单位由系统自动返填,灰色表示不允许录入,系统自动获取企业在"单一窗口"注册的用户信息等内容进行返填。

调用日期由系统自动返填,进(出)口标识选取后,调用日期变为可编辑状态,可根据实际时间进行填写。

(一)进出口证明文件信息表头

进(出)口标识须在参数中进行调取,不允许随意录入,可在下拉菜单中进行选择(见图16-2)。也可直接输入已知的相应字母或汉字,迅速调出参数进行选择。

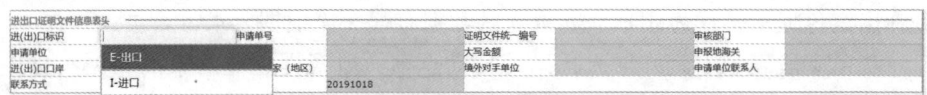

图 16-2 进(出)口标识选择

进(出)口标识选择后,相应图标会被点亮(见图16-3)。

图 16-3 进出口证明文件表头

界面中带有黄色底色的字段为必填项,否则无法进行提交。
请根据业务主管部门要求,如实填写。

第十六章　人民币现钞进出境证明管理系统

（二）进出口证明文件信息表体

券别、券别说明须在参数中进行调取，不允许随意录入，可在下拉菜单中进行选择。也可直接输入已知的相应数字或汉字，迅速调出参数进行选择（见图16-4）。

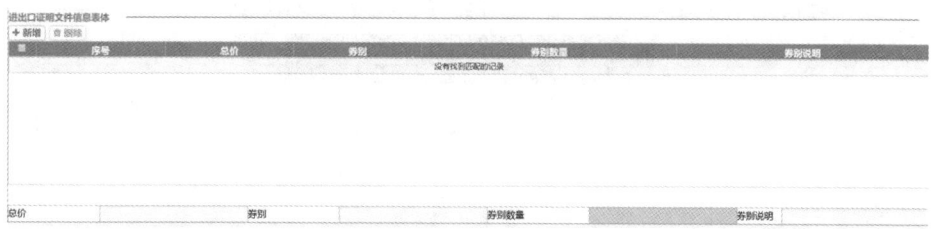

图16-4　券别、券别说明选择

券别数量由系统根据总价和券别自动返填，不允许随意录入。

（三）进出口证明附信息

企业可上传多个附件，附件格式为jpg或PDF（见图16-5）。

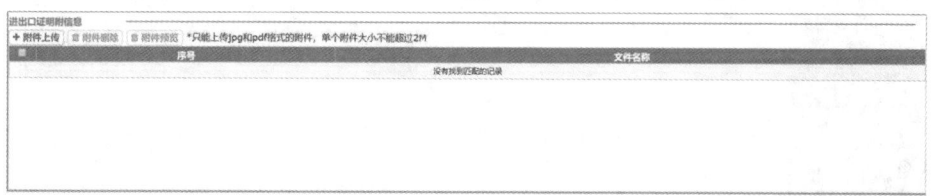

图16-5　附件上传

二、查询

点击左侧菜单中"查询"，右侧区域展示界面（见图16-6）。

图16-6　查询

269

国际贸易"单一窗口"：许可证件篇

用户可查询申请单数据的审核状态和海关接收状态，用户设定查询条件后，系统执行查询，在结果列表显示栏内显示符合条件的申请单数据。

💡 **小提示**

查询时间范围不能超过一年，否则会弹出提示（见图16-7）。

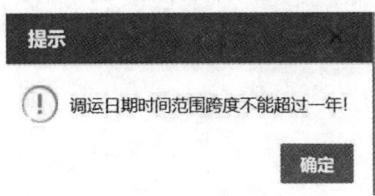

图 16-7　提示

三、统计

点击左侧菜单中"统计"，右侧区域展示界面（见图16-8）。

图 16-8　统计

用户可设定条件对申请单进行统计，按调运时间、境外对手单位、券别、券别说明进行选择，列出统计表单并导出。

第十七章　监管证件联网核查

为贯彻落实党中央、国务院关于优化口岸营商环境决策部署，进一步压缩通关时间、提高通关效率，2018年下半年，海关总署协调相关单位和部门大幅精简进出口环节所需监管的证件，原86种监管证件除44种保留验核外，对其余监管证件不再验核。随着贸易发展形式改变和流程改革，后续需验核的证件可能还会相应减少。

44种保留验核的监管证件除因涉及意识形态或保密需要等特殊情况不能联网外，40种监管证件全部实现联网核查。

实现联网核查以后，企业在申报报关单时无须向海关提交纸质单证，只需在报关单相应栏目填报相应许可证件的监管证件代码和编号（即证件编号），海关系统调取证件的电子数据，进行自动对比验核，自动验核通过则进入后续环节。

监管证件联网核查流程见图17-1，流程说明如下：

（1）企业通过"单一窗口"或外部委自有系统申请监管证件，外部委签发监管证件完成后向中国电子口岸发送监管证件电子数据，中国电子口岸接收数据后发往海关。

（2）海关接收监管证件电子数据后，向中国电子口岸发送接收"成功"或"失败"回执，同时中国电子口岸将回执同步给外部委。

（3）企业准备其他报关所需资料，向海关提交报关单。

（4）海关接收企业报关单数据，在审单环节，海关根据监管证件编号等信息自动调阅监管证件电子底账进行比对审核。

（5）自动比对不通过，海关向中国电子口岸发送报关单审核回执数据，企业可在中国电子口岸查看报关单审核回执数据。

（6）自动比对通过，海关将报关单结关数据和报关单审核回执数据发送至中国电子口岸，中国电子口岸将报关单结关数据同步给外部委，外部委可查看报关单结关数据，企业也可在中国电子口岸查看报关单审核回执数据。

国际贸易"单一窗口"：许可证件篇

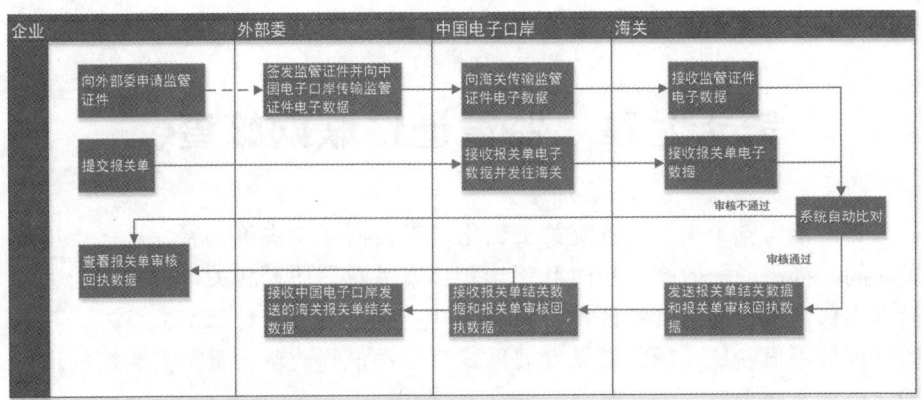

图17-1 监管证件联网核查流程图

实现监管证件联网核查后，企业在报关单中申报涉证商品时，需要录入证件的代码和证件编号，否则可能提示无证书电子数据。

（1）监管代码为1位数的证件应在随附单证录入所示界面位置填写（见图17-2），在随附单证代码一栏录入监管证件代码（参见海关发布的监管证件代码表），在随附单证编号一栏中录入监管证件编号，如证书号、审批单号、通知单号等，敲击回车键，即可保存成功。部分证件会弹出对应关系表录入界面（见图17-3），企业需要在界面中录入审批单商品与报关单商品对应关系，以便系统按对应关系进行比对，没有自动弹出需录入对应关系的，系统将报关单商品与证件中商品按顺序一一比对。

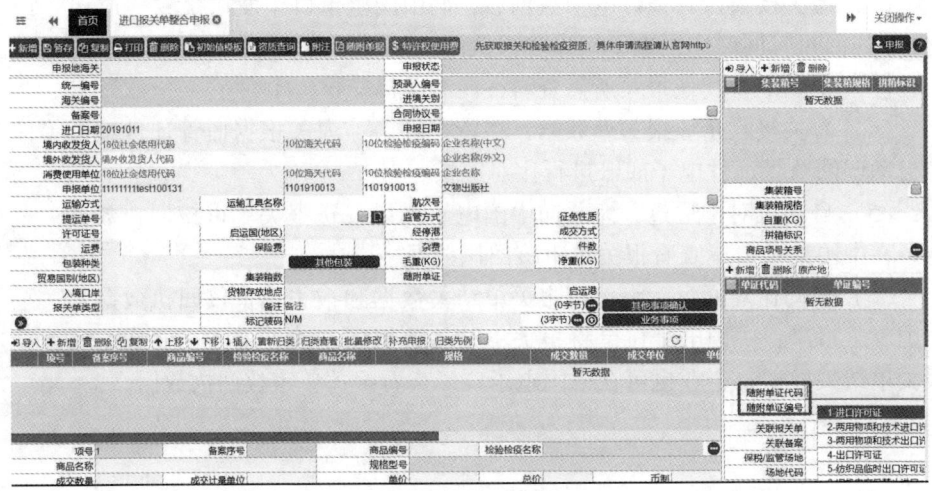

图17-2 随附单证录入

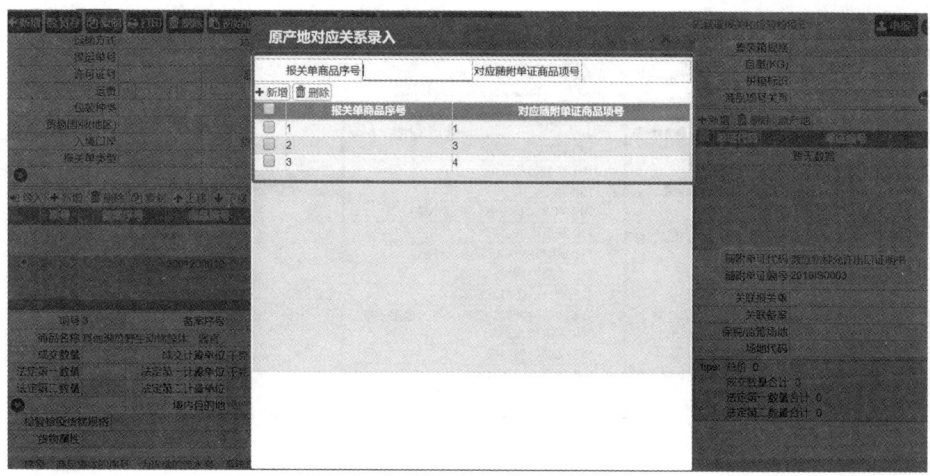

图 17-3　录入对应关系

（2）监管代码为 3 位数的证件录入操作：先点击产品资质录入（见图 17-4）中的蓝色产品资质按钮进入编辑产品许可证/审批/备案界面（见图 17-5），许可证类别一栏录入监管证件代码（参见海关发布的监管证件代码表），在许可证编号一栏中录入监管证件编号，如证书号、审批单号等。

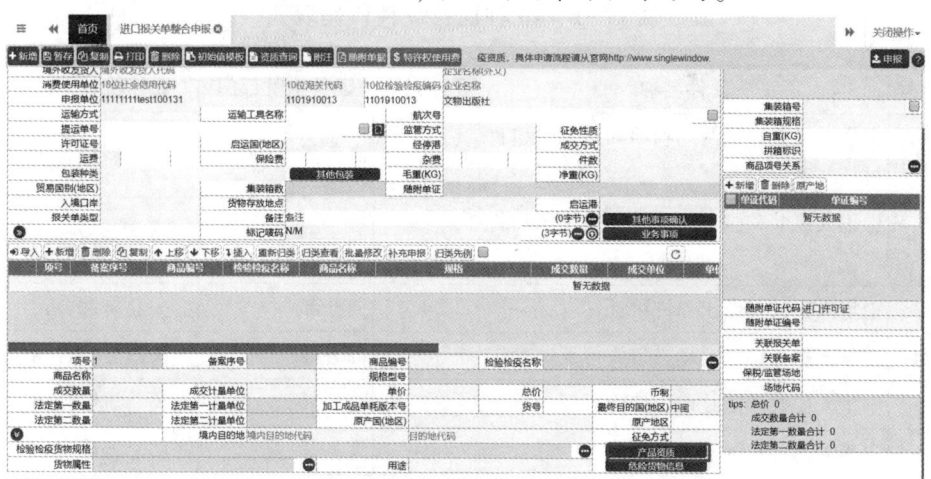

图 17-4　产品资质录入

国际贸易"单一窗口"：许可证件篇

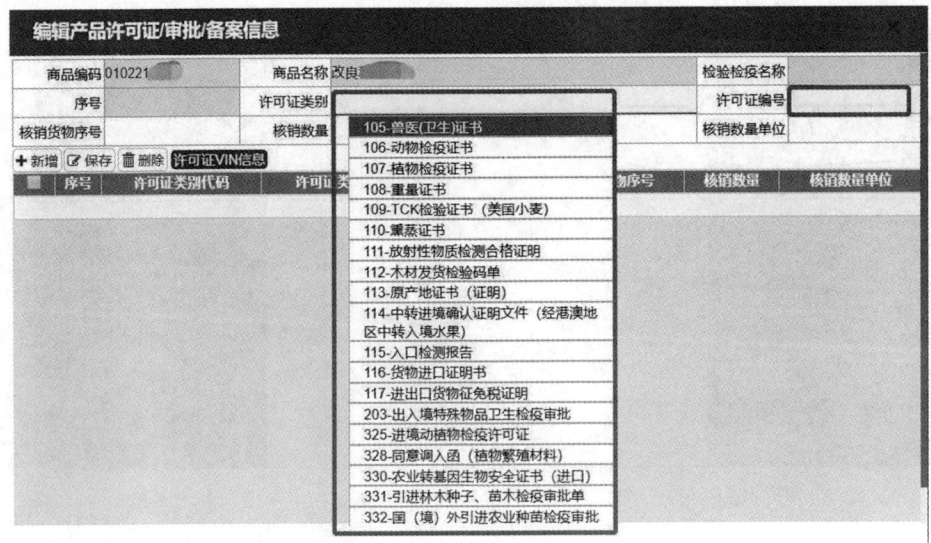

图 17-5　许可证录入

海关发布的监管证件代码见表 17-1。

表 17-1　40 种监管证件代码表

序号	证件名称	证件代码	证件主管部门	证件验核部门
1	中华人民共和国两用物项和技术进口许可证	2	商务部	海关总署综合司
2	中华人民共和国两用物项和技术出口许可证	3	商务部	海关总署综合司
3	中华人民共和国出口许可证	4	商务部	海关总署综合司
4	中华人民共和国自动进口许可证	7、O、v	商务部	海关总署综合司
5	中华人民共和国技术出口许可证	i	商务部	海关总署综合司
6	中华人民共和国进口许可证	1	商务部	海关总署综合司
7	中华人民共和国技术出口合同登记证	g	商务部	海关总署综合司
8	援外项目任务通知单	d	商务部	海关总署综合司
9	非《进出口野生动植物种商品目录》物种证明	E、F	国家濒管办	海关总署综合司
10	《濒危野生动植物国际贸易公约》允许进出口证明书	E、F	国家濒管办	海关总署综合司

表17-1 续1

序号	证件名称	证件代码	证件主管部门	证件验核部门
11	中华人民共和国野生动植物允许进出口证明书	E	国家濒管办	海关总署综合司
12	药品进口准许证	L	药监局	海关总署综合司
13	药品出口准许证	L	药监局	海关总署综合司
14	进口药品通关单	Q	药监局	海关总署综合司
15	麻精药品进出口许可证（含精神药物进、出口准许证，麻醉药品进、出口许可证）	I	药监局	海关总署综合司
16	进口非特殊用途化妆品卫生许可批件	526	药监局	海关总署食品局
17	进口医疗器械备案/注册证	629 612	药监局	海关总署检验司
18	进口特殊用途化妆品卫生许可批件	526	药监局	海关总署食品局
19	密码产品和含有密码技术的设备进口许可证	M	国家密码局	海关总署综合司
20	黄金及黄金制品进出口准许证	J	人民银行	海关总署综合司
21	银行调运人民币现钞进出境证明	m	人民银行	海关总署综合司
22	限制进口类可用作原料的固体废物进口许可证	P	生态环境部	海关总署综合司
23	有毒化学品进出口环境管理放行通知单	X	生态环境部	海关总署综合司
24	进口兽药通关单	R	农业农村部	海关总署综合司
25	农药进出口放行通知单	S	农业农村部	海关总署综合司
26	合法捕捞产品通关证明	U	农业农村部	海关总署综合司
27	农业转基因生物安全证书	330	农业农村部	海关总署动植司
28	国（境）外引进农业种苗检疫审批单 引进林木种子、苗木检疫审批单	332 331	农业农村部林业和草原局	海关总署动植司
29	进口广播电影电视节目带（片）提取单	b	国家电影局、国家广播电视总局	海关总署综合司
30	音像制品（成品）进口批准单	f	新闻出版署	海关总署综合司
31	赴境外加工光盘进口备案证明	Z	新闻出版署	海关总署综合司
32	民用爆炸物品进口审批单	k	工业和信息化部	海关总署综合司
33	民用爆炸物品出口审批单	k	工业和信息化部	海关总署综合司

表17-1 续2

序号	证件名称	证件代码	证件主管部门	证件验核部门
34	人类遗传资源材料出口、出境证明	V	科技部	海关总署综合司
35	古生物化石出境批件	z	自然资源部	海关总署综合司
36	特种设备制造许可证及型式试验证书	429 430	市场监管总局	海关总署检验司
37	特殊医学用途配方食品注册证书	528	市场监管总局	海关总署食品局
38	保健食品注册证书或保健食品备案凭证	529	市场监管总局	海关总署食品局
39	婴幼儿配方乳粉产品配方注册证书	527	市场监管总局	海关总署食品局
40	强制性产品认证证书或证明文件	411 410	市场监管总局	海关总署检验司